MW01714829

Mon enfance assassinée

PATRICIA PATTYN

Blessée à jamais
Mon enfance assassinée

J'ai lu 4470/**3**

Patricia Pattyn

Mon enfance assassinée

Le long martyre d'une petite fille du Nord

Traduit de l'anglais
par Bella Arman

Éditions J'ai lu

Je veux être libre.
Je veux être vivante.
Je veux être moi.
Je suis en train de naître.
J'ai quarante-sept ans.

Ceci est un accouchement. Sans anesthésie. La douleur ne veut plus rien dire pour moi.

Je veux venir au monde. On m'a tout volé. Toutes ces années pour oser dire JE. Quarante-sept ans pour affirmer : JE VEUX. Mots magiques. On m'a volé ces deux choses : JE et VEUX. Quand, à cinq ans, il m'attrapait par la chemise après m'avoir pourchassée dans les champs avec sa moto, qu'il me déposait comme du gibier en travers de la selle pour ensuite me violer devant notre cabane, je ne savais pas qu'il existait un monde où les petits enfants disent : « Je veux » et : « Je ne veux pas » sous l'œil attendri de leur maman. Quand, à dix ans, les bonnes sœurs de l'orphelinat me fouettaient à m'en incruster les vêtements dans la chair, je ne savais pas qu'il existait un monde où les enfants mangent à leur faim et s'endorment paisiblement au son d'une berceuse. Quand, à treize ans, obligée à aller voir mon oncle et tuteur pendant les vacances, je devais payer chaque geste d'un voyage dans la cave où il abusait de ce qui restait de mon corps, dans la terreur et l'impuissance, je ne savais pas qu'il existait un monde où les adolescents grandissent avec des problèmes d'acné et d'amour. On m'a tout volé, mais aujourd'hui je sais. Je veux. J'existe. Je nais.

Ceci est un accouchement.

I

J'ai cinq ans...

J'ai cinq ans. Si maigre : je dois peser quinze kilos. Si maigre et toute petite : les autres me semblent immenses. Quand je me tiens bien droite, j'arrive tout juste à voir ce qu'il y a sur la table.

Je ne me tiens pas bien droite. Je suis à quatre pattes, je meurs de faim, et la peur a tellement pris mon ventre que je ne suis qu'angoisse, pétrie d'angoisse. Je suis quinze kilos de cris que personne n'entend.

Je suis à quatre pattes. Devant, il y a le berger allemand. Il a des dents énormes, jaunes, un palais rose et strié, un souffle rauque ; il est attaché à une courte chaîne et tend le cou vers son écuelle. Lui aussi meurt de faim. Il déchiquettera quiconque s'approchera de sa maigre pitance. Il plantera avec toute sa force ses crocs dans la chair de mon visage. Si j'avance. J'ai faim, j'ai peur. Mais si je recule, c'est lui qui est derrière. Et qui observe en ricanant les deux bêtes affamées au sol.

J'ai cinq ans, les pieds gelés, les mains écorchées, et je voudrais crier tant j'ai peur du chien qui est là, à quelques centimètres, et pourrait me défigurer en un coup de mâchoire. Pourtant j'ai faim et la vision de son écuelle remplie me tord les boyaux, mais j'ai cent fois, mille fois plus peur que faim. Derrière, il me dit : « Avance, si tu veux. » Il a posé sa botte sur mon dos. Je ne bouge pas, plongeant mes yeux dans ceux du chien.

J'ai cinq ans et face au chien énorme je suis trop maigre, trop faible, je ne pèse rien. J'ai cinq ans et ce qui se passe derrière est un cauchemar coutumier que je ne verrai pas. Il me pénètre, me déchire, rouvre mes plaies, rit, et je regarde le chien, sa gueule, ses dents. Dans la peur hurlante que j'ai de l'animal, la douleur cinglante se dissout. Je me fonds dans cette mâchoire, ce palais rose aux colonnes d'ivoire, gouffre au souffle puant à quelques centimètres de mon nez. L'autre, de ses bottes en cuir, m'a tellement frappée que j'ai le coccyx en miettes, et toutes les douleurs se confondent dans la violence de l'assaut. Je ne mangerai pas, ce soir, mais j'aurai le visage sauf. Le reste, je l'ai perdu il y a longtemps.

J'ai cinq ans, et je traîne mes quinze kilos souillés, ensanglantés, près de la mare. L'eau claire et l'herbe me laveront, et je remettrai ma culotte après l'avoir trempée là. Elle sera ma seule protection pour la nuit. Nous n'avons pas de draps. Pas de couvertures. Juste des paillasses, et cette pauvre culotte pour recouvrir l'infamie et me protéger de lui.

Il fait froid. J'ai faim. J'ai cinq ans.

Maman est née en 1918. Elle était belle, très belle, pour une seconde de paix chez le photographe, pour l'éternité d'un portrait. Elle s'appelait Lucienne. Elle était la dernière de douze enfants, venue saluer la fin d'une guerre à l'humaine barbarie. Grand-mère Eugénie était gentille, elle pleurait souvent, c'est comme si elle avait pleuré toute sa vie. Pleuré sur toutes ces familles trop nombreuses comme la sienne, toujours au bord de la famine, qui ne survivaient qu'en faisant travailler les petits dès qu'ils tenaient debout.

En 1931, maman eut treize ans, l'âge de commencer à travailler comme serveuse. Là-haut dans le Nord, le patron buvait et abusait d'elle, et ce n'était pas grand-mère qui aurait pu lui apprendre à résister, à dire non, à se refuser au désir d'un homme. C'était peut-être pareil ailleurs, mais à Rosendaël près de Dunkerque, l'homme avait tous les droits. Et la femme, celui de se taire en portant son ancestrale culpabilité. Maman était belle. Elle épousa papa, lui ou un autre, qu'importe, les hommes aimaient maman et maman, à dix-huit ans, avait besoin d'amour. La crise était mondiale, la misère grignotait les plaines et les villes ; il fallait se marier pour être deux à lutter, pour donner un nom aux enfants qui n'allaient pas tarder à se succéder. Un nom, sinon une véritable paternité. Maman aimait que les hommes l'aiment. Ses frères et sœurs, et surtout ses belles-sœurs, ne tardèrent pas à la détester, comme on déteste ces plantes qui répandent un parfum capiteux au milieu d'un sol aride.

Papa était cheminot. Et alcoolique. Brutal. Alors la belle plante prit vite l'habitude de recueillir un peu de douceur chez d'autres jardiniers. Roger, notre grand frère, naquit en 1937. Papa comprit-il qu'il n'était peut-être qu'un prête-nom ? Comment savoir, et pourquoi chercher, il avait déjà commencé à frapper, à tout hasard : maman, puis Roger. A un an, le bébé souffrait déjà de plusieurs fractures du crâne. Papa avait ordonné qu'on installe le gosse dans la cave. En rentrant du travail, au moindre cri il descendait et cognait. L'hiver, il s'armait du tisonnier brûlant. Au cas où l'enfant se serait montré dangereux, qui sait. Maman tentait de le retenir, recevant à son tour une pluie de coups. Et déjà, les voisins ne se mêlaient pas de comprendre d'où provenaient les hurlements. Dans le Nord, un père de famille a bien le droit de tabasser qui il veut.

Au début de l'autre guerre, plus méchante encore, maman eut vingt et un ans. On disait que papa, et les oncles aussi, faisaient de la résistance. On disait beaucoup de choses, on en taisait aussi beaucoup. On laissait massacrer Roger. Pendant la guerre naquit Pierre, en 42, puis Marie-Claire en 43. Jean-Marie est arrivé à la Libération, en 45. Et moi je suis née après tout ce sang, toutes ces larmes, en 47. Du sang et des larmes, j'allais à mon tour en connaître le goût. Il n'y a pas que la guerre pour faire du mal.

Roger avait treize ans ; Pierre, neuf. La guerre était finie depuis quelques bonnes années, on parlait de reprise, mais là-haut dans le Nord, le ciel ne gagnait toujours pas sur les nuages. Et la terre lourde de sang, lourde d'horreur, donnait encore à ses fruits un goût amer. Mes grands frères aux yeux hagards avaient le corps rayé de cicatrices. Le tisonnier avait marqué leur peau, ils n'avaient connu que la cave, où papa descendait, lors de ses crises de fureur, et les attachait au pilier pour les boxer plus à son aise. A en devenir des bêtes à leur tour et pourtant, était-ce la tendresse de maman ou une endurance de martyr qui s'ignore, humains ils l'étaient, encore capables d'émotions, encore capables de souffrir. Marie-Claire et Jean-Marie aussi avaient connu les chaînes, les crânes ouverts, les membres couverts de bleus. J'étais encore trop petite pour comprendre quoi que ce soit à ces cris, j'apprenais la faim, j'apprenais la peur et l'angoisse. Maman, elle, s'enfuyait parfois deux ou trois jours, quêtant chez d'autres un semblant de douceur. Puis elle rentrait affronter l'animal fou de rage, n'ayant pas le cœur d'abandonner ses cinq enfants. Elle rentrait pour recevoir les coups de poing, de tisonnier, tellement battue que le sang dans ses cheveux formait un casque en séchant. Lorsque le monstre qu'elle avait épousé se rendait à son travail, elle courait à la cave libérer les enfants, panser leurs plaies, les nourrir de ce qu'elle avait réussi à mettre de côté. Dans ses bras je trouvais enfin un peu de chaleur. Le soir, le calvaire recommençait.

Maman fut enceinte une sixième fois. Était-ce de ce beau commandant que ma sœur et moi avions vu une fois, là-haut sur un navire immense, et qui offrait à maman haie d'honneur, baisemain et des marins pour s'occuper de nous ? Puis-je rêver d'être l'enfant de marin au bel uniforme, plutôt que du tortionnaire qui nous servait de père... ? Maman fut enceinte une sixième fois, et rien ne lui fut épargné. Rouée de coups, elle tint bon, s'accrochant à la vie pour ne pas nous laisser seuls avec ce fou. Puis, au bout de longs mois, son ventre se dégonfla. Le bébé sortit : un bébé rouge, un bébé froid, un bébé mort. Une petite masse pourpre aux os brisés avant de voir le jour. On opéra maman à la va-vite, laissant une longue plaie sur son ventre, refermée avec des agrafes. Une plaie qui ne cicatrisa jamais.

Roger avait treize ans, Pierre, neuf. Il y avait un homme. Et maman était déterminée. Tous quatre virent papa boire, boire encore ; les grands remplissaient son verre, l'observant attentivement. Puis, au bord du coma éthylique, il se laissa emmener près du canal. Il faisait froid. Tout aurait dû aller très vite, mais en tombant, il s'accrocha au parapet. Lorsqu'on retrouva son cadavre, un mois après, la chair de ses mains était arrachée. Il avait fallu taper dessus si fort pour qu'il lâche prise. Pour qu'il parte. Pour que maman soit libérée à tout jamais de ce monstre qui avait semé la terreur depuis treize ans, transformant ses enfants en animaux sanglants.

Nous a-t-elle serrés ensuite contre elle, en laissant couler des larmes de soulagement ? Nous a-t-elle murmuré à l'oreille « plus jamais » en nous caressant les cheveux ? Nous étions sauvés. Pierre et Roger, témoins de la morbide promenade, restèrent bouche cousue. Des policiers vinrent à la maison pour recueillir des explications sur la disparition mystérieuse du cheminot et, cette fois, les voisins furent peut-être tentés de dénouer leur langue, mais face au silence glacé des gamins, face à la détermination de maman, les policiers durent repartir bredouilles. Un mois plus tard vint la convocation. Un mois entier pour retrouver ce corps vidé de vie, vidé de haine. Jean-Marie, du haut de ses cinq ans, accompagna maman de son petit pas. Ils marchèrent tous deux, main dans la main, vers le canal. Ils passèrent devant la scierie, et maman entra dans une tente. Lui, il lui fut interdit de voir. De voir le cadavre de papa. Il y eut ensuite un enterrement, sous la pluie, avec d'immenses chevaux et bien peu de monde.

Que se passa-t-il pendant ce mois où maman resta seule avec nous cinq ? Elle tint bon face aux policiers, elle tint bon face à son acte définitif, face à un destin qui avait fait d'une jeune fille belle et pauvre une mère martyre, puis une criminelle. Mais comment fit-elle pour nous nourrir ? Elle dut vite se mettre à chercher un deuxième mari. Il faisait froid, il faisait faim en cet après-guerre sordide. Elle avait sauvé ses enfants en commettant l'irréparable, allait-elle les voir dépérir, abattus par la misère ?

Le loyer impayé. Dehors, la marmaille. Elle l'avait déjà rencontré. *Lui*. Dix-huit ans à peine. Beau, dans cette grisaille du Nord qui n'en finissait pas. Et, au moins, il ne buvait pas. Elle avait dix ans de plus, mais elle était belle. A-t-elle été émue par sa condition, lui qui vivait sur un tas d'ordures avec son frère amputé et sa vieille sorcière de mère ? A-t-il cédé au charme de cette femme aux formes généreuses, aux yeux profonds ? Ont-ils cru tous les deux qu'ensemble ils s'en sortiraient ?

Ç'aurait pu être un conte de fées. Une émouvante histoire d'amour. La belle dame, courageuse, et le jeune homme à qui la vie souriait enfin. Ils auraient pu vivre heureux et faire beaucoup d'enfants. Même si le ventre de maman, cassé, ne pouvait plus rien produire, nous étions là, nous étions cinq, à n'avoir connu que l'angoisse et la peur. Nous ne demandions qu'à renaître. Roger aurait trouvé un grand frère, de cinq ans son aîné. Nous aurions pu, maman, grâce à ton geste libérateur, grâce à cette nouvelle union, malgré la misère et la grisaille, nous aurions pu comme tant d'autres connaître quelques gentilles années avant que la vie ne fasse de nous des adultes. Si nous avions su rêver, nous aurions pu imaginer cette belle histoire. Mais on ne rêve pas, dans le Nord, on survit, tout au plus. Nous survécûmes.

En l'épousant, elle se mit toute la famille à dos. Son respectable cheminot était mort mille fois cocu, et voilà que la gourgandine, qui n'était plus toute jeune, se mettait en ménage avec un galopiau de dix-huit ans, un moins que rien sans ressources. Seule grand-mère Eugénie garda pour sa dernière fille toute sa tendresse, mais, influencée par le reste de la troupe, elle dut se cacher pour la recevoir dans son petit cabanon.

S'est-il mis à frapper tout le monde immédiatement, ou a-t-il attendu d'avoir la bague au doigt ? A Cassel, il avait trouvé une maison de traverse où nous nous installâmes. Y avait-il un loyer à payer, ou tout simplement cette troupe d'enfants crasseux et de parents indignes ne plaisait-elle pas au voisinage, toujours est-il qu'il dut trouver une autre maison, pas très loin, de l'autre côté de la voie de chemin de fer. Un long couloir avec une fenêtre au bout. Par laquelle les voisins passaient la tête et nous hurlaient de partir. A cause des cris. Des cris incessants. Parce qu'il nous frappait déjà. Dans la maison du temps de papa, la cave étouffait les bruits ; alentour, on pouvait faire comme si de rien n'était, et surtout ne pas intervenir. Là, avec la promiscuité et cette fenêtre au bout du long couloir, nous les empêchions de dormir. Pas un ne nous est venu en aide, bien sûr. Dans le Nord, on ne se mêle pas des affaires des autres, et l'homme a tous les droits. Dans le Nord, les cris des enfants sont une gêne. Et les pouilleux que nous étions ont dû déguerpir. Pour cette cabane au milieu de nulle part.

On avait chacun notre balluchon. On a posé ça sur la terre battue. Tout était sordide. Personne n'arrivait à comprendre qu'il s'agissait là de notre nouvelle maison. Toute cette misère. Toute cette misère qui assaille les humains jusqu'à leur en faire perdre leur dignité. Nous nous sommes installés. Une pièce nue, avec sa petite fenêtre, son poêle, sa table et ses paillasses. Pas d'eau, pas d'électricité. Une espèce de grenier occupait l'autre partie de la cabane, grenier où il nous enfermait souvent. Il y faisait noir, les rats couraient en tous sens, à la poutre centrale étaient accrochées des cordes. Pour jouer à la balançoire. Ou pour nous pendre, comme ce jour où il en fit cinq nœuds coulants alignés proprement. Nous pendre plus tard, quand l'envie lui prendrait. Les rats se seraient repus de nos cadavres. Les Allemands n'étaient plus là, mais ils avaient laissé dans les esprits des idées de jeux qui ne lui avaient pas échappé.

Il fallait obéir entre ces murs qui suscitaient le malheur. Le froid rentrait, bien sûr. Les cris passaient, bien sûr. Mais même avec les fermiers voisins, avec le monastère d'en haut et les gendarmes de la région, nous étions seuls au monde. Plus encore : par l'étrange pouvoir de la douleur qu'il instaurait, chacun de nous n'avait que sa propre solitude pour compagne. Heureusement, il y avait maman. Maman malade — une fausse couche, une opération, cette cicatrice au ventre. Maman était souvent couchée. Elle remettait elle-même ses agrafes sur son ventre. Maman pleurant. Pas sur son sort : sur le nôtre. Mille fois écrasée par le poids de sa culpabilité, celui d'avoir choisi cet homme, sans imaginer que le cauchemar se répéterait. Décuplerait. Il y avait pire que son premier mari. Bien pire, et à ce pire elle s'était unie, jetant de nouveau ses enfants dans la gueule du loup. Il était jeune, il ne buvait pas. Comment imaginer, comment soupçonner ? C'était le destin, alors ? Elle était maudite. C'était cela ? Plus seule encore, près du vieux noyer, nous tenant dans ses bras, plus seule encore dans ses larmes. Elle avait tué. Découvrant combien il fallait d'énergie, d'épouvantable énergie pour ôter la vie. Elle avait tué. Vidée, épuisée. Écrasée. Parce que ça n'avait servi à rien. Parce qu'une atroce fatalité s'acharnait sur elle et sa progéniture, et qu'elle en était le témoin, la cause.

Il y avait le gros noyer, et puis la rivière, qui nous donnait de l'eau, et la mare, où j'allais me laver si souvent. Cette terre glacée en hiver, cette terre noire qui jamais ne donnerait rien de bon.

Moi, je me souviens à peine quand on est arrivés. J'avais quatre ans, c'était la fin de l'été. Cette désolation était peut-être plus terrible que les précédentes, mais j'avais maman, et puis Jean-Marie, mon frère tout proche, et puis il ne faisait pas encore froid. Bien sûr, la cabane, avec son sol noir, ses murs de torchis, n'avait pas belle allure. La forêt voisine, avec ses sortilèges, nous terrifiait tous. Tant que l'automne resta roux, nous eûmes faim mais pas froid. Nous avions seulement peur de ses coups de ceinture. C'est qu'il s'était vite organisé. On n'était pas là pour s'amuser. Sa maudite mère avait écrit sur cinq bouts de papier des mots en flamand pour chacun de nous. Il y était dit que nous étions de pauvres gosses affamés, avec une mère malade, et qu'on était obligés de faire l'aumône pour vivre... Et chacun d'aller mendier de ferme en ferme pour obtenir un œuf, un peu de farine, quelques patates. Et si, le soir venu, la liste des commissions n'était pas remplie, alors il retirait sa ceinture d'un geste vif et nous recevions notre punition. Ce que disait le papier était vrai. Les fermiers ne savaient pas, pourtant, que tout ce qu'ils nous donnaient ne profitait qu'à lui. Il mangeait le pain, il mangeait les œufs, il nous regardait en riant et nous ordonnait de cirer ses bottes. Parfois il nous lançait des morceaux de pain, ou attendait le lendemain pour nous laisser grignoter ses restes. Ou alors il les donnait aux chiens. Cela dépendait de son humeur.

Mais moi je ne me souviens pas bien. Je me souviens de la vache rouge, dans le champ, qui était notre préférée. Mes frères m'avaient fait grimper dessus une fois, et depuis elle ne me faisait plus peur. Je me souviens des poulains, je me souviens des champs aux alentours, des patates faciles à voler. Je me souviens de banales terreurs d'enfant. Je me souviens que je n'avais que faim. Je me souviens qu'en ce temps-là, j'étais encore pure. Je ne me souviens que de ça : c'était avant.

Il y a eu ce premier hiver. J'avais un manteau de l'armée, un immense manteau gris qui traînait par terre, lourd, encore plus lourd quand la pluie et la boue l'imbibaient. J'avais mes fifis, ces chaussures en plastique, ma seule gloire, des fifis pour l'été et le printemps, mais l'hiver, dans le plastique glacé, avec mes petites chaussettes, j'avais mal aux pieds tellement j'avais froid. L'eau des rivières et de la mare était gelée. Le vent s'engouffrait dans la cabane, cognait contre les murs, il fallait aller mendier, encore et encore, surtout l'hiver, quand rien ne traînait dans les champs. Traverser la maudite forêt, ou bien la frontière belge à quelques kilomètres de là. Quelques kilomètres pour des petites jambes fluettes de fillette de quatre ans, boitant dans ses fifis, alourdie par le manteau, dans le froid et la peur et avec la nuit qui tombait trop vite. J'étais si petite, j'allais si lentement qu'ils me laissaient le plus souvent seule à la cabane. Seule. Seule, mais j'étais encore pure, je n'avais que faim et froid, et peur de ses coups. Pour nos mains, nous avions trouvé le réconfort du pipi des vaches, qui jaillissait comme d'un robinet et formait des petits cratères au sol. Nos narines n'avaient jamais connu de bonne odeur parfumée, nous vivions dans la saleté, au moins le pipi des vaches nous réchauffait-il.

Il y eut un premier hiver. C'était avant, mais il fit froid. Il y avait des trous dans le toit de chaume, par lesquels le vent pénétrait. Parfois même, au petit matin, les vaches nous apparaissaient, broutant tranquillement les morceaux de paille. Par les trous elles montraient leur tête immense au souffle chaud. Mais l'hiver, c'était le froid, et ces bruits sans trêve, ces bruits terrifiants que semait le vent. Pierre ou Jean-Marie allaient chercher le charbon. Ils n'étaient pas grands — six et dix ans. Il en désignait un, lui donnait le vélo sans frein : qu'il se débrouille. Le sac pesait cinquante kilos. Deux fois plus qu'eux. Le sac énorme posé sur la barre centrale, ils avalaient les kilomètres, dans l'angoisse des coups de ceinture. Et quand par malheur le sac s'éventrait, secoué par le chemin cahoteux, c'était à genoux qu'il fallait récupérer chaque morceau dans la forêt obscure. En pleurant car ils savaient qu'ils auraient droit à la ceinture. L'autre n'aimait pas voir un sac entamé. Peu importait la raison : l'autre aimait frapper. Avec sa ceinture, ou bien le tisonnier, ou bien un bout de bois, il avait toujours à la main une arme pour nous battre. Les agrafes sur le ventre de maman sautaient. Elle aussi recevait des coups. Le sang endeuillait toujours son ventre, à cause de sa cicatrice qui se rouvrait. Un jour on coinça sous sa paillasse un pot en céramique un peu cassé. Pour recueillir les gouttes de sang, ce sang qui coulait sans cesse. Le pot est resté longtemps, j'allais le laver à la mare, en pleurant de voir cette couleur de douleur, cette couleur de souillure, cette couleur de malheur.

Il y avait une école au village. La classe était faite par un curé, qui ne nous aimait pas. Il nous appelait les Pattynoires. Quand les plus grands y allaient, le père les acceptait rarement. Les gamins eux-mêmes nous lançaient des pierres quand nous passions près de l'école. Un jour de neige, alors que les garçons s'amusaient à faire des glissades, l'institutrice avait jeté sur eux des tisons brûlants. Jean-Marie avait été blessé, voilà ce que lui avait apporté l'école : des pierres, des pierres et du feu, comme les hommes des cavernes. Nous aurions pu, là, apprendre, apprendre à écrire et à lire, à nous défendre peut-être, nous aurions pu apprendre que des grands écrivains avaient défendu les opprimés, nous aurions pu apprendre que nous n'étions pas des bêtes. Mais les gens ne nous aimaient pas. Nous n'étions que des petits mendiants crasseux. Pas un ne s'était demandé d'où venaient nos cicatrices, nos têtes enflées, nos démarches boitillantes, nos doigts bleus. Les gamins crasseux étaient voleurs, coupables ; qui allait penser que nous étions victimes, victimes d'un bourreau, et aussi de la misère, de la faim, du froid, victimes privées de tout. Mais ce n'était encore que le premier hiver, c'était encore avant.

Il y avait le lit de maman, le sien aussi. Étrange de parler d'un lit. Pas de matelas, pas de draps. Une housse remplie de paille, une couverture pour eux, et ce petit pot de céramique ébréché où tombait le sang. C'est ce que je voyais, moi, ce petit pot parfois sec, quand il ne l'avait pas touchée, parfois rouge et humide. Nous, nous avions nos paillasses à même le sol. Sans couvertures. La seule couverture que nous ayons jamais eue, ce sont nos vêtements. Pour nous protéger de lui, du froid, de la nuit. Ma pauvre culotte mille fois lavée. Parfois maman, quand elle allait mieux, faisait sa lessive à la mare. Les vêtements séchaient alors sur l'herbe, et je guettais le moment où ma pauvre culotte, mon seul rempart, ma seule protection, allait être suffisamment léchée par le soleil pour que je puisse vite la remettre.

Un soir, il est venu vers nos paillasses, silencieux comme d'habitude. Ma sœur et moi étions là, allongées. Il a juste soulevé nos jupes, fait bâiller nos culottes, inspectant calmement. Il a regardé. Juste regardé. Qu'est-ce qu'elle lui avait dit, sa vieille sorcière de mère ? Ou son frère, l'amputé, qui réclamait parfois Marie-Claire, qui avait huit ans. Lui avait-il dit que les petites filles se consomment allégrement, qu'il n'y a rien de plus drôle que de faire éclater ces petits corps à la peau fragile ? Qu'avait-il vu, lui, pendant la guerre, avec ces nazis qui s'amusaient d'un rien : d'un bébé explosé contre le mur, d'une femme violée par une garnison... Il nous a regardées. Comme s'il préparait le terrain. Comme s'il laissait germer l'idée.

Une idée de son frère, sans doute. Qu'allait faire Marie-Claire quand on la traînait de force dans leur gourbi ? Que lui faisaient-ils subir ? La sorcière, en poussant son plus jeune fils au mariage, avait réussi son coup : tous trois s'offraient finalement une vie pleine d'agréments, il avait suffi de réduire les enfants en esclavage. Ils mangeaient à leur faim et, de plus, l'amputé satisfaisait ses fantaisies sexuelles sur une gamine de huit ans. Notre tortionnaire possédait, lui, un royaume peu glorieux mais dont il était le maître incontesté, régnant par la terreur. Il pouvait se laisser aller à toutes ses humeurs, fondant sur nous quand l'envie lui en prenait. Des coups, des coups seulement. C'était avant. Il avait d'abord organisé le quotidien, puisqu'il y avait tous ces gosses à disposition. Il avait mis au point son petit trafic entre la Belgique et la France, utilisant mes frères comme passeurs pour quelques cigarettes ou du café. Ils allaient innocemment réceptionner la cargaison, puis franchissaient la frontière, en rampant dans l'herbe ou en empruntant des chemins dans la forêt. Enfin, ils allaient livrer à l'adresse indiquée.

Ça devait rapporter. Il ne prenait aucun risque, encaissait juste l'argent, la ceinture à la main, prêt à frapper s'il manquait un sou.

Assez vite il a réussi son coup : un jour, il a acheté la moto. Une moto rouge, comme le sang. Une moto qu'il fallait briquer, pour qu'elle brille au loin comme ses bottes. Une moto au moteur ronronnant, qu'il allait tant de fois utiliser pour nous terroriser, nous faire la chasse, nous cueillir comme du gibier. Une moto qui allait le perdre. Mais nous perdre mille fois avant.

La moto, et le fusil. Les voisins se cloîtraient, tellement ils avaient peur de lui. Il tirait souvent, et puis riait. Avec cette arme-là, il transformait tout le monde en animal, en proie. Quand l'envie lui en prenait, il nous menaçait. Il fallait alors courir, à la nuit tombée, et puis trouver un endroit pour dormir, loin, loin de ses coups. Son envie de nous tuer lui venait par vagues. Le fusil. Les nœuds coulants dans le grenier à rats. Le couteau pointé contre le cou de Pierre. Et les coups.

Au crépuscule, l'œil jaune de la moto transperçait l'air, nous cherchait, nous trouvait, et se rapprochait, grossissait. L'œil de la moto nous happait, il ricanait. Il avait toutes les armes de son côté. Nous, nous n'avions que nos petites jambes, et cet instinct de survie démentiel qui nous a gardés sur cette terre tout au long des années. Il avait toutes les armes...

Ils étaient tous partis. C'était le printemps. Mars : je venais tout juste d'avoir cinq ans. Maman avait dû aller en ville, avec les grands. Moi, avec mes petites pattes frêles, j'étais restée pour ne pas les retarder. J'étais restée par cet après-midi où il recommençait à faire beau. Je jouais avec les chiens, dans l'herbe. Les rayons du soleil me caressaient les joues. Lui, pour une fois, n'avait pas pris la moto pour partir vers ses mystérieuses activités. Il était là, quelque part dans la maison. Il m'appela. Il m'appela une fois, deux fois, et j'obtempérai aussitôt, inquiète. Il fallait obéir vite, sinon les coups de botte pleuvaient. Je courus. Il y avait cette porte basse, avec une marche qui descendait vers l'intérieur. Il y avait cette fenêtre juste là avec ses bouts de rideaux usés par le vent. Il y avait, sous la fenêtre, la table. Je pesais quinze kilos, il m'attrapa, me souleva comme une plume et me jeta sur cette table. Puis il dégrafa sa ceinture, de ce geste qui faisait si peur, baissa son pantalon et arracha ma pauvre culotte.

Je viens d'avoir cinq ans. Ma tête est partie en arrière, dans le vide, et le monde a basculé. Mon cœur saute, ma peur hurle à l'intérieur. C'est mon tour. La tête renversée en arrière, j'ai l'impression qu'on va me faire du mal, un mal que je ne connais pas, alors j'ai peur, une peur panique. Et puis tout va très vite, le monde explose, la terre s'effondre, et je crie ou je ne crie pas, puisque plus rien n'existe. Un pieu entre dans mon ventre... je ne sais pas... c'est impossible, cette douleur est impossible et pourtant je m'enfle et me distends, c'est impossible et ça m'arrive, et je ne peux pas reconnaître cette douleur, comprendre comment la terre part en miettes et me broie, broie ma vue, broie mes oreilles pour tordre le silence en hurlements. Tout hurle. J'ai cinq ans, je suis si petite, et quelque chose de gros, de trop gros, me brûle, me déchire. Je me demande combien de temps ça va me prendre pour mourir, et si ça va faire mal tout le temps comme ça. Je pense à maman. Je pense. J'ai cinq ans... Il n'y a plus rien.

Il a fini. Une éternité. Mes yeux explosent, ma bouche est en pierre, mes oreilles hurlent, et surtout, surtout, il y a cette chose inconnue. A cinq ans. Il a fini, alors sur la table je me redresse.

Je croise son regard. Il rit. N'évite pas mes yeux. Au contraire. Dans ce regard je comprends que *cette ignominie* lui a plu, qu'il a signé son pacte avec le diable. Et que pour toujours je vais connaître ça, cette douleur qui ne tue même pas. Je croise son regard, et puis je vois son sexe rouge. Mes mains se portent entre mes jambes, à l'endroit qui n'existe plus, qui bat à tout rompre, qui crie sa déchirure. Le sang. J'ai cinq ans, j'ai vingt ans, j'ai cent ans et le rouge me fait horreur. Du sang qui a rougi son pieu : mon sang. Alors je cours à la mare pour laver tout ce rouge, pour laver ce regard qui m'anéantit, qui m'assassine, qui m'annonce que le cauchemar commence seulement.

En tremblant, la bouche béante, les yeux écarquillés, le souffle affolé, j'ai trempé, frotté, tordu ma pauvre culotte dans l'eau, désespérément. Laver,

laver. Je devenais aveugle et pourtant mes yeux continuaient à voir, sourde et pourtant je percevais autour de moi une nature indifférente. Il m'avait mise entre parenthèses, hors de l'espace, hors du temps, cicatrice béante qui battait à tout rompre, malgré la fraîcheur de l'eau s'assombrissant de mon sang. Quand il y eut moins de rouge je me suis précipitée dans un taillis. Le soleil était mort, le ciel bleu était en deuil.

Blottie dans mon taillis, encore essoufflée d'horreur, j'ai attendu le retour de maman. Avec la peur insensée qu'elle apprenne mon infamie. Rien, rien ne devait transparaître, ni dans ma conduite ni dans mes regards : rien. Il ne fallait pas, il ne fallait pas... Dans le trou rouge de mon désespoir je me martelais cette nouvelle obsession, pleurant enfin : il ne fallait pas qu'elle sache, personne, personne au monde, et surtout pas maman. A cinq ans, coupée du monde des vivants. J'avais si peur de mon bourreau. Si maman me posait des questions et apprenait la « chose », il me punirait, il me ferait revivre ÇA, alors que mon ventre tremblait encore d'avoir été massacré.

Combien de temps j'attendis derrière mon taillis, je ne sais plus. Je tentais de retrouver mon souffle, de me recomposer un visage. Cinq ans, et faire attention à ne pas boiter malgré la douleur, cinq ans et se taire, en guettant à l'orée de la forêt l'arrivée de cette famille qui venait de m'être enlevée.

Tout venait de m'être enlevé, sauf la terreur. J'avais croisé son regard.

Ils sont revenus. Ils parlaient. Maman était là, avec ses quatre enfants autour d'elle. La petite alla vers eux. Qui donc comprit alors, en voyant l'abîme de mes yeux, ce qui s'était passé ? Tous avaient peur. Il fallait faire semblant, et maman souriait. Le quotidien reprenait ses droits. L'après-midi s'étalait et mourait, le crépuscule mâchait l'air saturé, on grignota nos croûtons de pain et on se coucha. La honte et la terreur me servirent de couverture, j'avais dû faire quelque chose de très mal pour avoir reçu une telle punition. Le soir, me parvinrent de leur lit des bruits qui me pétrifièrent. Il faisait subir à maman cette douleur que je venais de subir.

Deux jours après, il recommença. La douleur de mon ventre s'était à peine apaisée. Le sang, les hurlements, la mare, la honte et la peur. La solitude absolue. Sans trêve. Un cauchemar qui allait durer toute la vie.

J'ai eu mal à chaque fois. A chaque fois l'impression de n'avoir jamais cicatrisé, d'avoir été une plaie ouverte pendant des mois et des années. A cinq ans, à six ans, à sept ans, parfois deux, trois fois par jour. J'ai eu mal à chaque fois. J'ai eu peur à chaque fois. Peur de son pieu qui un jour allait me transpercer de part en part et sortir par ma bouche, me faisant crever d'étouffement, et ce serait sûrement très long et atroce, oh, et puis mourir après tout... Mais je ne mourais pas. Je vivais, regardant avec envie le chien trottant derrière le bosquet pour faire ses besoins. Lui avait droit à la pudeur. Moi, je n'étais même pas un animal. Il avait trouvé de nouveaux jeux. Il me faisait vider mes tripes devant lui, après m'avoir violée, pour me reprendre dans cette puanteur, encore et encore. Tenir : je tenais, pensant à la mare où j'allais courir me laver, mais il me maintenait, sa botte sur mon dos, et toujours ce rire.

Tenir : je tenais. A cinq ans. Et toujours cette honte.

La honte et la culpabilité devenaient notre prison. Pour nous tous. Car si j'étais la plus petite, la proie la plus facile, donc la plus souvent sacrifiée à ses jeux, les autres aussi, tous les autres subissaient ses viols. Roger sut se défendre, du haut de ses quinze ans. Mais Pierre, mille fois battu, tabassé puis éventré par le pieu, dans les ricanements. Mais Marie-Claire, objet offert au frère amputé, attrapée dans la nuit et plaquée au sol, la botte sur le dos et subissant, subissant à son tour. Mais Jean-Marie, coincé dans le grenier à rats et violenté avant d'être frappé. Mais maman au ventre ouvert, secouée par ses coups de boutoir, acceptant son cauchemar. Jusqu'au chien qui parfois hurlait à la mort, enchaîné, pénétré. Honte et culpabilité. Tous soumis à sa loi. Par quelle logique tordue les victimes s'enferment-elles dans le silence et la solitude ? La douleur était trop immense. Elle nous étouffait. Trouver dans les yeux de l'autre de la compassion nous aurait détruits. Dire, dans un sourire : « Je sais ce que tu vis et je le vis aussi » eût été un viol supplémentaire. En gardant les yeux baissés, peut-être réussissions-nous à conserver l'illusion que tout cela était irréel. La seule façon de survivre à ça. ÇA n'avait jamais existé.

Culpabilité. Sans fin. Qu'étais-je en train de payer ? Je ne le savais pas, mais il devait bien y avoir une raison, et je devais être très fautive. Fautive peut-être de laisser faire. Lorsque j'avais réussi à échapper à la moto et à son œil jaune, j'avais beau me boucher les oreilles et m'interdire de penser, je savais qu'un autre subissait à ma place. A ma place. Telle était ma faute, n'est-ce pas ? Ces cris, tatoués dans mes nerfs, reconnaissables entre mille : quelqu'un hurlait, hurlait cette douleur bien connue, et je ne voulais pas entendre. J'aurais pu prendre le fusil, tirer sur lui, défendre ses autres victimes, car dans ces cris j'étais violée aussi. Mais je ne faisais rien. Et je ne regardais pas celui ou celle qui s'enfuyait dans les champs, pantalon ou jupe à peine rajusté, en vomissant ses larmes. Je buvais leur douleur, pleurant aussi, et si le viol de l'autre avait empêché le mien, je n'en étais pas soulagée, j'en étais brûlée au fer rouge. Les défendre. Défendre maman. Sauter sur lui et le frapper. Ne pas laisser faire. Des pleurs de honte. J'étais coupable, et mon impuissance faisait redoubler mes larmes. Les cris, leurs cris étaient insupportables.

Nous avions tous le regard trouble. Il nous chassait, le soir venu, et celui ou celle qu'il avait attrapé pour s'en amuser se faufilait ensuite, les yeux baissés, dans la cabane. Je savais qu'ils savaient. Quand je rentrais, j'entendais dans leur silence qu'ils savaient. Mais nous étions seuls, tous si seuls. Je n'osais, souillée, aller embrasser maman avant de chercher le sommeil. Elle m'aurait peut-être prise dans ses bras, aurait vu que ma culotte était humide après que je l'ai encore lavée, et je serais morte de honte si elle m'avait posé la moindre question. Ma réponse balbutiante était prête, pourtant, mais personne ne m'interrogea jamais. Chacun savait. Chacun ne savait que trop bien reconnaître ces bruits, l'agitation des chiens, les cris étouffés, chacun savait que le dernier rentré venait d'être sali. Personne ne posa jamais de questions.

Très vite s'instaura le jeu de la moto au soir tombant. Jeu de la nuit : le chasseur n'aimait pas céder à la facilité. Il nous laissait nous cacher sous le couvert bien illusoire de l'obscurité ; il savait que nos cœurs palpitaient, la chasse était ouverte. Nous regardions disparaître le soleil à l'horizon, et, pauvres loups-garous désespérés, nous nous transformions en gibier, tous les sens en alerte, tous les nerfs à vif. Chacun son taillis, son arbre, sa barrière. La moto ouvrait son œil, la campagne se fendait d'un rayon jaune, le silence vibrait d'un grondement de malheur. Le cheval d'acier s'élançait, parfois vivement, parfois lentement, si lentement. Lui riait, de toutes ses dents serrées. Une silhouette déguerpissait, il la laissait filer pour mieux bondir dessus. L'animal traqué perdait son souffle, son cœur, sa conscience dans la fuite avant d'être saisi au collet, soulevé du sol, jeté en travers de la moto dévalant le chemin. Le gibier attrapé, les autres rentraient. Les cris commençaient. Jeu du soir tombant.

A apprendre ainsi à survivre, nous nous sommes vite accoutumés à rester des êtres humains tant que le soleil nous protégeait de ses rayons, et à craindre la nuit qui faisait de nous des bêtes. La nuit, si rapide à venir en hiver, hiver de malheur qui nous volait de précieuses heures. La nuit, si tardive en été, douce saison qui nous rendait un peu de notre enfance, malgré les punitions qu'il nous assenait. La ceinture du jour s'enlevait d'un mouvement sec. La ceinture du jour voulait dire les coups, avec cette boucle qui imprimait sa forme dans nos maigres chairs. La ceinture de la nuit, il ne l'enlevait pas. Il la dégrafait simplement. Geste simple, début de l'enfer. Les bruits de la nuit, l'odeur de la nuit, et ce geste. Moi, si petite, je me cachais toujours derrière le même taillis. Croyant à ma chance. Recroquevillée, je serrais les poings, il ne me verrait pas, n'est-ce pas ? Mais il repéra vite ma cachette. Quand il m'avait choisie pour la soirée, il dirigeait simplement le phare de sa moto vers moi, attendant que mes yeux affolés croisent les siens, attendant que je me mette à courir pour lancer la machine, petites pattes contre grosses roues. Prise. Écraser ses larmes en serrant bien fort les paupières, et admettre. Admettre qu'on allait être encore ce soir-là projetée dans l'enfer. Admettre la suite. Toujours la même horreur. Jetée au sol. Un ricanement. Le bruit de la ceinture.

Juste ouverte. Puis la douleur, la descente, l'agonie. Une deuxième fois. Attendre. Survivre, c'était cela, ne même pas mourir. Et puis la mare, enfin. Comme une récompense. Même si l'hiver, l'eau gelée n'y pouvait rien. La nuit, le sang, le froid et l'eau gelée. Se laver quand même et rentrer les yeux baissés. Une fois le rituel du soir terminé — jusqu'au lendemain, où le jour, même en été, finirait par nous trahir. S'il avait pu exister un monde où le soleil ne se couche jamais...

Les autres. Mes frères, ma sœur, ces inconnus. Liés par le sang, déliés par le sang. Je dois balayer ces rideaux lourds d'angoisse, comme on balaie ses cheveux sur son front, pour me souvenir d'eux à la cabane, si loin, si loin noyés dans leur solitude.

Les autres. Roger au regard perdu dans la cave de son enfance. Il était adolescent, silencieux comme nous l'étions tous. Il avait tant subi avant même que je voie le jour, il avait été la première victime du destin terrible qui s'était abattu sur maman et ses enfants. Pour lui, la cabane n'était que la suite supportable d'un martyre déjà long. Des coups, bien sûr il en prenait, même si souvent il levait le poing pour se défendre. Des coups... un peu plus, un peu moins. La faim, le froid, les sentait-il encore sur sa peau marquée au fer rouge ? Il pouvait s'évader, lui, en allant travailler. Et s'il ne partait pas, c'était pour maman. Elle l'avait sauvé en mettant fin à son calvaire, il n'allait pas l'abandonner à ce nouveau monstre. Et puis, où aller ? Alors il construisait des murs. Roger construisait des murs, des vrais. Nous étions tous emmurés vivants, nous le sommes encore, et Roger construisait des murs. Il tomba, un jour, à cause d'un palan cassé, dans un caveau qu'il avait construit. On l'en sortit *in extremis,* presque mort étouffé dans cette tombe qui appartenait à un autre. Comme s'il fallait que sa destruction programmée depuis si longtemps se concrétise là. Roger avait résisté à treize ans de malheur, et promenait sa vie d'une démarche lente et chaloupée. Roger prenait une cigarette, se taisait. Roger était perdu dans le mystère de sa propre douleur.

Pierre, à dix ans, jouait les têtes brûlées. Il jouait à la mort : peut-être la recherchait-il pour se délivrer. Il avait grandi dans la cave, enfant cloîtré recevant les restes, les restes de brutalité d'un père qui avait pris le plus grand pour cible. Il avait vu mourir ce père, de la main d'une mère qui voulait sauver ses petits. Cette même mère qui, un peu plus tard, allait les recondamner. Il vivrait ainsi pleinement deux cauchemars successifs. Mais pour lui, la cave n'était qu'un mauvais souvenir. A la cabane, l'autre s'acharnait sur lui. Alors Pierre provoquait, Pierre s'enfuyait. Pierre répondait vivement, et il était si souvent frappé qu'il n'y a pas un de ses os qui ne porte la trace des coups. Pierre existait comme ça : rebelle. Et l'autre prenait tant de plaisir à l'humilier, à l'écraser. Dans ses furies incontrôlées, possédé par l'idée de nous supprimer, de nous rayer de la surface de la terre, il s'abattait sur Pierre, à coups de tisonnier, de bâton, de botte ou de ceinture, le laissant bien souvent agonisant au sol. Les coups, les cris. Et puis d'autres cris venant du grenier, des cris du soir, des cris de viol, des cris d'une rage et d'une douleur absolues. Ceux-là me pétrifiaient, me déchiraient le ventre. Pierre payait si cher, et se révoltait encore.

Il s'enfuyait, sachant qu'à son retour il frôlerait la mort. Quand Pierre partait, maman avait si peur, nous guettions tous son retour pour le prévenir, le protéger, lui dire de loin que nous étions avec lui. Car Pierre revenait. Nous pensions tous à nous enfuir, mais Pierre nous montrait bien que la solution n'était pas ailleurs. Il nous montrait qu'on ne pouvait échapper à notre bourreau, que le monde n'était pas prêt à nous recevoir, à nous protéger, à nous consoler. Pierre revenait.

Il y eut la fois où il partit trois jours. L'autre devenait fou. Il le cherchait, chevauchant sa moto de malheur, plus violent que de coutume, nous brutalisant sauvagement pour passer sa fureur. Pierre enfin apparut en haut d'une colline, et la joie en nous se mêla à la peur. Maman nous supplia : « Dites-lui de se sauver, il va se faire tuer. » Pierre avançait, l'autre n'était pas là, et nos oreilles ne détectaient pas le bruit de la moto. Pierre venait vers nous, vaincu mais souriant. Et puis soudain l'autre surgit de derrière un bosquet, sur sa moto rouge, fonça sur Pierre et le cueillit en route. Il n'y avait que haine sur son visage, et une angoisse atroce nous saisit. Pierre allait mourir.

Il le jeta devant la cabane. La rage déformait son visage, il sortit son couteau, fit mettre Pierre à genoux et m'ordonna d'aller chercher le seau, le seau en fer-blanc, pour le fixer sous le cou de Pierre. Il allait le saigner. Il me somma de tenir la tête de mon frère, de mon frère qu'il allait tuer, là, avec mon aide. Il posa le couteau sur sa gorge. Pierre allait mourir et je tenais sa tête.

Maman a surgi de la cabane. En criant, en tenant son ventre malade, elle s'est précipitée sur celui qui était son mari et qui allait saigner son fils ; elle l'a bousculé, frappé, elle a réussi à écarter le couteau du cou de son fils, lui sauvant la vie. Pierre fut ce jour-là roué de coups, comme maman, comme nous tous, mais la mort qui nous avait frôlés se dissipa. Nos idées de fuite aussi.

Marie-Claire était une victime partagée. Le seul argent que je vis jamais à la cabane fut cette pièce de cinq sous, en ferraille, que l'amputé me donna. Il me la mit dans la main et me fit signe de m'éloigner. C'était encore une de ces journées d'été. Il venait en vélo, coinçant son unique pied dans la pédale. Là, son esclave attitrée lui était réservée. Marie-Claire, et cette vieille couverture de l'armée dont il se recouvrait. Sans doute pour qu'on ne voie pas son moignon s'agiter sur les cuisses de ma sœur. J'avais serré cette pièce dans ma main. Elle brillait. Je l'avais enterrée dans une cachette secrète, cette pièce, pour que je ne sois pas témoin de l'agitation sous la couverture. Pourtant je les connaissais bien, ces sanglots retenus, ces silences suffocants, lorsqu'elle était sous le joug de l'amputé, ou bien de l'autre : la violence et la douleur étaient les mêmes. Et j'avais beau courir à l'autre bout du champ pour ne rien entendre, je savais, je ne savais que trop. Même si Marie-Claire était grande, avec ses dix ans, elle ne pouvait qu'obéir, se soumettre, puisque les hommes ont tous les pouvoirs et que, de génération en génération, les femmes ont toujours dû tout accepter. Mais Marie-Claire était grande, plus grande que moi, elle ne traînait pas en route, elle était envoyée en expédition aussi souvent que mes frères. Elle courait, sautait les barrières, elle était vaillante, et c'était bien souvent la petite, avec son long manteau et ses fifis, qui restait à la maison pour ne pas retarder les grands. Alors je restais. Ce qui faisait de ma sœur une victime un peu moins sacrifiée. Un si petit avantage dans cet univers enragé. Un avantage qu'elle payait en passant d'un violeur à l'autre. Marie-Claire était partagée. Marie-Claire était un monument de silence. Ma sœur, cette inconnue.

Jean-Marie était là. Proche. Pour me sauver parfois, rire avec moi, me protéger. Jean-Marie qui avait deux ans de plus que moi. Jean-Marie qui me disait de grimper sur la haute barrière, la nuit, pour que l'autre ne me coince pas avec sa moto. Jean-Marie m'emmenait en ville mendier du pain chez le boulanger, si brave avec son nez plein de farine. Jean-Marie qui m'avait sauvée de la boue dans laquelle un jour je m'étais enfoncée ; avec toutes ses maigres forces il avait réussi à me tirer de cette mort lente, alors que déjà les autres étaient loin. Jean-Marie et ses sacs de charbon, Jean-Marie sur le vélo sans frein, dévalant les côtes en hurlant aux gens de se pousser. Jean-Marie qui me disait souvent : « Courage, la petite », Jean-Marie qui avalait des cailloux pour avoir moins faim, Jean-Marie qui une nuit avait dormi dans une niche à chien, parce que l'autre nous avait menacés avec son fusil. Jean-Marie au regard traqué. Jean-Marie frappé comme nous tous, pour une cigarette fumée, un morceau de charbon perdu. Pour avoir gardé une pièce, un soir, prévoyant des lendemains difficiles, Jean-Marie fut tant et tant battu qu'il croupit pendant deux jours sur sa paillasse sans pouvoir se lever. Jean-Marie et son béret, Jean-Marie et les frères, prêts à tout pour trouver à manger. Jean-Marie qui sauvait souvent tout le monde des coups en allant, en dernier ressort, demander à son vieux copain le portier du monastère de les dépanner. Il avait réussi à créer cette étrange et touchante relation avec les moines, qui devaient bien aimer ce petit galopiau vif et gentil. Les trappistes avaient fait vœu de silence, mais leur portier, lui, servait de lien avec l'extérieur. Il avait fait visiter au petit les jardins, les cellules, et ces salles magiques dont les petites commodes contenaient les fromages. Fromage, pain, cette précieuse nourriture qu'il donnait ralentissait les coups, les remettait au lendemain.

Jean-Marie a tant subi, lui aussi. Os brisés, pleurs, peurs. Mais avec lui, j'étais moins petite, moins vulnérable. Quand nous ne ramenions pas de pain du village, l'autre faisait glisser sa ceinture, et Jean-

Marie se mettait devant moi. Pour prendre les coups à ma place.

Moi, j'avais trois ans quand ma vie se fit sordide. J'avais cinq ans quand ma vie bascula dans le cauchemar. Toute la vitalité, toute la force, tout le courage qui battait en moi, tout cela se concentra sur un seul objectif : survivre. Devenir animal. Marcher à l'instinct. Je n'avais pas eu le temps de développer ces qualités propres à l'être humain : l'intelligence, la ruse, l'humour ; je n'avais eu le temps que pour une chose : survivre. Jean-Marie avait gagné deux ans sur moi, deux ans pour mieux planter ses pieds sur terre, les plus grands avaient eu un répit qui leur avait permis d'apprendre à manœuvrer, à parer les coups. Ils pleuraient même mieux que moi, qui n'avais pas eu le temps d'apprendre. Je n'étais qu'une victime terrorisée. Quand il m'avait demandé de tenir la tête de mon frère afin de l'égorger, j'avais obéi. Roger dans son monde à part, Pierre dans sa révolte, Marie-Claire dans ses silences, Jean-Marie dans sa débrouille, tous avaient sans doute réussi à garder cette petite part d'humanité qui leur donnait une once de dignité. La dignité, moi, je ne savais même pas ce que ça pouvait signifier. Je n'étais que peur.

Maman. Entre courage et lâcheté. Torturée. Sans doute subissait-elle son sort en serrant les dents. Tant de fois elle a pleuré, en nous tenant dans ses bras. Sous le gros noyer, dans les larmes elle nous demandait pardon, et nous pleurions avec elle. Et quand la moto faisait entendre ses pétarades de malheur, elle nous criait, nous suppliait de nous mettre à l'abri, de nous cacher. Elle ne pouvait rien faire d'autre. Rien d'autre que nous supplier. Puis, une fois la nuit tombée, elle souriait d'un regard à ceux qui entraient, l'œil hagard mais le corps épargné pour cette fois. Ils lui avaient échappé. Tous alors faisaient semblant d'oublier le cinquième enfant. Le sacrifié. Tous alors se glissaient sur leur paillasse, et chacun gardait pour lui son cœur alourdi de remords. Surtout elle, maman, qui nous demandait pardon. Pardon de quoi ? Je ne comprenais pas sa faute, moi la petite. Et pourtant, elle aussi était punie. Mais qu'avait-elle fait, qu'avions-nous fait, de quel immense péché étions-nous coupables pour payer aussi cher ? Maman aussi était punie. Quand il grimpait sur elle, à l'aube, je me réveillais au premier gémissement étouffé. Mon cœur battait à tout rompre. Jamais, à deux ou trois mètres de là, je n'osai regarder l'inimaginable scène. Les bruits me suffisaient. Maman était victime, comme nous. La seule qui aurait pu nous protéger. Chaque mouvement de va-et-vient était un coup de poignard dans mon cœur : maman aussi était victime. Nous étions perdus, tous. Et puis l'autre bruit, celui des gouttes de sang s'écoulant dans le pot de céramique. Je ne bougeais pas, pétrifiée. Le bruit terrible durait, durait, et j'imaginais, les paupières serrées, je voyais les agrafes sur le ventre de maman, les agrafes qui sautaient, et elle qui les remettrait, plus tard. Sans oser croiser nos regards. Mais nous avions tous les yeux baissés.

Pourtant, sans maman, personne n'aurait tenu. Sans maman, la terre serait devenue une nuit perpétuelle.

J'ai six ans. Nous avons si faim, si froid, si peur. Le sang de maman coule dans un petit pot que nous allons vider dans la mare. Il la frappe. Le coup est parti sur son front, le visage de maman se couvre d'un rideau rouge. Je me jette sur elle, il frappe encore, il va la tuer. Non. Il envoie mon frère chercher le médecin. Il s'amuse. Nous avons tant prié pour qu'un voisin entende un jour notre douleur. Personne n'est jamais venu. Le médecin nous aidera, il verra la cabane sans eau, sans lumière, avec le pauvre poêle donnant un peu de chaleur, il verra maman et ses blessures... Il verra nos yeux, il le verra lui, et comprendra. Mais en deux mots, il a menacé le docteur. Qui a recousu maman et son crâne ouvert. Qui est reparti la tête basse, très vite. Il est revenu, le médecin : je saignais tant et tant de ses coups de botte et de ses coups de boutoir qu'il fallait, moi aussi, me recoudre. Là. Et le médecin allait voir ; dans ma honte pétrifiante, dans mon corps déchiré, il allait voir que des enfants subissaient des choses inqualifiables... Il m'a vue, recousue, et n'a rien dit. Bien sûr. Nous sommes tous souillés, nous sommes tous avilis, nous n'avons plus rien que notre honte, il n'a pas voulu de nous, de notre horreur, de notre cauchemar. Il a dû fouiller son imagination, le docteur, pour mettre des mots propres et apaisants sur ce qu'il venait de voir. Et vite hausser les épaules. Pour oublier nos yeux. Terrifié, le docteur. Silencieux. De quoi l'autre l'a-t-il menacé ? Que lui a-t-il dit pour transformer ce savant, ce monsieur bien habillé, en chien affolé ? Quel est le mystère de la terreur qu'il dégage ?

Il terrorisait tant et tant les environs qu'un jour les voisins silencieux ont dû porter plainte, ces voisins qui se terraient, redoutant le fusil. Des gendarmes sont venus. Ils n'ont rien vu, eux non plus, de nos yeux remplis d'horreur. Ils l'ont vu lui, et lui ont demandé, avec maman, d'aller à la mairie. Jean-Marie s'en souvient, de ces hautes marches blanches, de ces salles d'apparence si luxueuse. Qu'ont-ils raconté ? Le fusil, en tout cas, est resté à la mairie. Les voisins ont peut-être respiré, alors. Ou bien déménagé. Je n'ai gardé aucune image d'eux. Ils ont dû partir, partir bien loin, trouver une autre misère, d'autres famines, d'autres hivers gelés. Mais sans les cris. Sans nos cris.

La mort planait au-dessus de lui. Il racontait en riant comment, à coups de balai, il avait massacré une femme dans un café pour lui voler sa caisse. L'idée de meurtre l'amusait. Le sang le fascinait-il, lui, l'homme au sexe rouge de mon premier cauchemar ? Ma terreur frôlait la folie quand il décrivait le balai, ensanglanté jusque dans ses crins, et les chairs éclatées de cette victime dont nous n'avons jamais rien su. Était-ce vrai, était-ce un fantasme ? Même sans fusil, il était le plus fort. Un regard de lui signifiait le sang, le sang maudit entre les jambes, le sang coagulé dans les cheveux. Un regard de lui et je voyais Pierre, autre image d'horreur, sortant en hurlant du grenier à rats, le pantalon aux chevilles et la bouche ensanglantée, ou bien le crâne ouvert en cascade rouge. Il était le plus fort. La mort rôdait. Reprochait-il à maman de ne pas lui donner d'enfants ? Aurait-il voulu des fils à lui, qu'il aurait peut-être aimés, peut-être torturés. Nous n'étions que les restes d'un autre. Il aurait fini par nous tuer, nous tuer tous pour cette faute-là : n'être pas de lui. Mais maman brillait aussi de la couleur rouge du malheur. Comme si son ventre rejetait l'idée même d'engendrer des enfants du monstre. Étaient-ce des fausses couches successives, ces traces sanglantes qui remplissaient le petit pot de céramique ? Il nous aurait tués, tous, l'un après l'autre, après avoir bien ri, bien profité. Sur un coup de tête. Et nous aurions certainement obéi. Sur une lubie, il s'attaqua un jour au mur de notre cabane. Il en brisa tout un pan. Pour que la municipalité nous reloge. La municipalité ne nous relogea jamais, mais il avait saccagé en quelques secondes la maigre étanchéité de la maison. Le froid entrait, le vent tourbillonnait, les pluies ruisselaient ; il s'en souciait peu — la prochaine fois il détruirait autre chose. Et puis non. Il décida, sur un autre coup de tête, de monter un muret à l'intérieur pour séparer la pièce en deux. Le muret en torchis fut construit. Les garçons d'un côté. Les filles de l'autre. Il n'avait pourtant guère besoin de séparer ses victimes pour toujours solitaires, mais le seigneur n'aimait pas qu'on contrarie ses volontés. Roger colmata vaguement le trou extérieur.

Ses bottes brillaient. Le matin j'étais chargée, à coups de salive et de torchon, de frotter ces bottes maléfiques prêtes à nous briser les os. Sa moto étincelait, Marie-Claire et moi traquions la moindre tache, tremblant d'en laisser une qui nous vaudrait la pire des punitions. Ses pare-chocs chromés renvoyaient mon image. Une image déformée, haïssable, l'image d'une souillure : je n'étais qu'une souillure. Mon image allongée sur la moto furieuse qui le soir nous piégeait. Je préférais mon reflet dans la mare. Seules les grenouilles pouvaient m'observer, et les grenouilles ne voyaient pas ma honte. Mais me regarder ne m'apportait que dégoût. Cette mare recueillait ma saleté, et j'agitais vite l'eau pour qu'elle ne me montre pas ce que j'étais en train de faire. Il me fallait cet oubli de moi pour réussir à me laver, me laver un tout petit peu de l'abomination que je venais de vivre. A chaque fois. A chaque fois sans m'habituer, à chaque fois déchirée. Avant de courir me réfugier, broyée de honte, dans la cabane.

Puisque fuir ne servait à rien, du haut de mes six ans je me mis à penser à la mort. La grande fuite. Les cordes, installées dans le grenier noir et plein de rats. Me pendre. La peur m'en empêcha. Non pas la peur de mourir : la peur d'y survivre, et puis de me faire attraper. La peur que la poutre ne cède et ne m'abandonne au sol, prise en faute. Faute. Même pour mourir, nous devions attendre ses ordres. S'il me surprenait à vouloir lui désobéir en partant dans l'autre monde, il me punirait tant et tant que j'en deviendrais folle. Alors, par simple peur de ce nouveau martyre, je renonçai à l'idée de m'offrir ce voyage. Il avait toutes les armes. Je n'étais que peur. Même ma mort ne m'appartenait pas.

Pourtant, parfois il faisait jour. Il fit jour pendant mille jours. Mille jours pour survivre, manger, ne pas mourir. Le jour, il fallait juste ne pas mourir de faim ou de froid. C'était pendant la nuit que la honte et la douleur venaient ajouter leurs coups de pic. Mille jours pour six victimes et un bourreau. Mille matins où le seigneur buvait sa chicorée qui chauffait dans la vieille cafetière en aluminium, faisait astiquer ses bottes et donnait ses ordres. Il ne savait pas parler autrement. Puis il partait. Laissant à manger, dans le petit buffet là-haut, du bon pain auquel nous ne devions pas toucher, et quelques autres trésors encore. Quand mes frères se laissaient aller à grignoter un peu de mie, la punition tombait le soir même. La ceinture. Choisir entre la faim, immédiate, déchirante, et les coups, plus tard, avec le secret espoir d'y échapper. La faim, toujours présente. Les cailloux avalés ou l'herbe mâchée ; nous savions qu'en se couchant, recroquevillés, les genoux appuyaient sur l'estomac, atténuant la douleur. La douleur vrillante, entêtante, qui monte au cerveau. Jean-Marie, le plus malin, et les grands avaient appris bien des choses dans les champs. Le plus souvent, l'été ou l'automne, nous mangions des pommes de terre crues dont l'amidon nous asséchait la bouche. Nous nous glissions la nuit dans les champs, picorant à droite et à gauche des kilos entiers de précieuse marchandise. Ensuite, les plus petits reconstituaient les alignements, pour que les fermiers ne se doutent de rien. Mais ceux-ci avaient vite compris notre stratagème, et nous guettaient avec leurs fusils à plombs. Nous, obéissant aux ordres, nous allions livrer notre butin à notre bourreau. Que faisait-il de toutes ces pommes de terre ? Sans doute nourrissait-il sa vieille sorcière de mère et son amputé de frère, à moins qu'il n'ait organisé un trafic avec d'autres fermiers. Celui d'en haut, par exemple, avec sa mauvaise tête. On disait qu'il violait ses filles. Échangeaient-ils leurs impressions, le jeune bourreau à la moto et le vieux gras vicieux ? Nous, avec nos tas de patates volées, on ne voyait qu'une chose : nous pouvions en manger en douce. Il y avait aussi le blé. Ces grands champs blonds et mouvants. Le blé, grappillé ici et là, patiemment décortiqué puis mastiqué, nous remplissait le ventre. L'été, notre estomac criait moins.

L'été, les journées étaient longues, et les arbres feuillus. On s'amusait à trouver une vache pour lui voler un peu de lait à même le pis. L'été nous rendait un lointain parfum d'enfance. Les animaux se prêtaient à nos jeux. Bouboule, le chien gentil qu'un taureau avait chargé à travers les prés, les poulains que mes frères avaient lâchés dans le champ de petits pois, ou dans la pâture des vaches ; nos chères vaches, qui parfois nous servaient d'abri la nuit, quand l'autre devenait fou avec ses menaces de mort et que nous devions nous enfuir. Le fusil des fermiers nous faisait moins peur. Il faisait jour. La vraie peur appartenait au monde de l'obscurité.

Mes frères avaient gardé le sens du jeu, et savaient se venger des fermiers, quand ils nous chassaient méchamment. Bien sûr, pour eux nous n'étions que de petits voleurs, et il fallait féliciter ceux qui, malgré notre mauvaise réputation, nous donnaient encore à manger, apitoyés par nos visages d'affamés. Mais, vers la fin, ils se faisaient rares, très rares. Quand l'œil noir d'un fusil nous guettait, la troupe entière se repliait. Et Jean-Marie revenait ensuite en se faufilant, armé d'une canne à pêche sommaire de sa confection. Mes frères péchaient la volaille. Au bout d'une ficelle, ils nouaient un morceau de pain dans lequel ils avaient glissé une aiguille. La bête venait picorer, engloutissait parfois le morceau entier, s'en étouffait rapidement, et la prise était faite. Dans les champs, l'hiver, ils attrapaient ainsi du gibier, parfois même des perdrix, qu'il fallait vite aller chercher avant qu'elles n'ameutent toute la région de leurs cris stridents. Victoire. Victoire maigre, victoire douloureuse, puisqu'il fallait remettre le fruit de tous ces efforts à notre tortionnaire. Devant nous il s'en régalerait, ne nous laissant que les os, qu'il préférait souvent même jeter aux chiens. Mais victoire malgré tout, puisque revenir les mains vides signifiait une volée de coups, silencieux et à genoux, jusqu'à ce que son courroux s'apaise.

Il aimait la viande. Il regardait voleter les oiseaux avec intérêt. Nous, nous aimions les nourrir d'un peu de notre précieux pain ; ils volaient, ils volaient loin de lui comme nous ne pouvions le faire. Ils me faisaient tant rêver, ces oiseaux, fragiles et vifs. Mais il avait trouvé un nouveau jeu : ordre nous était donné de lui tuer à la fronde une douzaine de moineaux, qu'il nous envoyait chercher, encore tout tièdes et tremblants. Il les plumait en quelques secondes, les faisait griller et les croquait comme un ogre, n'en faisant qu'une bouchée. Mes petits oiseaux de liberté, mes petits oiseaux venant picorer dans mes mains gelées. Et je pleurais tant de devoir obéir à ce jeu cruel, je pleurais tant de trahir ces compagnons. Même tordue par la faim, je n'aurais pour rien au monde mangé une miette de ces oiseaux assassinés. J'étais comme eux, j'étais aussi petite qu'eux, aussi fragile, et mes ailes étaient brisées. Il s'en amusait. Quand il attrapait un chat rôdeur, il le prenait par les deux pattes et l'envoyait valser au-dessus des arbres, avant de le récupérer, assommé, et de l'écraser contre le tronc. La viande donnait à l'ogre des envies d'autres chairs. Il n'y avait alors plus d'oiseaux, plus d'animaux galopants, juste des bestioles sacrifiées à son appétit sadique.

Sadique, et tellement organisé. Il avait à peine vingt ans, où avait-il donc péché ces raffinements ? Il n'avait pas même l'excuse d'être alcoolique, toutes ses tortures étaient mises au point dans le creux de son crâne, froidement. Comme cette nouvelle punition peut-être aperçue durant la guerre, tellement elle faisait penser aux pratiques nazies. Roger, du haut de ses seize ans, Pierre, Marie-Claire, Jean-Marie et moi, alignés dans la cabane. A genoux. Culotte baissée. Devant maman, impuissante. Nous devions tenir à bout de bras des briques. Et il nous surveillait, guettant notre fatigue. Lorsque l'un de nous défaillait, il nous frappait avec sa ceinture. Faisant durer le jeu des heures. Il riait. L'humiliation portée à son comble. Et nous ne mourions pas. L'humiliation, plus terrible que la mort.

Surtout cette culotte baissée. Là où le mal était si atroce. Là, là où il enfonçait son pieu, m'ayant élue sa victime préférée. J'étais souillée partout où je pouvais l'être. Nulle part où fuir. Lorsque je me retrouvais à quatre pattes, venant de subir déjà un premier écartèlement, me mordant pour ne pas crier, je savais avec une conscience aiguë que la torture était loin d'être terminée. Nulle part où fuir. Le chien pour m'effrayer. Et lui qui ne lâchait pas sa proie, qui profitait au contraire de son pouvoir pour voler, violer la moindre particule d'humanité qu'il me restait. Il me parlait. En riant, il violait aussi mes oreilles, m'ordonnant de me cambrer, de bien lui montrer le résultat de sa violence, de l'exciter en m'agitant pour qu'il puisse me torturer une seconde fois. Et si je n'obéissais pas à la seconde, il me raisonnait à coups de botte. Mes mains s'enfonçaient dans la terre et je ne voyais plus que ça, mes mains, broyant cette terre de malheur, mes mains gelées par l'horreur, blanchies tellement je les serrais, pour ne pas m'écraser au sol sous ses coups de boutoir. Ses ricanements. Mon ventre qui se vidait. Il regardait. Riait. Parlait encore. Toutes les déjections se mêlaient. Il reprenait le jeu. Juste mes mains enfoncées dans le sol. Et la mare. Et très longtemps après, des siècles plus tard, la cabane silencieuse et ma paillasse. Dormir ? Après cet insoutenable acharnement, je mettais des heures à trouver un sommeil tourmenté. Je l'entendais parler à ma mère. Emplie d'horreur, je tressautais au moindre bruit. C'était fini pour cette nuit. Demain, tout recommencerait. J'étais la préférée. Et jamais ça ne s'arrêterait. Jamais même il ne me tuerait. Il me garderait jusqu'au bout.

Alors, la culotte baissée signifiait tant. Là où le mal était si atroce. Même m'asseoir était une épreuve. Pour toujours. Coccyx maintes fois brisé. Coups de botte, coups de boutoir. Un regard de lui m'écrasait d'horreur. Un regard de lui et mes boyaux se tordaient, mes mains se glaçaient. Ce sourire. Satisfait. Rien d'aigri sur ses traits. Il s'amusait bien. Il menait une vie agréable. Un regard, et je savais qu'il m'aurait gardée, même après avoir assassiné tous les autres.

J'ai six ans. Maman m'a donné le pot à lait et m'a envoyée de l'autre côté de la frontière, dans une ferme, pour le remplir. Maman m'a confié cette mission. Je pars. J'ai un peu peur, toute seule, l'autre est peut-être par là à rôder avec sa moto, même si le grand jour me protège. Je suis un radar qui capte chaque bruit suspect, mais tout va bien. Je marche, je passe devant les douaniers, avec leur uniforme un peu étriqué. Je ne les aime pas. Ils me font peur, dans leur cabane perdue en pleine campagne. La barrière. Je n'ai même pas besoin de me baisser, je suis si petite. A la ferme belge, la dame remplit mon pot à lait, elle est presque gentille, je n'ai pas l'habitude. Je suis contente, maman m'a confié cette mission et j'ai réussi. Cette fois, ce n'est pas lui qui m'a ordonné de partir, ou de rester. C'est maman, je suis contente. Ce lait-là, il sera pour nous. Mes frères, eux, passent souvent la frontière, même que Jean-Marie, quand il achète le paquet de cigarettes pour l'autre, la dame lui donne une cigarette pour lui, qu'il peut fumer sans crainte. Eux, quand ils passent la frontière, sur le vélo sans frein, c'est pour obéir à ses ordres à lui. Moi, aujourd'hui, c'est pour maman que je le fais.

C'est loin. Le pot rempli de lait est presque aussi grand et lourd que moi. J'approche de la barrière des douaniers. De loin je les aperçois, dans leur cabane. Vraiment, je ne les aime pas.

Ils me suivent des yeux. Ils m'appellent, ils rigolent. Les hommes qui rigolent, ça me fait peur. Mon cœur se met à battre. Je vais m'évanouir. Un cauchemar nouveau s'empare de moi. Je me mets à courir, je tombe, tout le lait se renverse. Le bon lait pour maman. Je ramasse le pot, je pleure toutes les larmes de mon corps, le lait a coulé, les ogres sont là avec leur uniforme et leur rire m'accompagne longtemps pour me faire du mal. En revenant à la cabane, j'explique dans mes larmes à maman que j'ai perdu le lait en trébuchant. Elle ne m'a pas battue. C'est maman.

Ma mère m'envoya souvent à la ferme belge. Ma peur était horrible. Il fallait pourtant y parvenir, cette fois sans renverser le lait. Les douaniers étaient toujours là. A l'aller je courais, poursuivie par leurs rires. Au retour, je rampais dans les hautes herbes, faisant rouler le pot à lait en aluminium que la dame de la ferme fermait bien hermétiquement. La moitié de la population de la terre me devint ennemie. Les hommes.

J'ai six ans. Nous sommes là tous ensemble, à jouer dans les champs de pommes de terre. Moi, je pleurniche. « Jean-Marie, j'ai faim. » Jean-Marie est gentil, il essaie de me consoler, de me rassurer. Il joue à faire des ricochets dans la rivière. On s'est trop approchés de la ferme. Les fermiers, qui savent qu'on leur vole les pommes de terre la nuit, nous laissent venir, et quand on se retrouve dans l'enclos, ils lâchent les chiens. Des gros chiens très méchants, des chiens qui vont nous dévorer. Les grands courent, ils sont vite hors d'atteinte. Moi, je m'empêtre et je glisse dans une mare de boue. Je m'enfonce. Je suis happée. Je hurle. Je vais être engloutie et mes frères sont déjà loin. Les chiens approchent. Jean-Marie se précipite. Avec toute la force de ses huit ans, il me saisit par les bras et me tire. Je pèse des tonnes. Il me tire, et je sens que tout doucement je suis dégagée. Vite, il faut courir, Jean-Marie m'attrape et me fait grimper sur la barrière. Les fermiers nous crient que la prochaine fois ils tireront. Mais moi j'ai perdu une fifi dans la boue. Je veux aller la chercher. Sans ma fifi, je ne pourrai plus marcher, et plus jamais les autres ne m'emmèneront loin de la cabane, et je devrai toujours rester avec lui. Jean-Marie m'empêche de retourner dans la mare de boue, et je pleure, parce que j'ai eu peur, parce que j'ai perdu ma fifi. Je boite en marchant. Voilà. Je suis fichue.

Roger est grand, il travaille et même des fois il a des sous. Il m'a dit qu'il allait m'emmener en Belgique pour m'acheter des petites bottes en plastique. Il me dit cette phrase bizarre : « Il faudra être gentille avec moi. » Et dans la forêt au retour, mes petites bottes aux pieds, j'ai compris ce que ça voulait dire, être gentille. Mon grand frère est aussi un méchant, comme les douaniers, comme l'autre. C'est un homme, et tous les hommes sont méchants.

Même maman. C'est pas qu'elle a fait quelque chose de mal. Mais un jour qu'on était toutes les deux allées en ville, on revenait tranquillement, il faisait beau, j'étais contente. Maman, elle s'est alors aperçue qu'elle avait oublié son foulard sur le banc de la place. Elle m'a demandé d'aller le chercher ; pour elle, c'est vrai, comme elle était malade, ça lui faisait trop loin. Elle m'a promis qu'elle m'attendrait, là, près du passage à niveau. J'y suis allée de bon cœur, j'aimais bien quand maman me demandait un service. Et puis quand je suis revenue, elle n'était pas là. Elle ne m'avait pas attendue. Elle aussi m'avait trahie. Le soir, elle me dit qu'elle s'excusait, qu'elle se sentait fatiguée. Mais moi je n'ai pas pu lui dire combien j'avais souffert de cet abandon.

Trois ans dans l'univers sans pitié que les tortionnaires nous avaient construit. Avec Roger, ils avaient réussi : ils l'avaient transformé en bête. Pierre glissait lentement vers la folie — trop de douleur, trop longtemps, sans un rayon d'espoir. Marie-Claire, ma sœur, cette inconnue, s'enterrait en elle-même. Les trois grands, je les voyais vivre, si près de moi, et pourtant si éloignés. La survie nous demandait à chacun tant d'énergie qu'il ne nous restait plus une once de force pour aller vers l'autre. Tenir une heure, tenir un soir, tenir jusqu'au lendemain. Serrer les dents et les poings, garder le regard baissé. La grande ombre du bourreau régnait sur nous, son organisation implacable nous condamnait à ne jamais reprendre souffle. Une peur sans fin broyait chacun de nos nerfs. Mes frères, ma sœur, ces inconnus. Par bonheur, Jean-Marie avait su sauvegarder un peu de tendresse, un peu d'humanité dans cette lutte quotidienne. Il ne pouvait rien à mon cauchemar nocturne, mais faisait son possible pour m'atténuer les autres peines, celles du jour. La différence venait-elle du fait que nous deux, les petits, nous avions peu connu notre père officiel ? Cette horreur-là, qui avait verrouillé le regard des grands, nous avait été épargnée.

Trois ans longs comme une vie, longs comme la mort, trois ans pour que tout soit brisé. A sept ans, on m'avait tout pris. J'étais vingt kilos d'angoisse. Pétrifiée quand tombait le jour. Souillée jusqu'à la moelle. Autour de moi, tout n'était que désolation. Et pourtant nous tenions tous, comme si nous avions accepté que cet enfer-là dure jusqu'au bout, puisque nous ne connaissions rien d'autre. Il allait bien finir par nous tuer. Ce serait le point final à ces six vies inutiles. Une cave, une cabane, des coups à abattre un troupeau de bisons, nous finirions bien par en crever. Même si la vie s'accrochait. Même si la vie s'accrocha.

La folie montait. Le bourreau aimait régner en maître sur son domaine. Sur quelle impulsion décida-t-il un jour de supprimer les chiens des alentours. Sans doute était-ce l'envie de nous rayer de la carte, qu'il avait transposée sur d'autres gêneurs. Il fit tout d'abord le tour des fermes, demandant aux paysans de la mort-aux-rats pour la cabane. Quand il eut réuni une masse de poison suffisante, il partit la nuit et laissa dans les écuelles de quoi empoisonner toutes les bêtes. Au matin, les aboiements s'étaient tus. Le chien-loup qu'il utilisait pour me torturer pendouillait à sa laisse, raide. Bouboule et Bobby, eux, avaient échappé au massacre, sans doute parce qu'ils avaient appris à se nourrir eux-mêmes. La mort rôdait, la mort se rapprochait. La délivrance. Mais il fallait continuer. Continuer dans une atmosphère d'incompréhension et de rage. Les fermiers firent un rapprochement immédiat entre « ceux de la cabane » et la mort des chiens. Et nous fûmes punis à sa place. Ceux de la cabane, les gosses, ne trouvèrent plus une seule porte ouverte. Il était devenu impossible de mendier. Pas un œuf, pas une pomme de terre. En rentrant à la cabane, les coups pleuvaient. Continuer pourtant, en mangeant encore moins, en souffrant encore plus. Il était le roi, le tsar, Dieu.

Il y eut deux rayons de soleil durant ces trois ans. Deux rayons de soleil à dresser contre cette éternité de souffrance, pour combattre le mal.

Il y eut ce cadeau royal que nous concocta maman. Lui n'était pas là : il vaquait à ses mystérieuses occupations. Nous rentrions un soir, tous ensemble, quand au loin, par la fenêtre de la cabane, nous vîmes briller la lumière magique d'une bougie. Là, sur le poêle à charbon, cuisait tout doucement du pain perdu. Du vrai bon pain, trempé dans du vrai bon lait. Et, surtout, il y avait du sucre. Des petits éclats de diamant qui étincelaient. Ce sucre parcimonieusement saupoudré sur chaque tartine promettait tant de délices que je ne pus mordre dans ce bonheur. « Mangez pendant que c'est chaud », disait maman. Du sucre. « Mangez, ça va refroidir », répétait-elle en riant de nous voir si timides. Du vrai sucre. Alors, finalement, j'ai mordu, et le goût du sucre a empli ma bouche, et j'ai savouré lentement ce bout de paradis, en rêvant que la tartine ne se finisse jamais. Si lentement. Nous étions tous là, silencieux. Pour une fois, ce silence signifiait le bonheur. La lumière des grains de sucre allait me protéger. Les grains de sucre scintillaient comme des étoiles sur le pain perdu, le pain perdu tiède que maman nous avait préparé.

Et il y eut cet après-midi où la gentille voisine apporta l'appareil photo. Le printemps s'installait, avec ses beaux jours de ciel bleu. La semaine précédente, en rentrant de nuit à travers la forêt qui faisait si peur, j'avais encore connu une nouvelle angoisse. Une chauve-souris, comme il y en avait tant, s'était prise dans mes longs cheveux noirs. L'animal couinait en se débattant sur mon crâne, pendant que mes frères se moquaient copieusement de moi. Je hurlais, en proie à une véritable paniquc. On m'empoigna alors par les épaules et on me traîna, avec cette chauve-souris affolée dans mes cheveux, vers la cabane en appelant maman. Les cris de l'animal résonnaient dans mes oreilles. Maman réussit à me calmer et entreprit de me couper les cheveux. Mes longs cheveux qui faisaient comme un manteau autour de moi. La bestiole, emprisonnée dans ces mèches de cheveux coupés, braillait encore quand Roger l'envoya valdinguer derrière un taillis.

J'avais donc des cheveux tout courts quand la voisine vint avec son appareil photo. Elle s'appelait Élisabeth et rendait parfois visite à maman l'après-midi. Elle arriva devant notre cabane avec toute sa ribambelle d'enfants. La journée s'annonçait belle. Même si lui était là, pour une fois. Mais il y avait trop de monde, il ne pouvait rien nous faire. Les enfants vinrent vers nous. Ils nous prêtaient leurs vêtements pour les photos. Ils nous habillèrent, comme des poupées. Ils étaient douze, nous avions toutes les tailles à notre disposition ! Maman était contente, elle me mit un joli corsage, et j'aurais voulu que ses mains me serrent très fort, entrent en moi, ne me quittent jamais. La dame me fit un cadeau formidable : elle me donna une culotte, une culotte neuve, à moi qui traînais depuis le début cette pauvre culotte tant de fois souillée. Une culotte qui n'avait pas connu le sang, une belle culotte propre. Et des chaussettes. Blanches. Pour ne plus être pieds nus dans les chaussures de plastique. Une petite fille prit le bandeau qu'elle avait dans les cheveux et me le mit avec soin. Une petite jupe, des vraies chaussettes, cette culotte propre qui me semblait une forteresse, et ce nœud dans les cheveux : comme nous étions beaux, pour les photos qu'on allait envoyer à grand-mère. Même si d'un œil je surveillais l'autre, qui regardait tout ça sans en perdre une miette. Au milieu de cette euphorie, son sourire mauvais projetait l'ombre du danger sur nous tous. Il prit quelques photos de nous. Je faisais la grimace. Le petit oiseau pouvait bien sortir, mon bourreau me prenait encore, même si ce n'était qu'en photo, même s'il était caché sous le drap noir. Maman, à son tour, se cacha derrière le grand appareil pour nous prendre. Et là, aux abords de cette cabane sordide qui vibrait encore des coups et des cris, sur cette terre où mes mains glacées s'enfonçaient, sous le regard lointain du tortionnaire, face à ce cauchemar qui se renouvelait à l'infini, Marie-Claire la sacrifiée, Jean-Marie le courageux et moi la petite, nous tous, mille fois blessés, mille fois meurtris, assassinés, nous avons souri.

J'ai sept ans. Sept ans et trois mois presque pile. Il fait chaud, le mois de juin rend le ciel très bleu, maman a mis sa robe à fleurs. Aujourd'hui, elle va en ville, pour la confirmation de Pierre. Pierre, à cause de sa tuberculose, est allé à l'hospice et chez les curés ; ils ont dit qu'il devait faire sa première communion et tout le reste. Maman va monter sur la moto, derrière lui, et quand ils vont partir je serai triste. Et soulagée. Et triste. Quand maman part, le peu de douceur auquel j'ai droit part avec elle. Quand lui s'en va, cela signifie pour nous quelques heures de répit, avant de guetter le bruit de la moto au soir tombant, qui veut dire le retour du cauchemar.

Maman va en ville. Elle est jolie, dans sa robe à fleurs, et moi je voudrais la saisir à bras-le-corps et voyager comme ça contre elle en protégeant son ventre et le mien. Lui conduirait et me tournerait le dos, je ferais semblant de l'oublier. Maman va partir et de ma petite voix je lui demande de venir avec elle, j'ai tellement envie d'être blottie contre sa chaleur, d'être un petit animal, d'être bien juste une fois. Mais elle me dit non, gentiment : c'est dangereux, à trois sur la moto, c'est dangereux mais après tout, moi je m'en moque, tout près de maman rien ne serait dangereux. Elle me dit non. Elle me dit : « Je ne rentrerai pas tard. » Alors je me rassure un peu, maman reviendra vite. Ils démarrent et s'envolent vers les collines. L'air est tiède. Là-haut, elle se retourne et me fait signe en souriant. Je lui fais signe aussi.

Je suis là dans la prairie. Il fait chaud. Maman ne rentrera pas tard. Elle l'a dit. Maman, des fois, elle sort et s'installe sous le gros noyer, quand il fait jour et que lui n'est pas revenu, elle nous serre contre elle et elle pleure. C'est vrai qu'aujourd'hui j'aurais tellement aimé, juste une fois, me serrer contre son ventre et partir comme ça, sans pleurs, sans plaintes, et là elle aurait souri. Mais elle ne rentrera pas tard.

Le soir tombe et maman n'est pas là. Le soir tombe tard en juin, il n'y a pas eu le bruit de la moto et maman n'est pas là. Nous n'avons pas été mendier aujourd'hui, il n'y a rien à manger, rien, pas un seul croûton de pain. Nous sommes tous les cinq à crever d'angoisse : où est maman, quand rentrera-t-elle ? Elle a dit qu'elle reviendrait vite. Une fois, quand elle m'avait demandé d'aller chercher le foulard qu'elle avait oublié en ville, elle avait dit qu'elle m'attendait et elle ne l'avait pas fait. Une fois maman m'avait abandonnée et mes nerfs s'en souviennent, mon angoisse s'est agrandie de cette trahison, une fois maman a promis et n'a pas tenu sa promesse. Le goût de cette épouvantable solitude me revient par vagues. Alors je recueille cette image, cette image de maman dans sa belle robe, sur la moto, ce matin, et je m'y enroule. Elle ne me trahira pas une seconde fois. N'est-ce pas ?

La faim — ou l'angoisse — nous vrillait le ventre. Il ne fallait pas rester debout, nous le savions, il fallait plutôt se coucher, se recroqueviller, pour appuyer sur l'estomac, pour avoir moins mal. Tout ce que nous avons trouvé à manger ce soir-là, c'était de l'herbe, vaguement cuite dans de l'eau chaude. Le goût âcre de l'herbe, dure à mastiquer, faisait grincer les dents, mais il n'y avait que ça. Maman n'était pas là.

De la moto, de lui, de la terreur qu'il traînait dans son sillage, on s'en moquait. Dès que maman reviendrait, tout serait supportable. Mais elle ne revenait pas. La nuit s'installa, une nuit sans eux, une nuit qui nous livrait à nous-mêmes, pour nous montrer que nous n'étions que cinq pauvres bestioles apeurées. La cabane n'était plus qu'une fenêtre, la fenêtre par laquelle nous guettions, muets, leur retour. Une nuit sans eux. Sans cette chasse impitoyable, sans ces frayeurs croisées et ces hurlements écartelés. Une nuit sans les mouvements de leur paillasse, sans les gémissements de maman qu'il lui arrachait dans le noir pendant que nous dormions d'un œil.

La nuit passait, mais pas la faim, pas l'angoisse. Nous étions là, accroupis, silencieux, à guetter de tous nos yeux, de toutes nos oreilles, et le bruit tant haï de la moto, aujourd'hui tant attendu, recouvrait de son absence toute la voûte céleste. Nous pleurions, épuisés, affamés.

Une nuit interminable. Derrière l'horizon s'était effondré le soleil, effilochant ses rubans rougeoyants jusqu'à ce que le noir triomphe. Le noir victorieux répandait sa paix, sa toute-puissance, nous y étions, dans le berceau inviolé de la nuit. Puis la profondeur glacée du désespoir se glissa dans les heures éteintes. Et le ciel se fit chape de plomb. Cet instant étouffant où chacun sait que le jour ne reviendra plus jamais. Qu'il ne reste plus rien. Maman, et cinq enfants séparés par cette attente qui s'était diluée. Anéantis, nous nous laissions ensevelir. Les yeux ouverts. Le voile orange qui saisit le ciel à l'est, l'imprégnant imperceptiblement, ne nous apporta pas le soulagement coutumier. Oui, le soleil revenait. Mais pas la moto.

Pas maman. Nos oreilles bourdonnaient d'avoir trop écouté. Nos yeux s'étaient brouillés à trop fixer ce bout de route sur la colline. Nous étions cinq, chacun broyé dans sa solitude. Nous n'existions plus, sinon dans cette attente. Le jour se levait, indifférent. Oubliant mon ventre criant famine, ma fatigue intense, je fis un pas, deux pas vers le gros noyer, je me mis à marcher sans savoir d'où je tirais l'énergie de tenir encore debout. Les autres. Roger avait fini par partir. Sur la route. Pour savoir. Je ne mettais aucun espoir en lui. Les autres, je les avais oubliés. J'avais sept ans, je voulais maman.

Au petit matin, je suis là, debout dans la prairie, et j'attends. J'attends encore qu'en haut de la colline apparaisse la robe à fleurs de maman. C'est la silhouette de Roger qui surgit, escorté par deux gendarmes.

Ils viennent vers nous, ils sont à pied, ils nous disent de les suivre. Nous les suivons. Pas un mot d'échangé. La peur est là, peur de savoir, peur aussi d'être punis parce que l'autre ne supporte pas qu'on quitte la cabane sans son ordre. S'il nous attrape, on est bons pour la ceinture, pour les coups, pour le reste. Et maman n'est pas là, elle ne nous protégera pas de lui. Nous avalons les kilomètres à pied, nous allons vers la ville. Où est maman, nous allons la rejoindre, n'est-ce pas ?

L'hospice apparaît. « Toi, tu rentres là », me dit-on. Les autres vont reconnaître le corps agonisant de notre bourreau. Mais ça, je ne le sais pas. Moi, je suis rentrée dans une grande cour. Il y a des enfants, beaucoup d'enfants, je ne sais pas s'ils sont aussi malheureux que moi, ils jouent, ils crient, ils furètent dans l'hospice et me regardent. Je m'assois. Je ne suis rien. Rien que l'attente de maman, et l'attente continue à se diluer, les heures filent. Matin, après-midi, manger, dormir, rien n'existe, je ne suis rien. Plus tard j'entends une phrase étrange : « Son père est mort, et son frère lui a craché dessus. » Moi, mon père est mort il y a bien longtemps. Je ne comprends pas. Ils disent aussi une autre phrase : « Sa mère est morte sur le coup, elle a eu le cœur défoncé. » Le cœur défoncé, alors elle a mal, peut-être les agrafes sur son ventre ont encore sauté et maman saigne et maman souffre et elle n'est pas là, et un grand gouffre s'installe en moi, et plus rien ne compte, j'ai mangé quelques brins d'herbe la veille mais je n'ai pas faim, j'ai guetté toute la nuit mais je n'ai pas sommeil, je n'ai rien, sans maman je ne suis rien. La cloche sonne. Une sœur, sans brutalité, me prend la main. Je ne me souviens que de ça, une dame me prend la main et m'emmène au réfectoire. Il y a des assiettes en fer-blanc, et je ne sais pas ce que c'est. Il y a des gobelets, et peut-être même des fourchettes ou des cuillères, on m'assoit quelque part et une soupe atterrit sous mon nez. Je ne sais pas ce que c'est. Tout ce que je sais, c'est que dans cette grande salle les enfants tapent sur leurs gamelles pour faire venir les plats, et que ce bruit qui résonne de toutes parts c'est l'enfer, le tumulte de l'enfer. Ils ont dit une phrase tout à l'heure, ils ont dit que maman avait le cœur défoncé. Je vois passer des sœurs. Elles glissent plutôt qu'elles ne marchent, je les vois voler, portées par le vacarme, et ma tête éclate, maman a le cœur défoncé. Puis une autre cloche sonne, les enfants ressortent et moi aussi. Je reste encore assise dans mon coin, il peut bien se passer des heures, je ne suis plus rien.

On ramène mes frères et ma sœur. Nous revoilà tous ensemble, mais où est maman, avec son cœur défoncé qui doit lui faire si mal ? On nous conduit dans une petite pièce. Maman est là, sous un drap blanc, très blanc. Une sœur est présente. Moi, je ne veux pas voir. Parce que si elle a le cœur défoncé, maman, alors ses agrafes sur son pauvre ventre ont sauté, certainement, et le sang coulera encore de dessous le drap. Je ne veux pas voir. Nous sommes figés, nous ne pleurons même pas. Je me rappelle maman qui nous serre contre elle sous le gros noyer. Avec la blessure sur son ventre. Je ne pense qu'à elle. Lui, lui est là-bas à la cabane, bien sûr. Que sera demain, maintenant que maman a le cœur défoncé ? C'est peut-être très grave, ça, peut-être qu'elle ne va pas se relever de ce lit, peut-être qu'elle ne pourra plus nous protéger. Mais si, elle va se lever, là, bientôt. Parce que lui est à la cabane, et que sans maman, c'est trop affreux. Parce qu'il va nous battre à nous tuer, en voyant que nous sommes partis sans son autorisation. Il faut que maman se relève.

Nous sortons de la pièce. Roger se roule une cigarette et l'allume. Je n'aime pas voir Roger rouler sa cigarette et la fumer, ça me rappelle le jour où il m'a acheté mes petites bottes en plastique. Je n'aime pas ça. D'ailleurs Roger s'en va. Je ne sais pas qu'il est arrivé ce matin sur les lieux de l'accident, qu'il a vu le spectacle sanglant : la moto encastrée dans le camion de cochons, le corps encore vivant de notre bourreau, qu'on a vite transporté à l'hôpital, et le corps décapité de maman. Je ne sais pas que c'est Roger qui a rassemblé les morceaux, qu'il a affronté aussi ça, cette ultime horreur. Et que devant mes frères et ma sœur, à l'hôpital, il a effectivement craché sur notre beau-père agonisant. En guise de billet aller pour l'enfer. Il a fait ça, Roger. Puis il est parti vivre sa vie. Roger s'en va, claquant la porte sur dix-sept ans d'effroi. Il est grand, Roger, d'un autre monde. Pierre a douze ans, Marie-Claire, onze, Jean-Marie a neuf ans. Nous sommes encore des enfants.

Nous restons à l'hospice. Nous allons dormir là. Nous avons quitté la cabane depuis le matin. Il va être fou. Il va nous battre jusqu'à la mort.

Plus que jamais, nous sommes des inconnus l'un pour l'autre. Même Jean-Marie, mon frère tout proche, n'existe plus. Sans doute eux ont-ils compris ce que signifiait le mot « mort ». Ils ont assimilé les nouvelles donnes de notre existence : notre bourreau s'est éteint sous leurs yeux, le calvaire est terminé. Et puis leur mère n'est plus. *Leur mère.* Ils accusent mal le choc, la tristesse les noie, leur mère est morte. Pas la mienne. Alors je suis seule. Seule dans ma folie de petite fille. J'ai survécu à tout le reste. Mon corps est en lambeaux, je ne suis que souillure, j'ai tenu bon, mes poings enfoncés dans le sol noir, j'ai résisté à mille viols, à mille douleurs, j'ai résisté au froid, à la faim. Mais je n'ai pas en moi l'énergie suffisante pour accepter l'idée que maman ne reviendra plus jamais. Qu'ils disent ce qu'ils veulent ! Je ne l'entends pas. Maman souffre, elle va se lever et nous protéger de lui. Lui non plus n'est pas mort. Tous mes nerfs me le disent. Je suis trop pétrie de la peur qu'il a instillée en nous. Il est là-bas. Il nous attend.

On nous conduit dans un dortoir. Il y a des lits. Des lits avec des draps. Je ne sais pas ce que c'est. Nous avons peur. Pierre dit : « Où on va nous mettre, maintenant que maman est morte ? » C'est le seul qui a parlé. Marie-Claire pleure en silence. D'autres enfants se sont mis au lit, ils ont osé se glisser dans les draps, eux. Nous, on reste assis dans le noir. Puis moi, je vais à la fenêtre. Derrière, il y a la campagne, et la nuit claire de juin. Je le guette. Je sais qu'il va venir, avec sa moto, pour nous prendre, nous battre, nous torturer, nous violer, nous tuer. J'ai si peur que j'ai tout oublié, ma faim, ma soif. Je ne bois même pas un verre d'eau. La pauvre herbe que nous avons mâchouillée la veille est digérée depuis longtemps, mais je ne sens rien. Tout ce que j'espère, c'est que maman va revenir au matin pour nous protéger de lui. Une ou deux fois, elle est partie la nuit. Au matin elle était là. Aujourd'hui ça sera peut-être pareil.

J'ai passé la nuit près des barreaux de la fenêtre, à guetter. Au lever du jour, les sœurs sont venues. Nos oncles et nos tantes, qu'on ne connaissait pas, sont tous là avec leurs conjoints. Maman avait au moins douze frères et sœurs, ils sont tous venus, dans un car. On nous fait monter dans ce car immense, avec ses roues énormes, et nous roulons vers la cabane. Maman n'y est pas. Lui non plus, mais lui doit se cacher quelque part, il va apparaître et nous attraper. En descendant du car, je me précipite vers ma cachette à moi, mon taillis bien feuillu qui me protège. Mais l'agitation n'est pas la même. Mes oncles et mes tantes prennent des photos. Ils n'en reviennent pas, de la cabane. Ils ont du mal à croire qu'on ait pu vivre là-dedans. Ils prennent toute notre misère en photo, et leurs commentaires nous poignardent : « Comment votre mère a-t-elle pu vous laisser vivre là sans réagir ? » Les tantes ont beau ajouter : « Pauvres petits ! », elles disent du mal de maman, alors que maman souffre avec son cœur défoncé, elles sont méchantes. Ils nous appellent pour poser devant la cabane. Ils prennent des milliards de photos. Puis, là dehors, ils nous font déshabiller. Devant tout le monde. Nous, on a l'habitude d'être humiliés mais pas en plein jour, pas devant tout ce monde. Eux, ils nous enlèvent nos haillons et nous donnent des vêtements de deuil. Je mets cette robe noire, et comme si c'était une robe pour être jolie en l'honneur de maman, je me fonds dans cette couleur qui est celle de la dignité ; je suis habillée pour lui rendre hommage, je suis habillée de noir pour elle. Peut-être même que je suis belle à mon tour, et cette couleur me donne, pour la première fois, une existence. J'ai sept ans, j'ai vingt ans, j'ai cent ans, et j'aime le noir qui me donne la vie.

Mes frères ont un brassard noir. On les peigne. Nous, nous n'avons jamais vu un peigne. Il y a beaucoup d'animation et, dans leurs commentaires, ils mêlent maman à lui, ils disent « eux deux qui sont morts », ou « on va les enterrer au terrain là-bas », ou « cet accident qui les a tués »... Moi, je ne veux pas qu'on salisse maman en la mettant dans la même phrase que lui. Et puis lui, d'abord, il va revenir, c'est pour ça que, malgré tout ce tumulte, je continue de guetter le bruit de la moto.

Ils n'en finissent pas de prendre des photos. Et disent : « Ils sont morts, qu'est-ce qu'on va faire de ces gosses, moi je peux pas les prendre, j'en ai déjà six... » Et puis ils disent qu'il n'y a rien à tirer de cette cabane. C'est sûr. Il n'y a que notre douleur ici, qui a pénétré les murs et arrosé la terre, la cabane ne contient rien d'autre, même pas une casserole. C'est ça qu'ils prennent en photo. Je ne les aime pas. Il n'y a qu'un oncle, gentil, un oncle qui a obéi à sa femme, qui a travaillé le jour, qui a travaillé la nuit, qui en est mort de fatigue. Il y a cet oncle-là qui pose des yeux un peu doux sur nous. Mais à part lui, ils me blessent tous. Et puis nous repartons.

J'ai peine à remonter dans le car. Je sais qu'au bout du chemin il y aura maman, et qu'elle va mal, qu'elle va très mal. Je sais qu'au bout du chemin je vais devoir la voir, avec son cœur défoncé, et j'ai si peur de cette vision. Il fait chaud dans le car, il fait lourd. La lourdeur s'installe en moi. Je me retourne sans arrêt pour observer la cabane pendant que nous gravissons la colline. Il doit être par là, caché avec la moto, et il va nous tuer parce que nous quittons encore la cabane sans sa permission. Il est derrière, il va apparaître et me torturer. Il est là. Il est toujours là.

Au village, nous arrivons dans un entrepôt. Les caisses sont là, deux caisses bien rudes. Maman. On les hisse dans une charrette. Il fait chaud. Nous suivons la charrette, à pied, les enfants devant, les oncles et les tantes derrière. Nous traversons tout le village. Les villageois nous regardent. A la cabane, notre souffrance n'avait pas de spectateurs. Je hais ces yeux sur moi, qui me violent. Mes oncles et tantes en veulent encore plus : ils nous obligent à tendre la main, à mendier quelques sous pour payer les obsèques, c'est comme ça qu'on dit. Pour les pauvres orphelins. Nous allons même chez le boulanger. Il faut lui rembourser trois ans de pain. Trois ans de ce bon pain rond qu'il nous donnait, avec son nez blanc de farine. Trois ans de bon pain chaud que l'autre mangeait, nous laissant les croûtons rassis le lendemain, quand il était bien disposé. Mais ils ne peuvent pas comprendre, tous ces oncles et toutes ces tantes qui profanent notre douleur. Nous arrivons au terrain qui sert de cimetière, un grand terrain vague avec à peine quelques tombes. Il y a deux monticules de terre, et deux trous rectangulaires. On vient nous serrer la main. Subitement, toutes ces grandes mains d'adultes qui secouent la mienne. Une tante me dit : « Maintenant, tu n'as plus de mère. » Elle me le dit bien nettement, en me regardant droit dans les yeux. La phrase claque comme un coup de ceinture.

Et soudain, nos larmes contenues depuis trois jours, depuis trois ans, se mettent à couler, à se déverser en un flot intarissable, nous pleurons tous ; il a suffi de cette petite phrase de rien du tout. La corde descend le cercueil, il y a une plaque mais je ne sais pas lire, il y a deux couronnes mais je n'en vois qu'une à travers mes larmes. On m'arrache ma mère, on me la descend dans un trou, et là, on jette salement, méchamment, de la terre sur sa boîte en bois. Le bruit est mat, c'est ma maman qui est là, avec son cœur défoncé, et on lui jette de la méchante terre noire dessus. Je tiens une fleur blanche à la main. Je la tiens si fort, comme si je tenais la main de maman, on me dit de la jeter là, cette fleur blanche, et je ne veux pas, je serre la main à m'en couper la circulation. Ma tante m'attrape le bras et me le tord, en m'ordonnant de lâcher cette fleur. J'ai mal. Je finis par céder. Mais ma main est comme soudée, il faut déplier les doigts un à un. Voilà. J'ai jeté la fleur blanche sur la terre noire, et de la terre noire la recouvre. On me pousse. Au suivant.

La plaque est posée, les couronnes placées. C'est fait, c'est propre, ils ne s'attardent pas. On remonte tous dans le gros car et on retourne à la cabane. Ils veulent encore fouiller pour voir s'il n'est pas possible de récupérer quelque chose. Ils parlent même de la moto, en miettes, qu'on peut peut-être réparer. La moto a heurté un camion transportant des porcs, le camion était en tort, il y aura une assurance qui donnera des sous que nous toucherons à notre majorité, ainsi que de l'argent qui servira à notre tuteur pour nous entretenir d'ici là. Lequel paie déjà les obsèques, mais on ne nous a rien dit de tout ça, on nous a forcés à mendier pour recueillir quelques pièces. Tout ça je ne le sais pas, et cette histoire de moto ne me dit rien qui vaille. A la cabane, ils nous prennent encore en photo avec nos vêtements de deuil, bien alignés. Et nous repartons. Cette fois définitivement. Je ne reverrai jamais la cabane. Mais à cette heure je l'ignore. J'ai peur des représailles, il va nous faire encore plus de mal quand il nous rattrapera, et cent fois je me retourne pour guetter la moto.

On nous désigne à chacun une maison d'accueil. « En attendant. » La tante Denise s'est sacrifiée pour me prendre. Elle est sèche et dure, ne me dit pas un mot gentil, mais ça n'est pas grave, je ne sais pas ce que c'est qu'un mot gentil. Elle a deux filles, une très grande et une de mon âge, mais qui me déteste vite parce que je sens mauvais et que j'ai des poux. Ni à l'hospice ni à la cabane personne n'a pensé à nous laver et on n'a peigné que mes frères. Alors, pour que je ne les embarrasse pas trop, elles m'installent dans un cabanon à outils, séparé de la maison. Je n'en sors que pour prendre de l'eau à la pompe. Ma tante m'apporte du pain, et m'a installé une paillasse pour dormir.

Dormir, je ne sais plus ce que ça veut dire. Je ne sais qu'une chose : je suis seule, sans maman, sans mes frères et ma sœur, dans un cabanon isolé, et dès que la nuit tombe, tous mes sens sont en alerte. Il va revenir, et je ne me couche pas. Je reste debout à la petite fenêtre, et je guette. Quand le jour se lève, le danger disparaît. Des nuits entières à grelotter d'angoisse malgré la chaleur de l'été, mes doigts gèlent, mes pieds gèlent, il va venir m'enfoncer son pieu dans les tripes, il va venir m'arracher le ventre, m'écarteler, je ne saurai pas où me cacher et j'aurai mal, si mal, et il ne me laissera même pas tranquille après, puisque je suis partie de la cabane sans son autorisation, il me punira, il me battra sans fin, il me tuera comme il a voulu tuer Pierre un jour.

Je passe une semaine dans mon cabanon, une semaine, et chaque jour qui passe appelle une plus grande punition, et chaque nuit qui passe déborde d'angoisse. Il m'égorgera comme un porc. Comme ces porcs qui l'ont tué, mais ça je ne le sais pas.

De chez la tante Denise, on m'emmène chez la tante Alice. L'été commence, nous irons glaner dans les champs, ça rapportera quelques sous. Pour une fois, nous ne serons pas que des bouches inutiles, mais ça, personne ne nous le fait savoir. Au contraire, dans chaque geste nous sentons que nous sommes de trop, que les petits orphelins de cette femme légère qui a fait des choses qu'on préfère taire, que ces sales gosses sont bien embarrassants. Je ne vois rien, moi, j'avance, ou plutôt on me pousse dans un brouillard mauvais où rien ne brille. Bien sûr, on est hors de portée des coups de boutoir du massacreur d'enfance ; on jouit d'un répit, dans cette antichambre où provisoirement nous nous retrouvons. Nous ne sommes pourtant que les petits-neveux à charge, qui vont servir pendant l'été à rapporter quelques sous, avant que quelqu'un se décide à nous prendre en tutelle.

Je dis « nous ». Mais je suis seule. J'ai simplement si peu l'habitude de dire « je », broyée que j'ai toujours été dans un malheur commun, qui là s'éparpille. Je suis seule. Roger est parti. Pierre et Jean-Marie ont été placés eux aussi chez des oncles, ailleurs, et je n'ai pas plus de nouvelles de Marie-Claire. Étrange famille que nous formions, malgré tout. C'est au fond la première fois que nous sommes séparés. Mon univers quotidien a volé en éclats : je ne les attends plus à l'orée du bois, je ne guette plus leurs voix qui me rassurent, je ne me tourne plus vers Jean-Marie quand la peur me surprend, je n'épie plus le regard baissé de Marie-Claire. Et maman n'est pas là et je pleure, maman n'est pas là dans ce nouvel univers couleur de marécage où rien n'existe. Rien, sinon les nuits à guetter l'homme à la moto. Des nuits qui s'enchaînent, sans réponse. Maman n'est plus là. Son absence étend son ombre partout, son absence transforme le passé en quelque chose de supportable, et le présent en une mare boueuse. Nous nous y enfonçons. Je m'y enfonce. Je ne vois plus personne, si ce n'est l'œil du lapin cuit dans le ragoût. Je ne vois plus personne, et l'absence de l'autre sur sa moto me rend folle. Cette absence est plus terrifiante encore que la démence quotidienne de la cabane, cette absence plane sur moi tout au long de chaque nuit. J'ai la certitude absolue qu'il va revenir et qu'alors, tout ce que j'ai supporté jusqu'ici ne sera qu'un avant-goût de la destruction impitoyable qu'il me fera subir.

On ne me dit rien. On ne sait rien de ce que j'ai subi. Ou plutôt, on ne veut pas savoir. Qui irait questionner une fillette, ce petit animal sauvage qui ne représente qu'une charge supplémentaire, sur les traumatismes qui auraient pu affecter ses premières années ? Tante Alice me colle une louche de ragoût grisâtre dans l'assiette, et tant pis pour cet œil qui me donne envie de vomir, là dans la sauce. Je mange. Évidemment que je mange : je crevais de faim dans la cabane. Tout ne semble-t-il pas tellement mieux que là-bas ?... Pourtant je pleure sans arrêt. Maman n'est pas là.

Tante Alice a deux filles, et un brave mari. L'oncle Marcel a été prisonnier cinq ans dans un camp de concentration. Vous comprenez, on l'a pris pour un juif. Mais il est sorti vivant, Marcel, c'est bien la preuve ! Pour le remercier d'avoir survécu, tante Alice le fait travailler à mort. A mort puisqu'il va bientôt mourir, l'oncle Marcel, d'épuisement. Il obéit, l'oncle Marcel. Il est gentil, serviable. Quand il revient de l'usine où il a fait sa journée, il pose sa gâpette, mange l'infâme ragoût, se débarbouille, dort une heure et part à la boulange. Toute la nuit il fait le pain, le pain sacré, ce qui le rend encore plus gentil. Puis au petit matin il rentre, nous réveille, avant de repartir à l'usine. Tante Alice est contente, elle peut ainsi nourrir ses filles, et cette souillon qu'on lui a collée dans les bras, une des gosses de sa traînée de sœur. Tante Alice n'aime pas maman et passe ses journées à insulter son souvenir, et ça me fait mal. Mais je ne dis rien. Une fois seulement, l'oncle Marcel a osé la contredire : « Laisse-la, la pauvre petite, arrête de dire du mal de sa mère, c'est pas de sa faute, quand même ! » Et Alice a bougonné : « Avec tout ce qu'on fait pour elle »... Même ses filles ont peur d'elle. Pourtant elle s'en occupe, elle les aime même, si ce mot veut dire quelque chose. Mais c'est une organisatrice-née, une encaisseuse de salaires, tout le monde est à sa botte. Elle ne frappe pas. Elle se fait obéir, voilà tout.

Alors quand l'oncle revient, à six heures du matin, et qu'il réveille la famille, tout le monde s'active. Lui part avec sa musette, nous, nous allons aux champs. Tous les gamins de la région glanent, en échange d'un petit salaire en fin de journée. C'est tante Alice, bien sûr, qui se charge d'aller récolter auprès du fermier les quelques sous que nous avons gagnés. Dans les champs, en plein soleil, je me sens mieux, je peux redevenir une enfant, nous mangeons parfois du jambon avec le pain du midi, les journées se succèdent, et si je pleure maman, en guettant au loin son retour, je ne prends aucun coup, on ne me force à aucune horreur, et aucun autre enfant ne subit de torture devant moi. Pourtant je n'ose m'habituer à cette étrange quiétude. Je sais qu'il va revenir. Là, c'est le purgatoire que je traverse, sous l'œil du lapin cuit. J'attends. J'attends désespérément.

Nous dormons dans la même pièce, les filles et les parents, à deux dans chaque lit. Des lits ! Avec des draps ! Des draps noirs, jamais changés. Cette crasse m'étonne, elle ne ressemble pas à ce que j'ai connu. Mais je m'en moque : d'abord, je ne dors pas ; ensuite, ce qui compte, c'est que je puisse garder ma culotte pour me protéger. Pas de l'oncle Marcel, non, il est si rarement là, et puis il est gentil, lui... Non, je me protège du retour de l'autre, que je guette toutes les nuits, sans fermer l'œil. N'empêche que depuis des jours, j'ai la même culotte, et elle n'est pas souillée. J'en ai même qui m'attendent, des culottes de rechange. Des culottes qu'on n'a pas besoin d'aller laver à la mare. Et puis il n'y a pas de mare, il n'y a pas de sang, il n'y a pas de cris. Et la logique, qui fait qu'on a envie de hausser les épaules en me disant : « Ton tortionnaire est mort ; la cabane, les viols, le sang et la mare, c'est fini », cette logique-là, évidente pourtant, m'échappe. Je suis trop tatouée, modelée par la peur au point de ne pas comprendre pourquoi ma culotte n'est pas souillée, pourquoi mes oreilles n'explosent pas des cris qui sortent de ma gorge ou de celle de mes frères et sœur, pourquoi le sang ne coule plus.

Une nuit, par contre, j'ai tout de suite compris ce qui se passait. L'oncle Marcel et la tante Alice. Ces bruits, je les connaissais bien. Mon cœur s'est emballé : cet homme si doux, cette femme si autoritaire, alors eux aussi se livraient à cette horreur ? Mais les bruits grignotaient différemment le silence. La terreur se mêlait en moi à l'incompréhension. Patiemment j'ai attendu le matin, et quand tout le monde fut levé, je me suis précipitée pour vérifier leurs draps : il n'y avait pas de sang. J'avais enfin reconnu des choses dans cet univers où tout m'était étranger, mais ces choses ne coïncidaient pas. Le sang de la douleur était absent. J'ai regardé mon oncle et ma tante toute la journée. Leur comportement ne changeait pas. Bien sûr, je savais aussi que ces souffrances-là, on les garde secrètes. Mais dans la maison où la tante Alice régnait, venait de se passer un bien étrange rituel. Un mystère de plus à engranger dans mon esprit toujours pétri d'incertitudes.

Je dus m'accoutumer, ainsi, aux couverts, aux toilettes, à l'eau de la pompe. Apprendre vite à quoi servait cette chose qu'on tient dans sa main et avec laquelle on attrape la soupe. Une cuillère. Mon estomac aussi dut s'adapter. Après l'herbe amère et les patates crues, les grains de blé mâchés et le pain rassis, je mangeais, avec une cuillère, des têtes d'animaux cuites et recuites dans d'horribles sauces compactes, et, comme c'était la loi ici, rien ne devait rester dans l'assiette. Tout manger ! Après avoir vu l'autre se régaler devant nous, en nous jetant parfois des os, après avoir vécu dans l'interdiction de toucher au bon pain dans le placard, je me retrouvais là face à cet œil cuit que je devais avaler, comme le reste, et encore une fois je ne connaissais rien de tout cela, rien non plus de cette dureté féminine, moi qui n'avais jamais trouvé de réconfort qu'auprès de maman.

La découverte magique de la cabane qui servait de cabinets, en revanche, m'enthousiasma. Il y avait une porte. Une porte qui fermait, une vraie porte qui protégeait mieux qu'une culotte contre les agressions des violeurs. Personne ne pouvait me voir. La peur me tenait au ventre pour toujours, mais là, seule, j'osais enfin posséder quelques secondes d'intimité et d'humanité rien qu'à moi. Il avait fallu ces trois murs de bois et cette porte pour m'indiquer que je n'étais pas une bête. Quelques planches pour me donner une idée de la dignité. Mais aussi la toilette dans la cuisine pour me rappeler que l'adulte a tous les droits sur la nudité de l'enfant. Que signifiait pour mes cousines de se frotter le dos dans la grande bassine posée là sur le dallage ? Devant le grand-père gâteux, pointant son œil comme une lance sur cette eau où se lavaient les petites filles. Il était là le vieux, immobile, et l'humiliation était totale de devoir présenter mon pauvre corps nu devant lui. Il allait voir, ils allaient tous voir les traces de ma honte, de ma souillure. Ils allaient voir mon coccyx en bouillie, et moi j'avais l'impression que ce magma d'os que j'avais là au bout de ma colonne vertébrale était saillant, énorme, aussi énorme que la douleur que j'y avais connue. Alors, avec des feintes malhabiles, je me débrouillais toujours pour faire face, pour ne jamais présenter cette partie honteuse de moi-même. Et là je le voyais, silhouette grise, l'œil fixe. La joie de me laver, avec de l'eau à volonté, de la bonne eau bien pure, cette joie-là était gâchée par le regard du vieux. Et puis de toute façon ma tante était là avec ses reproches, je tirais trop sur la pompe, l'eau n'était pas gratuite, pour qui je me prenais, hein, pour qui je me prenais...

L'été de mes sept ans se passa ainsi, à quelques kilomètres de la mer, chez la tante Alice. Les dunes ondulaient derrière les alignements de petites maisons de deux pièces, toutes identiques. L'année 1954 s'éloignait de la guerre. Au fur et à mesure que le sable s'enfuyait, on découvrait les blockhaus, ces lourds éléphants de béton, sans fondations, battus par le ressac.

Il avait fait très chaud, et ma robe, avec les coups de soleil des champs, avait imprimé son dessin sur ma peau. La vieille sorcière était venue une fois chez tante Alice. Elle voulait récupérer les filles. Elle avait perdu un fils, car ce tortionnaire avait été un enfant, lui aussi... Est-ce que le misérable champignon qui lui servait de cœur en avait été ému ? En perdant un fils, elle avait surtout perdu une source de revenus. Et son autre fils, l'amputé, devait regretter de ne plus pouvoir passer ses fantaisies sur Marie-Claire. Qu'espérait-elle ? Nous récupérer comme chair à plaisir pour ce dernier fils, ou organiser grâce à nous un réseau de gamines soumises et ramasser ainsi un petit pécule ? La tante Alice, en tout cas, n'a pas tenu compte de cette visite et, dans la famille qui hébergeait Marie-Claire, il dut en être de même. La vieille est repartie au diable, d'où elle était venue. Au diable, dans l'enfer de son crâne moisi, de son corps tordu, sur son tas d'ordures, au diable, même si Lucifer lui-même devait être dégoûté par le mal purulent qui suintait de toute sa personne.

L'oncle Georges, l'aîné de la fratrie de maman, passa, lui aussi. Annonçant qu'après avoir visité chaque famille, il n'avait trouvé personne qui acceptât de nous prendre en charge. L'été finissait, au tribunal aucune décision n'avait été prise. Convoqués, les membres de la famille de maman avaient eu la surprise de voir débarquer un frère de notre père. Ce représentant d'un passé mort et enterré revendiquait la garde de ses neveux et nièces, et ne put se retenir plus de cinq minutes avant de cracher un torrent d'insultes. La mémoire de maman fut traînée dans la boue avec une telle violence que le juge lui-même fit sortir le type par la force. Décidément, entre la sorcière voulant nous faire replonger dans l'enfer de la cabane, et cet oncle paternel qui désirait peut-être nous redonner le goût des coups de tisonnier, les tortionnaires avaient le sens de la famille. Du côté de maman, ce sens-là était peu cultivé, et s'ils défendirent en public la mémoire de leur chère sœur morte, ils n'allèrent pas jusqu'à s'encombrer de notre présence. Ainsi, chacun de nous serait envoyé à l'orphelinat, les filles d'un côté et les garçons de l'autre. L'oncle Georges serait notre tuteur officiel. Il gérerait notre petit héritage, cette somme que la compagnie d'assurances du camion meurtrier avait dû allouer à chaque enfant. Grâce à cette somme, l'orphelinat serait payé, et quelques francs travailleraient à la caisse d'épargne jusqu'à nos vingt et un ans.

La nouvelle de mon départ à l'orphelinat me pétrifia d'angoisse. Ici, on parlait encore de maman, même en mal. Ici, il restait ce vague lien familial qui me donnait une identité. A l'orphelinat Saint-Joseph, par contre, Marie-Claire et moi, nous ne serions que des numéros, coupées de tout, prisonnières d'un grand bâtiment avec des murs trop hauts. Le martyre, nous l'avions subi dans des espaces ouverts, avec cette route menant vers un ailleurs. Et si nous n'avions jamais réussi à prendre la fuite, celle-ci était possible. Chez la tante Alice, j'avais découvert un quotidien sans coups, sans violences, sans hurlements. Durant cet été, malgré le manque de tendresse, malgré l'absence de maman, je m'étais tout doucement adaptée. Et si j'étais loin d'être heureuse, j'étais du moins épargnée. A l'annonce de notre inscription à l'orphelinat, le danger m'apparut avec netteté.

Dans mon balluchon, des vêtements neufs, bien propres. Je pris le bus avec cette tante qui ne m'aimait pas. L'énorme véhicule me donnait mal au cœur, et l'angoisse me nouait les tripes. Il n'y avait pas une main à laquelle se raccrocher, pas un regard vers lequel se tourner pour y puiser du réconfort. L'orpheline encombrante allait être casée entre quatre murs, puisque personne n'en avait voulu. Pas un baiser, pas une caresse sur la joue, pas une promesse de visite. Pas un adieu. L'immense porte, devant nous, annonçait la couleur. Marie-Claire, du haut de ses onze ans, était là aussi, avec son balluchon. On sonna et l'immense porte s'ouvrit lourdement. Les deux petites sœurs sacrifiées entrèrent dans l'arène.

II

De l'orphelinat

Orphelinat Saint-Joseph, c'est ce qu'il y a de marqué sur les bérets, mais je ne sais pas encore lire. La cour s'ouvre sous nos yeux, mais surtout, surtout, il y a le bruit de l'immense porte qui se referme. Une porte que des millions de géants ne réussiraient pas à ouvrir. J'ai peur. Si seulement quelqu'un sur terre pouvait me prendre dans ses bras et me faire un câlin pour me donner du courage... Je veux ma maman. Je veux partir. Retourner à la cabane, parce que là, le danger, je le connais, et parce que si maman doit revenir, ce sera là-bas. Pas ici. Cet orphelinat va nous manger, va nous lacérer le cœur, va nous broyer.

La cruauté émane des sœurs comme une pestilence. Je ne suis là que depuis une minute et j'ai pourtant déjà tout vu de leur méchanceté, de leur brutalité envers les enfants qui courent dans tous les sens. Elles sont six, il y a deux cents orphelines. Une sœur claque des mains pour obtenir le silence et dit d'un ton que je n'aime pas : « Les enfants, voilà deux nouvelles petites camarades qui sont orphelines de père et de mère. » Nous sommes entourées d'enfants qui nous observent et j'ai un gros poids sur les poumons. Ces regards ressemblent à ceux de l'enterrement, à ceux des villageois silencieux sur le pas de leur porte. Des regards qui me violent, qui font moins mal que le pieu, mais qui me donnent envie de crier, de courir me cacher. Je voudrais qu'ils regardent ailleurs, qu'ils me laissent, qu'ils m'oublient. Je réclame ma maman et invariablement on me répond : « Mais ta mère elle est morte, elle ne peut pas revenir. »

Je suis seule. Pourtant, Marie-Claire est là. Nous allons apprendre à nous connaître, à nous aimer, à nous aider. Plus tard. Pour l'instant, je suis une orpheline désespérée, assise à côté d'une autre orpheline désespérée, dont je ne connais que trop bien toute l'histoire. Pour l'instant, j'ai peur et je n'ai qu'une obsession : maman. Nous sommes deux petites boules de solitude à la merci de tous ces gens.

Les sœurs ont pris nos balluchons et nous n'avons jamais revu les vêtements que nos tantes nous avaient achetés, en guise de trousseau, avec l'argent de l'assurance. Du moins, nous ne les avons jamais revus sur nous. Parce que la loi de l'orphelinat ressemble à la loi des hommes : la raison du plus fort est ici toujours la meilleure. Les sœurs, divisant pour mieux régner, ont leurs favorites, et leurs têtes de Turc. Aux favorites les vêtements neufs apportés par les nouvelles, les tâches les moins dures, la possibilité d'aller à l'école. Aux autres, ce qui reste, selon leurs humeurs. Puisque nous ne sommes même plus des êtres humains. « Voilà vos numéros », ont dit les sœurs. 73 pour Marie-Claire, 74 pour moi. Des numéros laissés vacants par d'autres, qui ont quitté ce purgatoire. Nos prénoms disparaissent, nous n'existons plus. Les balluchons portant ces numéros nous attendent, ainsi que nos lits dans les dortoirs.

Puis nous retournons dans la cour, et nous nous asseyons, vides, figées. Marie-Claire reste bien près de moi, elle est grande, je suis encore la petite. Nous regardons avec angoisse les anciennes venir vers nous. Elles nous posent une foule de questions, nos noms, la raison pour laquelle nous sommes là, la mort de nos parents. Nous restons muettes, puis Marie-Claire me prend par la main et m'entraîne ailleurs. Peut-être y a-t-il des rires dans notre dos, en réaction à notre timidité qu'elles trouvent ridicule, mais privées de nos prénoms, de la tendresse de notre mère, de nos vêtements, privées de tout, il ne nous reste que notre passé lourd de douleur. Ce passé est à nous, ce passé nous compose après nous avoir tant décomposées, nous le garderons, nous ne le livrerons pas.

Et nous passons la journée, assises dans un coin de la cour. Les anciennes nous ont déjà oubliées, les sœurs ne se sont pas encore intéressées à nous. Ce jour de répit, nous ne le goûtons pas à sa juste valeur. Attendre. Nous attendons, et une tristesse poisseuse m'ensevelit, une tristesse qui, comme la bruine, me saisit jusqu'à l'os ; je ne suis qu'un petit monticule de désespoir, posé là, sur son banc. A midi la cloche sonne le repas, mais personne ne vient nous chercher.

A six heures, nous n'avons toujours pas bougé. Les filles se rassemblent dans la cour, en rang, et nous assistons à la distribution des corvées. Nos numéros ne sont pas oubliés, dès demain il faudra s'adapter. Lessive pour certaines, serpillière pour d'autres, raccommodage ou vaisselle. Aux plus grandes on confie aussi la responsabilité des bébés. Il faut vite apprendre que personne ne s'apitoiera sur notre sort, que des orphelins, on en dépose tous les jours, dans leur berceau, à la porte des institutions religieuses. Les petites, jusqu'à trois ans, sont ainsi parrainées par des grandes. Je suis une grande. Moi aussi je devrai surveiller si les gamines n'ont pas fait dans leur culotte, je devrai leur donner la soupe avant de commencer la mienne, les laver, les coiffer.

Mais c'est le premier jour. Marie-Claire soudain est loin, du côté des plus grandes encore. Me voilà absolument, définitivement plongée dans la solitude la plus noire. En troupeau, nous allons nous asseoir au réfectoire. En troupeau et en silence. Ce mot obsédant est écrit en immense au-dessus des tables, ainsi qu'au dortoir. La loi du silence va si bien avec notre déshumanisation. Parler est une faute. Et si je ne sais pas lire, si ce mot étalé là, à la portée de tous les yeux, ne signifie rien pour moi, je n'ouvre pourtant pas la bouche. La détresse engourdit chacun de mes muscles, je mange à peine, je n'ose regarder comment font les autres avec ces cuillères et ces fourchettes mystérieuses, j'ai peur de tout. En silence encore, tout le monde quitte le réfectoire pour rejoindre les dortoirs. Je me retrouve alors au pied d'un lit, le 73, dans une longue pièce où une cinquantaine de filles se préparent au coucher. Prise au piège des gestes qui ne me sont pas encore quotidiens, je les observe. Elles se déshabillent, sans craindre apparemment qu'un malheur ne leur arrive. Je les imite avec une peur mitigée. Elles vont ailleurs, en petite chemise et culotte, je les suis. Un alignement de lavabos apparaît. Là, elles se débarbouillent avant de rejoindre leurs lits. Pas un homme n'est là pour nous violenter, pas un vieux ne nous contemple, faussement gâteux, mais je reste effrayée. Je cherche tellement à comprendre. Je sais qu'ici, nous n'allons pas rester bien longtemps, Marie-Claire et moi, parce qu'il va venir nous reprendre. Nous avons été livrées aux bonnes sœurs qui nous retiennent prisonnières jusqu'à son retour. Alors, rien dans l'attitude silencieuse et décontractée des filles ne me rassure. Je ne les vois pas. Je ne vois que le danger.

Pas une ne vient vers moi avec un sourire, un mot gentil. Je reproduis leurs gestes, j'ouvre le lit, je me couche. Silence. Bien entendu, je ne sais rien des petits bruits qui les font réagir, des mots qu'elles s'échangent malgré l'interdiction, des rires qui fusent, je ne sais pas que le pas lourd d'une bonne sœur dans l'escalier est un signal qu'elles reconnaissent immédiatement pour se taire d'un bloc. Je n'entends rien, si ce n'est le bruit du vent dans les arbres, et dans le fond de l'air, un ronronnement qui pourrait être celui de la moto. Comme toujours, je ne finis par m'endormir qu'au pâlissement de la nuit, quand les vapeurs bleutées s'emparent du ciel et que les oiseaux se réveillent.

Je passe les longues heures de cette première nuit à remâcher les mêmes questions. « Ta mère ne va pas revenir, elle est morte. » Que signifie ce mot qu'ils emploient tous, que voulaient dire ces cercueils, et pourquoi a-t-on recouvert maman de terre noire ? Que faisait-elle là, couchée, immobile, avec sa jolie robe ? Pourquoi ne m'appelle-t-on plus la petite, ici ? Des heures à ne vivre qu'autour de ces questions. Des heures. Des semaines. Des mois. Ce n'était que ma première nuit à l'orphelinat Saint-Joseph. Elles allaient toutes se ressembler. Si ce n'est que bientôt, mes questions sur l'absence de maman allaient zébrer ma peau des traces rouges du fouet.

Car les coups ne se firent pas attendre. Mon malaise était si évident qu'on me prit vite en grippe. J'étais celle qui ne réagissait pas vite, celle qui pleurait sans arrêt, celle qui réclamait sa mère alors que toutes, ici, connaissaient la douleur d'être abandonnées sans espoir de retour. Et je grandissais trop vite, la petite sortait du rang, j'avais beau n'être qu'une bestiole recroquevillée, mes os s'allongeaient, pour m'offrir une impardonnable occasion de me faire remarquer. Encore pleine des instincts et des effrois de la cabane, j'avais du mal à assimiler les nouveaux dangers qui surgissaient progressivement. Je me contentais encore d'avoir la joue bleue à cause des pinçons, les oreilles sifflantes à force de gifles bien dirigées, et les mains douloureuses après les coups de règle en métal. Plus tard, je comprendrais les lois du genre.

Je dus rapidement assimiler l'obsession première des sœurs : le pipi-popo-culotte. Étranges créatures que ces six femmes aigries jusqu'à la moelle, dirigeant à elles seules un orphelinat de deux cents filles, qui avaient organisé tout un rituel punitif. Inspection, surveillance, châtiment, sans égard pour l'âge de la coupable. Le règlement était strict : les toilettes étaient fermées à clé, et il n'y avait que deux séances par jour. Pour les grandes comme pour les petites. Les lourdes clés tintaient à leurs ceintures, il fallait sagement attendre son tour en piétinant. Se retenir tout le reste de la journée. Et si les grandes pouvaient parvenir à un semblant de contrôle sur leur vessie, les gamines de deux ou trois ans, logées à la même enseigne, n'arrivaient pas à se ployer à ce régime draconien. Les sœurs avaient-elles poussé le sadisme au point d'instaurer ces règles du jeu impossibles à respecter pour mieux pouvoir nous frapper sans vergogne ? Étranges créatures, obsédées par la culotte sale, passant la moitié de leur vie le nez sous nos jupes, et l'autre moitié à nous punir. *Là.* Leur obsession rejoignait la mienne : là. A cet endroit maudit, que le tortionnaire avait mille fois souillé. Là où j'avais déjà reçu tant de coups de botte. Cet endroit de mon pauvre corps que je haïssais, qui portait les traces de mes humiliations, cet endroit qu'elles nous dénudaient sans cesse, offrant à tous les regards la vision de mon calvaire. Cet endroit qu'elles aimaient tant fouetter, pour me rappeler toute la douleur que j'avais déjà endurée. Là. Rien n'était terminé, après le bourreau il y avait eu ce vieux nous observant pendant la toilette, puis ces sœurs à la folie destructrice. Les chiens, encore une fois, étaient tellement mieux traités, eux qui jouissaient de l'insigne privilège de pouvoir se soulager librement, en pleine nature. Je ne savais pas pourquoi les adultes s'ingéniaient à ce point à nous écraser, je ne savais toujours pas quelle faute atroce j'avais commise pour mériter ce traitement, cette fatalité dans l'humiliation. Mais je tenais. Survivre, encore survivre, survivre à ça, au reste. J'avançais dans un cauchemar de plus en plus moite, de plus en plus dense. Je n'allais pas vers la rédemption. Mais j'avançais. Je tenais.

Comprendre, comprendre vite et vite s'adapter. Pour cela, il suffisait d'un tour de cour et la leçon était apprise : deux ou trois fois, les premiers jours, je n'avais pu me retenir, cherchant les toilettes et ne trouvant qu'une porte close. J'avais alors eu droit à ma propre culotte sale vissée sur la tête et à faire trois fois le tour de la cour sous l'œil mauvais de mes camarades. Ce n'était pas là l'unique occasion de se voir infliger cette punition : lorsqu'une grande était responsable d'une petite, elle devait assumer le moindre pipi-popo-culotte de son rejeton comme si elle avait elle-même commis la faute. Faute gravissime puisque l'enfant et sa « marraine » étaient battues comme plâtre, avant que la grande, la culotte honteuse sur la tête, n'effectue ses tours de cour. Comment apprend-on à un enfant de deux ans qu'il doit maîtriser ses envies pour n'être délivré que deux fois par jour ? C'est là un mystère auquel il fallait bien trouver une réponse, puisque les sœurs ne laissaient rien passer. Leur obsession les avait poussées, au rassemblement de six heures, à faire l'inspection des culottes. Une organisation parallèle s'était donc instituée, pour laver les culottes en un tour de main, ou pour maintenir un roulement qui permettait à la grande de subir la même punition, mais à sa protégée d'être épargnée. Mais cela, j'allais l'apprendre beaucoup plus tard. Pour le moment, je prenais les coups.

Il fallait s'y résoudre. Avant, c'était la nuit. L'horreur commençait à la tombée du jour. L'horreur ici prenait un autre visage. Personne ne venait sur sa moto pour me cueillir et m'éventrer, ce qui ne m'empêchait pas de veiller chaque nuit, mais à cette angoisse de la nuit s'ajoutait maintenant celle du jour, permanente. Apprendre, apprendre encore à sauver sa peau, apprendre des lois étranges et s'y tenir strictement. La moindre erreur coûtait si cher. Pour aller, parfois, parler avec ma sœur, j'avais droit à tant de coups de martinet à plomb que je ne savais plus quoi choisir, entre ce dernier petit morceau de famille et mon dos déchiré. Comme les autres, je me mis à reconnaître, à l'inspection de six heures, la poigne mauvaise de sœur Françoise sonnant la cloche avec violence. Personne ne savait sur qui les coups allaient pleuvoir, mais avec elle chacun savait qu'ils allaient être particulièrement durs. Quand une coupable de trois ans montait sur l'estrade comme on monte à l'échafaud, pour être rouée de coups sous l'œil d'une cour entière silencieuse, il fallait fermer les yeux et penser très fort à ses tâches du lendemain, pour ne pas bondir sur la cruelle sœur dont l'unique plaisir semblait se situer là, dans la force avec laquelle elle distribuait ses brimades. Quand toutefois elle ne déléguait pas cette mission à une grande. La lutte pour la vie était telle que celle qu'on désignait pour venir appliquer la punition ne se faisait pas prier. Même si c'était sa protégée qu'elle battait avec entrain. Pas de place, entre les hauts murs de l'orphelinat, pour le moindre attachement. Lutter, lutter au quotidien, apprendre vite.

Apprendre, à ses dépens, la subtile gradation des punitions. Le pinçon, pour un oui ou pour un non, la joue attrapée, tordue d'un geste sec, qu'il fallait bien frotter ensuite pour refaire circuler le sang. En silence. Toujours en silence. Les gens de la ville nous appelaient les « joues bleues ». Les claques sur l'oreille tombaient tout aussi couramment, laissant un sifflement en souvenir. L'échelle des douleurs montait d'un cran avec le tapis qui pique. Oh ! bonnes sœurs imaginatives, n'ayant retenu de la lecture des textes saints que ces châtiments, où avaient-elles trouvé cette carpette aux poils durs et pointus, sur laquelle il fallait s'agenouiller des heures, sans jamais s'asseoir sur ses talons, car bien sûr elles veillaient. Comme elles veillaient sur nous, ces six sœurs...

Leurs regards aigus surveillaient nos moindres gestes de derrière les fenêtres. Six sœurs pour deux cents orphelines, et pourtant pas une faute n'échappait à leur vigilance... A croire qu'en leur cœur aigri, ces robots fouetteurs qui un jour avaient été des enfants puis des jeunes filles ne jouissaient que de la souffrance qu'elles pouvaient infliger, en toute bonne conscience. Le sifflet à la bouche, elles s'époumonaient dès qu'elles avaient perçu un manquement, une défaillance. Sans doute se régalaient-elles à nous voir tressauter au sifflement sinistre, la coupable était désignée, et filait tête baissée dans la salle indiquée. Toujours baisser sa culotte. Les piques du tapis entraient dans nos genoux. Ne rien dire. Puis l'ombre du martinet à plomb apparaissait. N'avoir mal qu'aux jambes n'était pas suffisant... Ne rien dire, malgré l'angoisse. Sept ans, frêle bestiole sortant du cauchemar orchestré par les hommes, sept ans, de nouveau à genoux, de nouveau exposée à la douleur, à l'humiliation, culotte baissée, sept ans, et subir encore, en silence. Il fallait vite apprendre à ravaler les cris, qui semblaient stimuler l'ardeur des sœurs. Quand la séance était terminée, malgré le dos en feu et les genoux blanchis et grenelés, personne ne traînait dans cette salle des tortures, les corvées attendaient. Si une orpheline n'avait pas terminé les siennes à la cloche de six heures, elle n'avait plus qu'à les retrouver après le dîner, même si jusqu'à onze heures ou minuit elle devait rester attelée à la tâche. Alors en boitant, en serrant les dents, en ne laissant rien paraître de sa douleur car la compassion n'existait guère dans les rangs, la coupable châtiée repartait à sa besogne. Il n'y avait pas de moto ni de viol, il n'y avait pas de bosquet où se cacher, il n'y avait pas de pain à mendier. Il y avait le reste.

Quand le martinet punissait l'immense crime de la culotte salie, il ne s'agitait plus dans la pièce au tapis qui pique, mais dans la cour, devant tout le monde. Et quand l'humeur des sœurs était au changement, le choix se portait plutôt sur la règle en métal. « Avance tes mains. » Les coups sur les doigts rendaient d'autant plus dures les corvées de vaisselle ou de lessive, quand il s'agissait de soulever, de battre et de tordre d'immenses draps de lourd coton rincés dans l'eau glacée. Les orphelines aux joues bleues pouvaient alors montrer leurs mains, violacées d'engelures et de coups. Mais ces punitions d'usage courant portaient l'ombre de châtiments plus sévères, dont la simple évocation provoquait des mouvements de panique chez les enfants. Car nous étions bien des enfants, que la vie avait déjà souvent brisés avant même d'entrer dans cette prison qui se promettait de saccager ce qu'il restait d'humanité en nos pauvres âmes meurtries.

Le cachot. Un placard haut d'un mètre, dans une autre pièce plus vaste, servait assez régulièrement de cachot pour les pécheresses aux fautes impardonnables. Le vol d'un morceau de sucre faisait partie de ces crimes. Une nuit, deux jours au pain et à l'eau, la punition pouvait s'étendre jusqu'à sept jours dans ce cagibi noir. Impossible bien sûr de se tenir debout, ni de s'allonger. Les têtes brûlées avaient droit à ce traitement de faveur. D'abord, l'assiette retournée, signifiant qu'on se passerait ce jour-là de repas. Puis le cagibi. Les cris de celles qu'on traînait là terrorisaient les autres. Presque autant que l'enfer du bâton à clou.

Sans doute une efficace invention de sœur Françoise. Un clou planté au bout d'un bâton, en angle. Il fallait alors nous tirer par les cheveux, pour nous pousser dans cette pièce où avait lieu la séance. « Avance tes mains. » Elles ne partiront plus, les cicatrices dues au clou qui s'enfonce dans la peau tendre des mains, entre les os. Ou dans le dos. La sauvagerie de sœur Françoise ne se contrôlait plus, un coup défigurant le visage, ouvrant un bras, coupant un muscle. Le sang alors jaillissait, ce sang qui me faisait horreur, qui marquait la punition, la souillure extrême. L'épouvante du bâton à clou parvenait à calmer les révoltes les plus grondantes. Les sœurs n'avaient pas peur d'éborgner ou de blesser à mort une de leurs pensionnaires : nous n'étions que des laissées-pour-compte, que personne au monde n'irait réclamer. Saint Joseph était-il un saint chrétien, doux, gentil, avait-il une tombe dans laquelle se retourner, et ce Jésus crucifié sur sa croix dont je commençais à entendre parler au catéchisme, comprenait-il en quoi ces sœurs répandaient sa parole ?

Nous étions deux cents logées à la même enseigne. A quelques kilomètres de là, Jean-Marie était lui aussi enfermé dans un orphelinat, pour garçons bien sûr, mais la surveillance était aussi assurée par des sœurs. Jean-Marie était un garçon, il avait neuf ans, bientôt dix, il était grand, Jean-Marie, et tous ses camarades étaient, comme lui, des fortes têtes à mater. Sans doute l'avait-on accueilli comme je l'avais été : « Toi, je te casserai. » Il avait réussi à s'enfuir, Jean-Marie, lors d'une promenade dominicale. Il avait réussi à voler quelques minutes de liberté à ses nouveaux tortionnaires. Il connaissait le poids du silence, Jean-Marie, le poids du silence des autres, le poids de leur indifférence meurtrière, mais il croyait aux hommes, il croyait aux uniformes : il avait filé à la gendarmerie de sa ville. Pour supplier qu'on intervienne dans son orphelinat. Son copain, son seul camarade, trop fragile, trop doux, avait été battu à mort. Son seul copain était mort. Mort victime des mauvais traitements, et d'autres sans doute allaient aussi succomber. Les uniformes étaient gardiens de l'ordre public. Et Jean-Marie avait dérangé l'ordre public. On le ramena par la peau du dos à l'orphelinat, où il fut puni pour son impudence. Jean-Marie croyait aux hommes.

J'avais volé un sucre. A l'aube de ce jour d'hiver, si proche du placard des petits déjeuners, j'avais vu ces magiques petits blocs de diamant, qui scintillaient comme mille étoiles et fondaient si merveilleusement sous la langue. J'avais faim. J'ignorais que chaque matin, sucres et pains étaient comptés au morceau près. Lorsque eut lieu la distribution quotidienne, le sucre manquant cria son absence en bout de table. Les sœurs ne se firent pas prier, l'indignation monta à leur front. « Que celle qui a volé le morceau de sucre lève le doigt ! » Le rouge monta à mon front, une chaleur m'envahit, celle de la culpabilité.

Là-bas, à la cabane, il dégainait sa ceinture d'un geste sec. Je dus ici aussi me mettre à genoux et, devant toutes les filles, baisser ma culotte pour recevoir les coups de martinet à plomb généreusement distribués par sœur Françoise. J'étais redevenue une bête. Baisser sa culotte, encore, toujours cette humiliation qui allait me poursuivre sans répit, et puis les coups se mettaient à pleuvoir, et les boules de plomb au bout de chaque lanière incrustaient les vêtements dans ma chair. J'avais sept ans, j'avais volé un morceau de sucre, j'avais mis en danger l'organisation rigoureuse de l'orphelinat. Je n'avais pas fini de payer. On me traîna au cagibi, on me poussa, et j'entendis le déclic de la clé qui m'emprisonnait. Mon dos vibrait d'une douleur lancinante, je ne pouvais que me mettre à genoux dans cette boîte noire, à quatre pattes, encore. A quatre pattes, les fesses zébrées par les coups, dans ce noir étouffant. Je me mis à appeler maman, désespérément, ainsi elle m'avait vraiment abandonnée, ainsi personne ne pouvait me venir en aide, ainsi je n'étais rien, rien. Mais pour la première fois, ce rien me révolta. Je n'étais pas rien. J'étais un être humain, j'avais le droit de vivre, j'avais survécu à un cauchemar, trop grande, trop maigre, trop effrayée mais vivante, j'avais un sang qui coulait dans mes veines, un cœur qui battait, je n'étais pas rien, et des monstres me jetaient dans un cagibi obscur, après m'avoir rouée de coups. Alors qu'un autre monstre m'avait déjà éventrée mille fois, alors qu'on m'avait pris ma maman, et tous mes frères et même ma sœur, mais j'étais vivante ! J'étais vivante et un jour je quitterais cet endroit, ce bagne, cette infamante prison, un jour la lourde porte s'ouvrirait, je la passerais, elle se refermerait, cette porte trop lourde, mais elle se refermerait derrière moi et plus jamais je ne subirais cette écrasante injustice, cette cruauté. Un jour...

Viens, maman, viens me prendre par la main, allons chercher Marie-Claire, et toutes les trois partons, partons loin, loin d'ici...

Recroquevillée là des heures et des heures, avec seulement les deux visites par jour qu'on m'accordait pour me donner mon pain et mon eau et me faire faire mes besoins, je passai sept jours dans le cagibi. Des heures et des heures ; j'avais sept ans et j'attendais qu'on m'ouvre enfin les portes de ce placard, sans savoir que j'allais me brûler les yeux à la lumière retrouvée. Apprendre, comprendre ce qui m'avait valu ce séjour, respirer, assumer cette angoisse permanente du retour du bourreau, et cette nuit-là n'en finissait pas d'attendre l'aube. Une nuit de sept jours. Dormir, comment pouvais-je dormir, j'étais rendue à l'état d'animal, comme à la cabane, et je guettais le tortionnaire, en ravalant ma terreur décuplée. L'agonie se poursuivait, n'en finissait pas. J'avais volé un sucre.

Comprendre, apprendre. Un jour, je vis apparaître cette étrange chaise à porteurs. Quatre grandes portaient ce trône, sur lequel était assise une petite fille noire, à la robe magnifique. Une robe comme aucune orpheline n'aurait pu l'imaginer, une robe blanche, un flot de dentelles, du satin et de la soie, une robe magique, et cette apparition. La petite fille à la peau noire devait être bien sale pour afficher une telle couleur, et pourtant, on l'avait parée de cette robe merveilleuse. Je vis aussi le dessous de ses chaussures : pas une tache ne salissait ses semelles. Comprendre.

Les sœurs adulaient cette enfant. Elle avait été confiée, bébé, à l'orphelinat par son père, noir aussi, bien habillé aussi, sans doute suffisamment riche pour impressionner ces femmes sèches qui s'étaient entichées de la petite. Pas orpheline pour un sou, elle avait une mère, blanche, elle, dans la région, qui lui avait même fourni trois demi-sœurs tout aussi blanches. Elle était donc l'exemplaire unique, la représentante de toute l'Afrique à Steenvoorde, Flandres. Il venait, le père, une fois l'an, voir sa fille et distribuer des billets. Il fallait de l'argent, beaucoup d'argent pour offrir à la princesse ces robes de conte de fées, ces robes changées tous les jours, ces ensembles bleu ciel, roses, blancs. La princesse, comme tout le monde l'appelait, faisait la pluie et le beau temps à l'orphelinat. Elle dormait dans l'appartement interdit, celui des sœurs, avec une moquette rouge et des armoires pleines de mystère. Elle ne posait jamais le pied au sol, était soignée comme une pièce de cristal, parlait à peine. Désignait.

D'un doigt, elle montrait sa victime. Elle. Celle-là avait parlé dans la cour, celle-là l'avait bousculée, il fallait la punir. Apprendre, comprendre que, pardessus les sœurs, il y avait cette princesse aux ordres immédiatement exécutés. Quel était ce mystère, pourquoi était-elle si sale et pourquoi avait-elle droit à ces belles robes ? Il fallait surtout apprendre à faire attention, à se méfier, à ne point trop la détester sous peine de n'y gagner que des coups.

Comprendre. Lorsque je la vis sortir de son bain, toute propre et toujours aussi noire, le doute s'infiltra en moi. Ce n'était donc pas de la saleté. Certaines personnes, donc, des méchantes princesses qui dénoncent les orphelines d'un geste péremptoire, certaines déesses de l'orphelinat étaient noires. Et ces déesses noires et leurs pères sont bien habillés et font la pluie et le beau temps. Comment comprendre autre chose entre les quatre hauts murs de l'orphelinat Saint-Joseph. Comment savoir que cette situation ne se retrouvait dans aucun autre endroit du monde. La petite princesse à la peau noire apportait son lot de haine et d'injustice dans ce monde sans couleurs. Apprendre.

Comprendre. Cette longue première année où j'attendis sans cesse le retour de maman, cette longue année me fit aller de découverte en découverte. Jamais le moindre geste de gentillesse, d'amitié, de camaraderie. Comme à la cabane, nous vivions dans une telle terreur que toute notre énergie passait à tenir bon. L'autre pouvait accuser pour sauver sa peau, l'autre pouvait prendre le martinet tendu par une des sœurs et fouetter une enfant de deux ans, pour obéir aux ordres. L'autre était un danger, abruti de douleur, d'impuissance, de faim et de peur. Un danger supplémentaire. Les images arrivaient, me choquaient, sans me laisser le temps de m'accoutumer. Vite apprendre. Lorsqu'un jour je fis face à un immense bac en béton rempli de la lessive de la semaine, j'eus un haut-le-cœur violent. Le sang. Le bac était rouge, l'eau était rouge, et trempaient là-dedans des bouts de tissu qui étalaient leurs fils rouges coagulés dans l'eau glacée. J'ignorais, moi, à sept ans, que les femmes avaient des règles, et que ces tortionnaires qui distribuaient le fouet étaient des femmes. J'ignorais qu'on pouvait avoir l'impudeur de donner à laver ses serviettes. J'ignorais que le sang pouvait signifier autre chose que la douleur. Cette vision me prit à la gorge, je voulus hurler, partir, mais j'étais désignée pour la lessive, cette semaine-là, et je dus m'approcher, m'approcher encore, et puis tremper mes mains dans ce cauchemar nauséeux. Et puis frotter, et puis rincer, et puis attendre le mois suivant pour petit à petit comprendre. Mais comprendre quoi ? Que pouvaient-elles bien faire dans leur appartement interdit, ces sœurs sadiques, pour que le sang coule ainsi dans des petites serviettes épaisses ? Subissaient-elles le pieu qui déchire le ventre, elles aussi ? Ça se renouvelait, voilà tout. Ça ne faisait pas d'elles des êtres humains, mais ce sang revenait. Apprendre. Comprendre.

Les petites de l'orphelinat Saint-Joseph avaient droit à une promenade dominicale. La messe, les vêpres et le salut. Trois messes où nous nous rendions, en rangs serrés, sous le regard méprisant des habitants de la ville. Au matin, nous passions tout d'abord par la douche, où, en file indienne, chacune frottait le dos de celle qui se trouvait devant, puis la peignait et la nattait. Les deux tresses de cheveux mouillés mettaient parfois des jours à sécher, mais se promener les cheveux défaits était interdit. Coiffées, habillées de l'uniforme bleu marine du dimanche, il ne restait plus qu'à poser sur sa tête ce béret honteux où chacun pouvait lire : « Orphelinat Saint-Joseph ».

Nos godillots claquaient ferme sur les dalles qui menaient à l'église. Toujours ce regard sur nous. Toujours cette honte, qui en venait à faire regretter l'autre solitude à l'intérieur des murs. Et puis, dans l'antre sombre de l'église, ce prêtre qui tonnait du haut de son escalier en colimaçon. Il parlait et je ne l'écoutais pas. J'aurais voulu disparaître sous les dalles, ne plus être cette orpheline désignée par son béret, ne plus être enfermée dans ces murailles de violence et d'angoisse.

Après la messe du matin nous rentrions, les tâches nous attendaient. Le déjeuner se composait d'une tête de poisson dont l'œil cuit me fixait, ou bien de tripes trônant sur un amas gélatineux de riz ou de pâtes. Les gens apportaient parfois à l'orphelinat des restes de leur pêche, des légumes un peu blets, des os de viande. Manière sans doute de se donner bonne conscience. Alors nous mangions. Et rien jamais n'était bon. A part ces yaourts merveilleux que les sœurs servaient à la louche, cueillant un à un ces blocs compacts qui glissaient dans l'assiette, recouverts d'un peu de sucre en poudre. Le bonheur avait un nom, il s'appelait « yaourt de Steenvoorde ». Mais les sœurs ne m'aimaient pas, et trouvaient là encore un moyen de faire comprendre aux filles trop grandes et trop gourdes qu'elles n'ont rien à attendre de la vie. Non, disaient-elles d'un signe en s'approchant de mon assiette. Et je n'avais plus qu'à baisser la tête : la contestation coûtait cher.

Les vêpres à trois heures. De nouveau cette promenade sur les dalles de pierre. Le retour, sous les yeux des gens libres. Puis un troisième aller-retour pour le salut. Nous étions bénies et archibénies, ainsi soit-il. Après le salut, la liste des corvées de la semaine était annoncée. Rassemblement dans la cour. Par numéros. Selon l'humeur des vieilles demoiselles, la 48 reprenait sept jours de lessive en hiver, la 22 se voyait confier les petites 13 et 72, la 39 nettoyait les dalles des dortoirs... Je n'aimais pas m'occuper des petites. Impossible de s'attacher à l'une d'elles, les protégées tournaient, les sœurs veillaient à ce qu'aucun lien ne se crée. Et pourtant, ces gamines étaient émouvantes avec leurs yeux plus effrayés encore que les miens, elles savaient me rappeler que j'avais été la petite, moi aussi, et que personne ne m'avait protégée alors, ou si peu. Mais quand, pour un pipi-culotte, il fallait assister aux coups que les sœurs leur assenaient, pour une faute hélas trop fréquente, mon cœur se serrait. Je ne pouvais rien faire. Sinon subir à mon tour la punition, en tant que responsable. Mais la lessive ou la vaisselle me déplaisaient tout autant, pour ces engelures qui laissaient des crevasses profondes sur mes mains, qui jamais ne cicatrisaient, qui me brûlaient lors de ces longues nuits où je guettais le bruit de la moto, en appelant maman. Tout me faisait peur, tout me terrifiait.

Ainsi ce saint Nicolas, qui apparut avec son étrange costume rouge et sa barbe blanche. Pour le 6 décembre, les sœurs organisaient un semblant de fête de Noël, où chacune recevait un pain à deux têtes et une clémentine. Chacune ou presque, puisqu'il restait parmi les deux cents filles quelques gourdes trop grandes qui n'avaient pas su se faire aimer. Le saint Nicolas qui me terrifiait traînait sa hotte et s'arrêtait devant chaque orpheline. Un coup d'œil à la sœur et le monstrueux bonhomme tendait ses cadeaux ou faisait un signe de tête. Non. Pas toi. Pas toi la trop grande. Ainsi, j'avais vu s'éloigner cette villageoise déguisée, pour me retrouver face à mon assiette retournée. Dessus se trouvait une patate pourrie. Le cadeau des sœurs. Je mangeai la patate pourrie, tout effrayée encore de ce bonhomme silencieux, et fascinée par la bonne odeur qui se répandait dans le réfectoire. Toutes ces petites clémentines épluchées semaient leur parfum d'assiette en assiette, je n'avais pas eu droit à la dégustation de cette chose sans doute merveilleuse, mais j'obtins d'une camarade qu'elle me donne la peau de son fruit. Un morceau de peau que je conservai précieusement, le laissant sécher et le glissant sous mon oreiller. A tout moment je pouvais m'offrir le luxe de retrouver le parfum, de plus en plus lointain, du fruit orange. Minuscule oasis de bonheur dans mes longues nuits d'insomnie.

Lesquelles étaient souvent ponctuées de ce phénomène étrange : dans le silence du soir, une fille se levait. Elle se dirigeait, d'un pas lent, raide, vers l'autre bout du dortoir, ou bien sortait. Pour avoir croisé à la dérobée un regard vide et fixe, j'étais restée pétrifiée de peur, au point de me réfugier sous mon lit. Que faisaient-elles, que cherchaient-elles ? Parfois l'une d'elles s'aventurait sur le toit. Une sœur accourait alors, et envoyait une grande attraper la somnambule qui semait la perturbation. Encore une occasion de punir, en réveillant la coupable à coups de manche de martinet. Il y en avait si souvent, de ces filles qui ainsi s'échappaient de leur univers. La peur qu'elles me causaient était infinie. J'ignorais tout de ce phénomène mystérieux, j'ignorais tout de tout, en cette première année où mon ignorance me valait tant de gifles. Avec cette indifférence des filles à la punition de l'autre. Il eût été simple d'attraper la somnambule pour la remettre sur le chemin de son lit sans attendre l'intervention de la sœur. Mais comme à la cabane, la douleur commune ne resserrait pas les rangs, elle nous plongeait au contraire dans une solitude absolue. Sauver sa peau. Éviter à tout prix de se faire remarquer. Laisser faire.

Comme toujours. Ballet étrange du dortoir. Cachée sous mon drap, tremblant qu'on ne découvre que j'avais gardé ma culotte pour dormir malgré l'interdiction, j'observais un autre ballet presque aussi courant chez ces filles qui m'étaient étrangères malgré les mois passés ensemble. La plus grande, la plus ancienne, ou bien simplement la plus autoritaire, passait de lit en lit et choisissait sa victime. Quatre de ses comparses, alors, se saisissaient de la fille désignée. Bras et jambes immobilisés, crucifiée sur le lit, la chef lui soulevait sa chemise de nuit, la touchait *là* et se touchait aussi. Là. La victime se contorsionnait, luttait, mais que faire, il fallait subir, les complices tenaient bon. Parfois une autre comparse, surveillant l'escalier, tapait trois coups : « Attention, la sœur. » La menace planait alors sur le dortoir. « Si quelqu'un révèle quelque chose, il lui en cuira. » Menace efficace, qui permettait à la grande, la méchante, la violeuse, de récidiver quand bon lui semblait. Je connaissais les hommes dangereux. Tous les hommes. Les beaux-pères, les douaniers, les fermiers, les frères même. Je connaissais l'hystérie des sœurs en robe bleu marine, qui, si elles ne violaient pas, faisaient baisser la culotte et tapaient là où j'avais déjà tellement souffert. Mais découvrir que d'autres petites filles comme moi, orphelines, enfants, battues au point d'en être déshumanisées, osaient elles aussi abuser d'une miette de pouvoir en pratiquant des choses dégradantes sur d'autres petites filles, ce fut comme un coup de poignard. Car elle se débattait, la victime, dans ce silence oppressant du long dortoir, et la main sur sa bouche laissait passer ses cris de protestation. Je ne comprenais pas bien, ayant subi l'extrême violence, pourquoi, pour si peu de chose, la victime se débattait autant. Encore trop loin de moi, trop différentes, leurs réactions n'appartenaient pas à mon univers. Mais s'il ne s'agissait pas de douleur, ce rituel malsain était encore un viol, une dépossession. A genoux sur la terre sous le regard du chien, ou écartelée sur son propre lit, le résultat était là : n'être plus rien, ne plus exister. Avec à chaque fois la conscience qui se brouille pour ne plus rien voir. Le danger venait de partout. Il n'y avait donc aucun répit.

Mais tout cela me semblait si loin. J'étais seule. Le temps ne changeait rien à l'affaire. J'avais passé une année, nuit après nuit, à attendre que maman nous désabandonne, refusant de comprendre l'évidence : FINI. Vivre dans cet enfer en me persuadant qu'il était éternel, que jamais elle ne me reprendrait sous son aile, c'était au-delà de mes forces. Je la réclamais, obtenant pour toute réponse des quolibets, mais les filles pouvaient me répéter sans arrêt la même phrase, réclamer maman, c'était encore lui donner une existence et je m'accrochais à ce fil trop ténu.

Fil qui finit par casser, au retour du printemps. Le printemps... N'était-ce pas à cette saison ouverte à l'espoir que maman avait disparu sur la moto ?... Le printemps, j'avais oublié qu'il pût réexister un jour, sans elle et ses regards, sans elle et sa robe à fleurs. Le temps, depuis, avait posé sur l'été, puis sur l'automne et l'hiver, une couverture épaisse et grise, les squelettes des arbres de la cour tremblaient sous le vent glacial, mes mains crevassées et mon dos si souvent frappé me ramenaient sur terre, cette terre maudite où ne poussait que la douleur. Un hiver sans fin s'était affiché au baromètre. Puis des bourgeons apparurent sur les branches. Dans ma cabane, j'avais si souvent observé ces signes, cette verdure renaissante qui allait enfin me protéger. Mais cette année-là, le retour du printemps se mit à ressembler à une page qu'on tourne. Un long, long temps s'était passé, que les grands appellent une année ; bientôt, je le savais, je n'allais plus avoir sept ans mais huit ans, et cette immensité-là de minutes, d'heures et de jours signifiait que j'avais attendu en vain. Maman n'allait plus revenir après tout ce temps. C'était impossible, n'est-ce pas, elle était loin. Trop loin. Elle était peut-être... Morte, alors ça signifiait cela ! Morte voulait dire « plus jamais » ? Un soir, la chef et ses quatre complices s'arrêtèrent devant mon lit. Les bourgeons se faisaient verts, les feuilles se déroulaient, maman ne reviendrait plus, on m'attrapa les bras, des mains saisirent mes chevilles, on m'empêcha de crier, mais je me sentais si éloignée de tout ce qui se passait ici, que jamais je n'aurais pu imaginer que cette chose qui arrivait aux filles normales, aux autres, puisse un jour tomber sur moi. Ainsi dénudée, offerte au danger, je fus engourdie de panique et d'incompréhension. La grande me toucha, elle me fit mal avec son doigt brutal — si peu bien sûr par rapport à l'autre —, mais qu'est-ce que tout ça voulait dire... Je devenais une des autres, j'entrais dans leur monde en me faisant violer, j'étais donc bien une orpheline, maman ne reviendrait jamais. Et toutes ces gifles me poussaient à terre, je n'étais plus rien. On venait de m'anéantir.

Il n'y eut pas de sang, suite à cet acte de violence étrange. Mais, dans ma détresse, j'avais fait pipi au lit. Au matin, les sœurs, toujours prévenantes, me traînèrent sur le tapis qui pique pour me fouetter, avant de m'envoyer faire la lessive de mon infamie. Je me mis à ne plus manger. Mourir. La rejoindre dans son cercueil avec sa jolie robe à fleurs. Puisqu'elle ne viendrait plus vers moi. Ne plus manger, puisque je n'étais plus rien. La porte des toilettes s'ouvrait devant moi, et je regardais cette chasse d'eau, me demandant comment m'y pendre. Mourir et vite la retrouver. Mourir pour fuir cette cave sans fin. Elles pouvaient me frapper, me parler, je n'entendais plus rien. Je n'étais plus rien. La mort, c'était bien ça, n'est-ce pas, maman ne reviendra jamais ? « Elle est en train de pourrir et les vers la mangent en ce moment. » On finit par me mettre à l'infirmerie. Pendant plusieurs semaines, mes jambes ne me portèrent plus, et je ne pus ingurgiter qu'un peu de bouillon. Les vers la mangent. J'étais obsédée par cette image. Alors quoi, même si je mourais, je ne la retrouverais pas, maman mangée par les vers ? Rien, il n'y avait donc rien de possible ? Vivre ? Mais vivre ça, dix fois le tour de la cour avec trois culottes pleines de popo sur la tête, les culottes des petites dont je m'occupais ? Vivre ça, ces humiliations répétées, et si je meurs, je ne retrouverai même pas maman ? Des semaines, pour que les sœurs me remettent d'aplomb et puissent de nouveau me frapper. La fille qui n'était rien devait pourtant accomplir ses corvées. La fille qui n'était rien ressemblait à toutes les autres. Non que je puisse enfin me fondre dans la masse, devenir sociable : j'étais encore plus seule, et j'allais passer ma vie dans ce cauchemar. Je cessai simplement de réclamer maman. Une seule personne au monde allait dorénavant pouvoir s'occuper de moi : moi. La terre entière devait être un magma de violence et de méchanceté. Avec parfois un brave oncle Marcel, un portier de monastère compatissant, un boulanger généreux. Êtres trop rares pour que l'embryon d'un espoir puisse naître à propos de la race humaine. Nous étions seules, ma sœur et moi. J'avais huit ans. Un peu trop grande, un peu trop maigre. Du brouillard dans les yeux, un immense vide dans le cœur.

De l'extérieur nous vint une visite. Les Pattyn au parloir. Famille. Alors nous existions ? Les Pattyn se rendirent au parloir. Nous savions, Marie-Claire et moi, que la règle était de ne jamais se plaindre à ceux du dehors des conditions de vie de l'orphelinat. Les sœurs écoutaient toutes les conversations par le petit trou pratiqué dans le mur. Ainsi, elles savaient, ces envoyées de Dieu, que l'éducation qu'elles nous donnaient à coups de fouet risquait d'être mal comprise par le tout-venant. Ainsi, elles n'en étaient pas fières, de leurs méthodes barbares, et si une petite phrase était formulée à un visiteur à propos des sévices quotidiens de l'orphelinat, la correction était si violente que personne ne cherchait plus à divulguer ces secrets. Les Pattyn au parloir. Mais c'était encore la vieille, la sorcière, qui cherchait à nous récupérer. Comme il devait penser à nous, l'amputé, pour envoyer sa mère nous chercher ! Quel acharnement farouche à nous vouloir ! Elle avait dû se renseigner, aller frapper aux portes des oncles et tantes, pour ensuite se déplacer jusqu'à l'orphelinat. Voulait-elle toucher l'argent de l'assurance, en nous récupérant ? Elle fut en tout cas refoulée par les sœurs. Seule Marie-Claire aperçut cette femme qui se glissait dans chaque entrebâillement pour tenter de nous saisir de ses doigts crochus. Les Pattyn repartirent du parloir. C'était donc la seule famille que nous possédions ? L'autre visite fut celle de l'oncle Georges.

Il représentait pour moi ce papa âgé, gentil, que nous n'avions pas eu. Il venait avec des vêtements neufs, que les sœurs réquisitionnaient immédiatement. En ce jeudi, jour de parloir, Marie-Claire était à ses corvées et ne put venir, si bien que j'allai seule à la visite, impressionnée mais presque fière. Elles étaient là, nos harpies, derrière la petite lucarne, elles pouvaient bien écouter, je m'en fichais, mon oncle était venu... Son paquet de friandises fut vite cantiné, et je n'eus droit qu'à sauter sur ses genoux, enfin petite, rose de bonheur. Mon oncle était venu, à vélo, il avait acheté les bonbons rouges qu'on avait distribués aux autres mais qu'importe, il avait fait cet effort. L'aîné de la tribu venait voir les enfants de la petite sœur morte. J'existais, et la vision des vers dévorant maman s'estompait un peu, son grand frère était venu.

Je me mis à attendre, ensuite, le retour de l'oncle Georges. Il représentait le seul lien avec notre famille. Personne ne savait écrire, chez nous, nous ne savions rien de ce qu'il advenait de nos frères. Marie-Claire me rassurait de sa présence discrète, parfois elle me protégeait, moi la petite, en me donnant sa culotte propre lorsque j'avais sali la mienne, prenant ainsi les coups à ma place. Je commençais à avoir une sœur. Une vraie. A moi. Nous avions si peu l'habitude de parler, chez nous. Quelques mots, un regard pour simplement offrir un baume à notre solitude. Marie-Claire, de loin, sans mots. Se parler coûtait trop cher. La princesse noire, derrière ses fenêtres, aimait à nous dénoncer, et les coups pleuvaient alors sans hésitation. Quel mal faisais-je donc à la communauté en échangeant quelques mots avec ma sœur, et pourquoi l'étrange mascotte prenait-elle ce malin plaisir à nous montrer du doigt ? Bien sûr, la famille ne représentait rien pour elle. Ses trois demi-sœurs, elles aussi à l'orphelinat, la haïssaient, et elle le leur rendait bien. Quand on possède à son service six mamans, on n'a guère besoin de s'encombrer de sœurs.

Les sœurs habitaient, avec leur protégée, les appartements du rez-de-chaussée, qu'on appelait les « interdits ». Quelques filles avaient réussi à s'y glisser, et racontaient, tremblantes de fierté, cette aventure en territoire inconnu. La moquette rouge, rouge sang. Les coupes de cristal remplies de fruits, le luxe des meubles, des bibelots, mais surtout les armoires magiques contenant toutes les tenues de la princesse. Les interdits. A outrepasser, quitte à risquer la punition publique, tapis qui pique, culotte baissée et coups de fouet. Un peu plus ou un peu moins... Puisque tout, et même rien, se payait ainsi. Une année à planter le décor, une année pour comprendre la fatalité de notre malédiction. Les fesses rayées par le martinet. Les mains crevassées. Les joues violettes. Une année pour voir maman, le dernier soleil, s'obscurcir puis s'éteindre. Une année pour s'apercevoir que même la mort ne nous délivrerait pas. Plus rien. Tenir, puisque ainsi est faite la nature humaine.

L'été revenait. L'orphelinat allait ouvrir ses lourdes portes pour nous pousser dehors. Retourner chez la tante Alice, avec ses yeux de lapin cuit et son autorité sévère. Chez la tante Alice qui n'aimait pas maman. Là où personne ne me frappait. Pourtant, je n'éprouvais rien de joyeux à voir approcher la date des vacances. Pendant deux mois je serais courbée sur les champs de navets ou de blé, à ramasser à longueur de journée et de semaine les légumes oubliés par la récolte. Vacances, qu'est-ce que ça pouvait bien signifier dans cette région restée au siècle dernier avec ses gamins hagards, son peuple toujours affamé, sa violence ? Chez certains la télévision arrivait, avec des vraies gens parlant dans une boîte, chez beaucoup l'électricité faisait briller ses lumières, mais ici, dans ces cahutes insalubres, où l'eau à la pompe constituait souvent le seul luxe, on n'avait jamais entendu parler de cinéma, d'avion, de machine à laver, on n'ouvrait jamais un livre, on comptait chaque sou d'un budget tellement serré que la moindre pâtisserie passait pour une folie, et dans cette austérité, un jour de vacances signifiait un jour de salaire. École laïque, obligatoire et gratuite. J'avais huit ans et je ne savais pas lire. Mon dos criblé de coups, mes nerfs toujours à vif, j'avais huit ans et je n'étais toujours qu'un animal apeuré. Nous n'étions pas au Moyen Age : nous étions en 1955.

Ailleurs, vivait un monde dont j'ignorais tout. Mon univers n'était que grisaille, entre les hauts murs de l'orphelinat et la petite maison de tante Alice, entre les lavoirs pleins d'eau glacée et les champs de navets.

Les vacances ne signifiaient rien dans une telle misère. « A l'angle de la rue, le bus vous amènera là-bas », nous dit-on. La porte se referma, cette fois derrière nous. Mais ce bruit tant espéré n'était pas synonyme de délivrance. En septembre, on nous collerait dans le bus pour nous renvoyer chez les sœurs. C'était juste un répit, un répit de deux mois.

Le petit bout de voyage dans le gros bus me mit, dès les premiers vrombissements, le cœur au bord des lèvres. Secouée, l'estomac barbouillé, je me concentrai tout le long du trajet pour ne pas vomir, puis le bus s'arrêta. Je donnai la main à ma sœur et nous débarquâmes ainsi dans la petite maison de deux pièces semblable à toutes les autres. Sans flonflons ni fanfare, la petite sauvageonne et la grande brune revenaient pour l'été. Mes cousines, toujours terrorisées par leur mère, nous accueillirent sobrement, et tante Alice se dépêcha de nous faire ranger notre petit balluchon avant de nous emmener aux champs. Seul l'oncle Marcel nous gratifia d'un sourire. Il était abruti de fatigue. Gentil. Absent.

Bien sûr, personne ne nous demanda comment s'était passée notre année. Sans doute connaissaient-ils la réputation de l'orphelinat et ne voulaient-ils pas encombrer leur conscience de notre récit larmoyant. Tout était notre faute, après tout. Eux n'y étaient pour rien. Bien gentils déjà de nous prendre pour l'été.

Bien gentils. Pendant deux mois je n'allais pas prendre de coups, si ce n'était ceux du soleil. Pendant deux mois je n'allais pas connaître l'humiliation des culottes souillées sur la tête, ni la peur de la règle ou du martinet. De quoi pouvais-je me plaindre ? Et pourtant, la petite fille battue et violée n'avait pas sa place sur terre. Ni ici ni ailleurs. Ici les coups, là la sécheresse glaçante de tante Alice. Ici ou ailleurs, je n'étais qu'un animal de trop. La présence de Marie-Claire ne changeait rien à ce sentiment écrasant de solitude. En son absence, j'aurais sans doute compris à quel point elle était importante, mais nous étions toutes deux prisonnières d'un passé trop lourd, qui tissait sa camisole de force autour de chacune d'entre nous. Ma maman à moi était morte. La maman de Marie-Claire aussi était morte, et la maman que les adultes jugeaient mourait à nouveau sous les remarques perfides que lâchait tante Alice. L'avenir ressemblait à quatre hauts murs gris.

Nous allions glaner. Les épis de blé picotaient mes jambes, parfois la pluie et la boue rendaient notre travail encore plus pénible. Je m'amusais, pourtant, à faire courir le cheval de labour, et les cris horrifiés de tante Alice faisaient bien moins mal que le martinet de sœur Françoise. Le trop grand vélo tombait souvent, m'emportant dans sa chute, j'étais terrifiée par chaque voiture qui passait, à cause de l'accident de maman, mais nos petites visites à l'oncle Marcel, à la boulange, qui nous accueillait avec son bonnet blanc et ses mains pleines de farine, donnaient un peu d'humanité à ces vacances austères. Marcel nous aimait bien. Il avait toujours une attention pour la petite qui ne riait jamais. Lui qui avait survécu aux camps de concentration, sans doute reconnaissait-il dans nos yeux la douleur de ceux qui ont subi plus qu'un être humain ne peut en supporter. Peut-être aussi aimait-il sa sœur morte, face au harcèlement mauvais des épouses, qui crachaient leur venin contre ces femmes légères voleuses de maris. Me voyant frémir d'effroi en contemplant la course du coq décapité dans le jardin, il faisait bouger les pattes du volatile en tirant sur les tendons, pour tenter de me dérider un peu. Cette compassion ne parvenait cependant pas à traverser les murailles de mon isolement, mais longtemps après, il demeurait pour moi cette figure bienveillante. Et si parfois un maigre sourire naissait sur mes lèvres, un instant volé à l'armée de fantômes cruels qui m'emprisonnaient, c'est à lui que je le devais. Entre cet adulte rescapé et l'enfant sauvage, la douleur s'était faite trait d'union, au lieu de séparer. Mais le travail le grignotait mieux que ne l'avaient fait les nazis. Tante Alice le tuait à la tâche.

Nous rendîmes visite à grand-mère Eugénie. Dans sa cabane de tôle ondulée, elle pleurait son enfant morte, et me serra dans ses bras en répétant que c'est elle qui aurait dû mourir à la place de sa fille. Grand-mère Eugénie était la seule femme à ne pas désavouer maman, la gourgandine qui, prisonnière de ses sens, avait « fait la vie ». Qu'ils se taisent, à la fin, ces respectables adultes bien-pensants ! Seuls nous, ses propres enfants, aurions pu juger ses erreurs, pour en avoir été les victimes, mais pas un instant nous n'y pensions... Grand-mère Eugénie devait presque s'excuser d'aller fleurir la pauvre tombe au cimetière. Elle se cachait pour me prendre dans ses bras, ou pour me donner des petites gaufres séchées qu'elle sortait de sa boîte en fer. Il ne fallait pas le répéter. Et Eugénie me souriait en pleurant. Elle comblait un peu cet immense besoin de tendresse qui était le mien.

Si mes deux frères naviguaient entre l'orphelinat et les oncles, Roger, lui, logeait chez grand-mère. Elle parlait de lui avec affection. Sa cabane ne possédait aucun confort, si ce n'était celui, grandiose, d'un peu de douceur. L'enfant battu depuis sa naissance, sacrifié à un père monstrueux puis à un beau-père tortionnaire, avait vu son calvaire prendre fin un an auparavant. Et si maman lui manquait autant qu'à nous tous, il trouvait en grand-mère la chaleur maternelle qui lui avait tant fait défaut. Grand, beau, avec ses larges yeux bleus pleins de douleur, ses conquêtes étaient multiples ; il vivait, il vivait enfin. Même si tant de souffrances accumulées le mettaient sur le fil du rasoir, au bord d'une folie qui serait son refuge, il était jeune, il avait dix-huit ans, et grand-mère Eugénie aimait ce grand gaillard. A eux deux, ils ressuscitaient un embryon de famille.

L'horizon était large. De sept heures du matin à sept heures du soir, face à cet horizon bleu et doré, nous nous penchions pour ramasser les légumes ou les épis oubliés par la récolte. Vacances courbées, dos cassé, pas de coups, pas d'avenir.

Ma bêtise avec le cheval de labour, qui s'était enfui en traînant sa carriole pleine de patates, nous valut une petite révolution interne. Après le discours bien senti de tante Alice, ses filles et son époux protestèrent : la mer n'était guère loin, tous les enfants de la région y allaient, nous, jamais. Et la tante, acceptant de perdre le bénéfice d'un demi-dimanche de salaire, finit par accepter.

Après la messe du matin, nous partîmes ensemble prendre un bol d'air frais. La mer ! Même si nous n'en avions jamais été éloignés, je ne l'avais jamais vue. La mer s'ouvrit sous mes yeux, comme un champ bleu et gris, sous le ciel d'azur. Les dunes, le sable, et cette eau qui n'en finissait pas. Mes cousines criaient, riaient, se mettaient en culotte et allaient jouer dans l'eau. La honte me revint. Devant ces gens qui insultaient maman, je ne pouvais exposer mes os broyés, la preuve de mes souillures. Ils allaient voir mon coccyx en miettes, ils allaient remarquer les traces du martinet à plomb, ils allaient m'interroger, et que pouvais-je répondre, sinon que j'étais la fille de ma mère et que moi aussi, sans doute, j'avais fauté, pour être ainsi punie. Coupable pour toujours, je restais habillée sur le sable. Recroquevillée, je les regardais, ces étrangers prêts à me condamner, ces étrangers pour qui gambader dans le sable ne présentait aucun danger. La mer s'étalait sous mes yeux pour la première fois. Et j'étais toujours prisonnière.

L'oncle Georges vint, à la fin de ce deuxième été, m'apporter mon nouveau trousseau. Il gérait consciencieusement notre petit pécule, donnait quelques pièces à Alice pour sa générosité, achetait de nouveaux vêtements. Son attention me touchait. On le respectait, lui, et si j'étais toujours l'enfant de la sœur à scandale, lui au moins s'occupait de moi sans agressivité. Il était gentil, l'oncle Georges, et sa visite me donnait l'impression d'exister un minimum.

Pourtant, le petit balluchon rempli de nouveaux vêtements me signifiait que les hauts murs gris m'attendaient. Que j'étais condamnée à être ballottée entre les tortionnaires de l'orphelinat et la tante Alice et ses ragoûts pleins d'yeux. Existait-il autre chose ? Je savais que non. J'étais condamnée à subir jusqu'à la fin de mon enfance cette sinistre routine. Un jour peut-être, j'aurais un âge qui me permettrait de partir, pour être à mon tour femme de ménage ou serveuse, comme maman jadis ; pour être à mon tour violentée par un patron alcoolique. Un jour, je serais propulsée dans ce monde où tous les hommes représentent un danger, où les femmes sont soumises ou acariâtres. Mais dans longtemps, très longtemps, d'ailleurs y arriverais-je un jour, et serait-ce vraiment mieux ? J'étais prisonnière.

Ma tante qui, quand elle tuait les lapins, les dépeçait d'un geste sec, me donna un petit bonnet en fourrure comme elle en fabriquait pour toute la famille. La fin de l'été annonçait déjà l'automne, les brumes et le froid humide. Je partis, de nouveau en compagnie de Marie-Claire, de nouveau dans le gros bus qui me rendait malade. De nouveau, nos balluchons disparurent et nous réintégrâmes nos numéros. De nouveau, Marie-Claire partit chez les grandes. On m'installa dans le petit dortoir où j'avais fini l'année précédente, sans filles violeuses. La sinistre routine reprit.

Trois saisons. Dix mois passèrent, lentement. Je ne réclamais plus ma mère. J'apprenais, je grandissais. Je n'avais pas encore droit à l'école et le catéchisme me parlait de choses obscures. Fondue dans la masse, je ne me fis pas de camarades, je m'appliquai simplement à tenir bon. Sœur Françoise, d'année en année, se faisait plus dure, la princesse noire jouait toujours les dénonciatrices, les coups pleuvaient plus que jamais. Une année à oublier sa propre existence, à taire ses envies, à lutter contre ses angoisses. Une année, mais le beau-père ne m'avait pas quittée : je sursautais à chaque bruit de moteur, je guettais son retour toutes les nuits, terrorisée. J'avais admis la mort de maman, mais pas la sienne. Il allait revenir me torturer. A chaque fois que le soleil baissait à l'horizon, la menace. Il suffisait alors d'une punition publique, culotte baissée, pour que je redevienne la sauvageonne de la cabane. Mais je tenais bon.

Marie-Claire eut treize ans. A la fin de cette seconde année, elle fit une fugue. En pension pour l'été chez l'oncle Georges, elle s'échappa. On lança la police à ses trousses. Tante Marthe, la femme de Georges, se faisait haineuse contre cette petite putain qu'elle avait hébergée sous son toit. Quand on reprit Marie-Claire, après une semaine de recherches, elle lui rasa la tête, comme elle l'avait vu faire à la Libération. Ainsi désignée à la honte, ma sœur fut envoyée en maison de redressement à Boulogne-sur-Mer. Pour mon troisième été chez tante Alice, j'appris l'étrange comportement de ma sœur sans comprendre son geste. Une seule chose m'apparut : j'allais maintenant être plus seule que jamais à l'orphelinat. Le numéro 74 n'aurait plus son numéro 73 avec qui échanger un regard, un sourire. J'avais neuf ans. Où étaient mes frères, quand reverrais-je Marie-Claire ? Encore une année sans lueur d'espoir, encore une année couleur de ragoût et de hauts murs. Privée de ma dernière bouée de sauvetage, je n'étais plus rien.

Puis un jour, une camarade m'apprit à écrire un 1 à côté d'un 0. J'avais dix ans, il y avait deux chiffres à mon âge. Une grande : devenais-je une grande ? Ces deux chiffres me donnèrent un semblant de valeur. Les petites qu'on me confiait pouvaient compter sur moi, je les protégerais, j'étais une grande. Je connaissais bien les règles de Saint-Joseph, à présent, et mon cœur de petite faiblissait quand je croisais un regard effrayé. Les petites bestioles avaient besoin d'amour, j'avais à leur en donner. J'étais une grande.

J'avais dix ans. Nous étions au mois de juin, le ciel était d'un bleu cru, presque impudique. La cloche de six heures sonna, avec son lot de mauvaises nouvelles : je reconnaissais parfaitement la poigne nerveuse de sœur Françoise. J'avais fait mon possible pour que les culottes des petites soient présentables, et dans le groupe que nous avions fini par former, nous nous tenions prêtes à nous sacrifier pour empêcher que nos protégées ne soient battues à mort. Mais sœur Françoise aimait les chairs tendres. Ses punitions étaient de plus en plus sévères, au point que les plus grandes, pourtant soumises à un règlement sans faille, grinçaient des dents. L'amertume au bord des lèvres, nous ne supportions plus l'injustice et la cruauté, le regard de la directrice derrière la fenêtre, les accusations de la princesse noire, ni ces coups que prenaient les plus petites. Mon dos n'était plus qu'un souvenir, ma peau s'était changée en carapace, la douleur était une notion vague qui ne m'atteignait que lorsqu'elle rejoignait l'angoisse. Mais les petites, bouche ouverte de terreur, hurlant leur douleur sur l'estrade, ces petites qui ne comprenaient pas quel crime elles avaient commis pour être à ce point punies, ces petites qu'on appelait par leur numéro, que pouvaient-elles assumer, comment pouvaient-elles survivre à ces accès de furie ? Pour une culotte salie...

La gamine s'enfuyait en criant dans la cour. Une grande était chargée de la rattraper. Monter ces marches, s'agenouiller. A quatre ans. Le plomb, au bout des lanières, entre dans la peau. Le sang coule parfois, faisant de petites auréoles sur les vêtements. Et puis à quatre ans, on est déjà coupable, mon tortionnaire me l'avait savamment expliqué, alors sœur Françoise, dans sa mission rédemptrice, agissait en toute bonne conscience.

La gamine dont j'avais la charge avait fait dans sa culotte. De peur, peut-être. Sœur Françoise avait une haine particulière pour cette enfant-là et elle décida d'employer les grands moyens. Elle dégaina le bâton à clou devant la cour muette et se mit à frapper la petite. La violence montait dans nos poumons, le sang gicla, dans les hurlements, et sœur Françoise tenta de faire taire sa victime à coups de pied.

Était-ce le sang, ou le désespoir total de cette enfant torturée, je me mis à mon tour à crier. On me fit monter sur l'estrade. Je croisai les yeux pleins de larmes de la gamine, et me jetai sur cette sœur que nous haïssions toutes. Je lui arrachai son voile, provoquant des rires de soulagement chez les filles alignées. La sœur tenta l'autorité — « Qu'on aille chercher une corde pour l'attacher » —, mais les filles, en bas, avaient commencé à prendre le relais de ma révolte et se mirent à leur tour à crier : « Arrêtez, arrêtez de frapper ! » La mère supérieure n'y put rien et la bagarre devint générale. Il fallut lancer sur nous des seaux d'eau pour stopper notre fureur. Punies bien sûr, nous allions l'être, mises en quarantaine, mais qu'importe ! Une réaction de refus s'était enfin manifestée, nous avions fait preuve de dignité humaine. Les nuits au cachot, les coups et le régime au pain sec n'y pourraient rien : nous avions gagné cette heure de liberté.

On écrivit aux familles pour dénoncer les révoltées. L'oncle Georges fut convoqué, on l'informa de ma conduite, mais il savait bien, lui, que nous étions maltraitées, et s'en repartit tout aussi placidement qu'il était venu.

La vie devint plus supportable, soudain. Puisque nous existions. Puisque j'étais une grande, celle qui avait arraché le voile de sœur Françoise, celle qui avait risqué sa peau pour défendre une plus petite. Les punitions se firent moins sadiques. Nos tortionnaires avaient vu. Nous leur avions rappelé que nous étions des êtres humains. Et que nous étions deux cents contre six. La routine de l'orphelinat ne changea pas pour autant, bien sûr. Nous restions des gamines à la recherche d'un peu de rêve, mettant autant de passion à collectionner les papiers de Carambar qu'à guetter le retour d'un parent. Espoir illusoire de sortir de cette prison, ou de réunir les fameux deux cents emballages qui rapporteraient le cadeau suprême : un petit baigneur grand comme la main. Un peu de rêve. Pour se consoler de n'être pas sur la liste des chouchoutes et de devoir regarder en salivant les autres déguster les barres au caramel...

Nous restions des enfants. Mais en une seconde, nous avions eu la preuve que les enfants appartiennent à la race humaine.

J'avais dix ans. Aurais-je droit un jour aux bancs de l'école ? Puisque j'avais prouvé que j'existais, me donnerait-on enfin l'autorisation de glisser un doigt dans l'univers des mots ? Nous n'étions pas en l'an 57 avant Jésus-Christ, et pourtant, du haut de mes dix ans, je ne savais pas lire ni écrire, sinon mon âge. Les filles recevaient du courrier, en étaient heureuses pour une semaine, mais ces bouts de papier griffonnés ne signifiaient rien pour moi. Savoir lire. Briser quelques briques des hauts murs. L'envie d'apprendre me hantait. Dans le même temps, mes complexes me faisaient craindre cet apprentissage. Les rumeurs qui parvenaient de l'école n'étaient pas engageantes. Les institutrices, disait-on, étaient méchantes, donnaient elles aussi des coups de règle sur les mains et, raffinement inconnu à l'orphelinat, faisaient tomber le couvercle du pupitre sur le bout des doigts pour faire taire les plus dissipés. Les autres enfants, filles ou garçons, venus parfois de fermes lointaines, n'aimaient guère les orphelines, car on trouve toujours moins bien loti que soi. Ainsi, la possibilité magique de savoir enfin lire et écrire était-elle teintée d'une crainte. Décidément, rien ne pouvait être joli dans cet univers laborieux.

La crainte devint même de l'angoisse, dans mon cœur de grande petite, lorsqu'on m'annonça que j'allais avoir droit moi aussi, enfin, à l'instruction. Demain. La messe de six heures du matin, le petit déjeuner de sept heures puis le départ en rangs serrés à l'immense école communale, tout m'impressionna en ce jour étrange où j'allais découvrir ce nouvel univers brutal. On m'avait soigneusement préparée à cette épreuve, en m'assenant le leitmotiv habituel : « Tu es nulle, tu es moche, tu es bête. Ne rêve pas au certificat d'études, jamais tu ne l'auras. » Sur les bancs de la classe, l'institutrice, à l'accent russe roulant en grosses vagues, eut vite fait de me repérer. « La grrande gigue, va mettrre le bonnet d'âne, et au coin ! » La « grrande gigue », dépassant tous les élèves d'une tête, ne savait plus comment disparaître et se faire oublier. Ils n'avaient pas mes années de retard, ils apprenaient à lire à un âge plus décent que le mien, aussi n'avais-je aucune chance d'échapper à l'animosité de la demoiselle russe au chignon gris. Mes journées de classe se noyèrent dans un bourbier total, à tellement craindre l'humiliation perpétuelle que je ne comprenais rien à ce que j'étais censée apprendre. Pourtant, mon envie de relever ce défi était immense.

Je me mis donc, après mes corvées du soir, à réviser la nuit à la lumière de la bougie. J'achetais, avec un bout de pomme soigneusement conservé ou une chemise de nuit moins trouée, les cahiers de mes camarades. Et lentement, avec avidité, je copiais et recopiais, guettant la visite impromptue d'une sœur. Un pas dans l'escalier et j'éteignais la bougie, serrant mes cahiers contre moi. Au risque de brûler ma chemise de nuit sur la mèche incandescente. Je rêvais si fort à ce certificat d'études qu'un jour je tiendrais dans ma main, portant le nom de la trop grande, de la trop nulle, de la trop moche Patricia, enfin victorieuse.

Mes révisions nocturnes me permettaient à peine de me maintenir au niveau, entre les bonnets d'âne et les railleries des enfants. Même si je cachais soigneusement mon béret de la honte, tous savaient qui, parmi les élèves, appartenait à l'orphelinat Saint-Joseph, et ils allaient parfois jusqu'à nous jeter des pierres, lorsque, escortées par deux sœurs, nous rentrions en fin d'après-midi. Cette hostilité s'ajoutait au malaise général qui empoisonnait notre existence. Nous n'étions que des enfants, avec des désirs d'enfants, mais nous n'avions jamais entr'aperçu de monde souriant, généreux, ouvert à nos problèmes. Puisque, même au sein de l'orphelinat, l'amitié et la solidarité n'existaient pas, que pouvions-nous attendre de ces gosses élevés dans des fermes lointaines, prenant des coups de taloche et mangeant les mêmes sempiternelles pommes de terre que nous ?...

Tout au plus, parfois, me regardait-on comme une bête curieuse et non plus comme une ennemie. La petite fermière aux goûters de rêve, avec ses cheveux de paille et son allure sans grâce, était assise à côté de moi. C'est à peine si nous échangions trois mots dans la journée. Tout n'était pas que haine, puisque j'avais fini par obtenir d'elle qu'elle me rapporte un de ces Petit-Lu largement beurrés que lui confectionnait sa mère. Désir d'enfant auxquel elle avait été sensible. Froide comme une fille du Nord, elle avait un jour sorti de son sac le goûter magique et me l'avait tendu. Mordre, mordre dans cette épaisse couche de beurre salé. Un avant-goût du péché. J'en avais fermé les yeux d'extase. Pauvres soleils gourmands. Ce pain perdu que nous avait préparé maman, avec ce sucre si merveilleux, et ce goûter dont je n'ai pu savourer qu'une bouchée. Soleil voilé, bien sûr, la trop grande, la trop gourde ne sut rester discrète, et le goûter de rêve s'enfuit loin de ma bouche, emporté par l'institutrice russe au chignon gris. Des envies d'enfant, et toujours des adultes pour venir répandre la frustration, briser les plus innocents plaisirs. Ce n'était rien, bien sûr, comparé aux tortures du beau-père. Mais toujours planait l'interdiction absolue de jouir du plus petit moment de la vie. Exister ne devait être qu'une longue punition.

Alors nous nous rattrapions, saisissant n'importe

quelle occasion. Comme ces toilettes, toujours ouvertes. L'obsession des bonnes sœurs était telle qu'à l'école je guettais ce moment de soulagement offert comme une prime, ce moment de liberté qui allait nous éviter la sévère punition du soir. A en déloger l'occupant si occupant il y avait, pour prendre possession de ce lieu à la récréation. Nous battre, c'était bien ce que nous apprenaient nos bonnes sœurs, nous battre, jusque devant les toilettes de l'école communale. Exister ne devait être qu'une longue punition. L'école ne m'apportait aucune joie. Et quand, parfois, à l'orphelinat, une grande partait vers son destin et qu'il fallait la remplacer, j'étais heureuse de laisser mes cahiers et mes crayons pour m'occuper de la lessive. A ne plus savoir qui punissait qui.

Pourtant, nous aussi, nous connaissions moins bien lotis que nous. Chaque jeudi après-midi, les handicapés de l'hospice voisin venaient passer leur sortie en nos murs. Handicapés mentaux, mongoliens pour la plupart, ils traînaient leurs grosses galoches de bois dans la cour et le jardin du fond, sous notre surveillance dégoûtée. C'est qu'ils nous faisaient peur, eux, les anormaux. C'est qu'ils nous donnaient des coups de pied et des coups de griffe, pendant ces après-midi récréatifs où ils pouvaient enfin s'exprimer. Leurs cris, leurs gestes heurtés, et ces coups qui nous couvraient les tibias de bleus, nous les rendaient haïssables. Non que nous eussions voulu profiter de ces jeudis après-midi de repos, comme ceux du dehors, mais les coups de galoche ajoutaient à nos douleurs habituelles. Leur donner la soupe, les voir baver, de leurs yeux fous, avec des crises de démence qui ressemblaient à celles qu'on taisait en nous, justement. Comme s'ils nous montraient que de l'autre côté, celui de la folie, nous aurions pu tout nous permettre. Mais nous, les numéros, les orphelins abandonnés par le monde entier, avions la chance d'être normaux, utilisables, corvéables à merci. Je m'enfuyais dans les vestiaires dès que j'entendais leurs pas de bois sur les dalles. Sœur Françoise savait où me chercher, au milieu des deux cents manteaux, quand je manquais trop longtemps à l'appel. Corvéable. La moindre idée d'une solidarité entre malheureux ne parvenait pas à percer. Se cacher des fous. Se cacher de tout.

Se cacher derrière les arbres, la nuit. Lorsque fut construit le nouveau bâtiment des dortoirs au fond du jardin, les sœurs trouvèrent un nouveau moyen de nous punir, en utilisant la terreur que nous causait le jardin, dès que le soir tombait. Le traverser pour rejoindre le dortoir représentait une véritable épreuve. Tout autour, les hauts murs nous coupaient du monde, mais n'éloignaient pas pour autant le danger. Car l'été, lorsque les arbres fruitiers offraient leurs cadeaux bien mûrs, des maraudeurs grimpaient, sans doute à l'aide d'une corde, le long du mur, et sautaient de notre côté, avec de grands sacs qu'ils remplissaient de fruits. Ils s'en repartaient à la courte échelle, visiteurs terrifiants, que les sœurs entouraient d'une aura diabolique. « Ils vont venir avec leurs grands sacs, vous emporteront dedans et jamais on ne vous reverra. » Et sachant à merveille se servir des circonstances, elles avaient inventé une nouvelle punition : la nuit dehors. Dortoirs fermés à clé, la coupable s'installait en claquant des dents contre un de ces arbres, et passait ainsi la nuit au milieu des ombres mouvantes. Ce n'était pas le froid qui faisait trembler les mâchoires, mais l'angoisse, à tel point que le lieu avait reçu le nom de « jardin des supplices ». Heureusement, les sœurs n'appliquaient cette nouvelle punition qu'en été, mais l'approche du crépuscule me glaçait d'effroi — c'était l'heure où le beau-père lançait sa moto contre ses proies. Bien sûr, j'offris nombre d'occasions aux sœurs de m'appliquer ladite punition, et redevenue animal se terrant d'arbre en arbre, je connus ces heures au frais. Les maraudeurs étaient là, chuchotant, sans se méfier d'une malheureuse gamine recroquevillée. Leur larcin commis, ils s'en repartaient en silence, et les minutes tombaient, lentes, trop lentes, jusqu'à l'aube rédemptrice. En grignotant les fruits à portée de main dans ce qui aurait pu être un jardin d'Éden, en sursautant au moindre bruit, avec des cauchemars surgissant de chaque branche de chaque arbre. Le jardin des supplices méritait bien son nom. Les sœurs ne manquaient pas d'invention.

Et les années passaient. Chaque été, je retrouvais Marie-Claire chez tante Alice. Elle passait deux semaines chez notre tuteur, puis rejoignait la petite maison sale aux draps jamais changés. Elle eut quatorze, puis quinze, puis seize ans, et semblait tenir bon, les dents serrées, attendant les vingt et un ans de sa majorité. Son silence m'était si coutumier que je n'y vis pas le signe d'un malaise. Notre attitude honteuse d'enfants sacrifiés nous collait à la peau. Pourtant, quelque chose obscurcissait son beau regard, lorsqu'elle revenait de ces quinze jours là-bas. De chez l'oncle Georges et la tante Marthe : le gentil oncle qui me prenait sur ses genoux, la méchante tante, avec ses 25 de tension et sa haine de ma sœur. On commençait à détester Marie-Claire pour autre chose que pour la gêne que cette orpheline occasionnait. Sa beauté rappelait trop celle de maman, la fille légère. Le diable, le fameux diable était-il en elle ? Elle était femme, ronde, épanouie. Elle avait des formes. Pour son plus grand malheur, mais j'allais l'apprendre longtemps après. Ces étés-là, elle n'était que ma grande sœur à la présence discrète, rassurante.

Une autre présence commençait à m'apporter son

réconfort. Dieu. J'allais plutôt deux fois qu'une au catéchisme, pour me pénétrer de ces mots emplis de pureté. On me parlait là d'un univers sans viols, sans déchéance. On mettait un nom sur mes fautes. On me donnait l'explication de mon malheur. Dieu. Dieu m'avait envoyé cette épreuve pour la rédemption de mes péchés, Dieu savait que j'avais la force d'y survivre, Dieu me parlait de bonté, de générosité. Ce mal que j'avais en moi, il me l'avait fait payer, cette force que j'avais en moi, il l'avait exaltée. Par cette explication, la seule, l'unique, je pouvais commencer à exister. Enfant de Dieu. Au ciel, reposait maman, au ciel la Vierge Marie veillait sur moi, et aussi le petit Jésus qui avait tant souffert ; au ciel, Dieu ne m'abandonnait pas. Une famille se formait là-haut. J'étais, grâce à cet univers fait de rêves, autre chose qu'un numéro : j'étais une enfant de Dieu. Cette foi dans laquelle je me plongeai avec avidité, avec passion, cette foi en mon existence m'aidait à tout instant. Aime ton prochain comme toi-même. Et même si les sœurs étaient loin de nous montrer l'exemple, je le connaissais, ce prochain, il avait les yeux immenses des petites qu'on nous confiait, il avait ce regard plein de larmes de celle que sœur Françoise avait frappée de son bâton à clou, il avait le sourire de Claudine ma petite protégée. J'avais ce pouvoir, Dieu dans les Écritures m'indiquait que je pouvais rendre la vie de mon prochain plus douce et, par cela, donner un sens à la mienne.

Ma première communion approchait — cet aveu intime d'une appartenance à Dieu. Bien sûr, les sœurs ne pouvaient permettre qu'un tel moment irradie de bonheur. Exister n'était qu'une longue punition. Ainsi, la veille de ce jour béni, on me fit mettre à genoux sur le tapis qui pique. J'y passai la nuit. Pour expier mes fautes, m'avaient-elles dit. Avec l'interdiction de m'asseoir sur mes talons. « Là-haut Dieu te regarde. Il verra si tu es faillible ou si tu es forte. » Et je voulais montrer à Dieu combien grande était la force qu'il m'avait octroyée. Je ne cédai pas à la fatigue. Au petit matin, sans avoir fermé l'œil, sans m'être assise, je regagnai le dortoir pour me préparer au grand jour.

Grand-mère Eugénie fit l'effort merveilleux de se déplacer. Elle vint voir la petite de la petite marcher vers Dieu. Ma douleur aux jambes s'effaçait presque, face à mon émotion. Pourtant, il ne me fut pas accordé de répit : le vilain destin voulut que, dans mes chaussures trop grandes, je glisse sur les dalles, mon cierge à la main, mettant le feu au voile de la communiante me précédant. Après ce petit scandale qui ne fit qu'ajouter à ma réputation de trop grande, trop bête, trop moche, je n'eus plus qu'à ravaler cette nouvelle humiliation. Mais grand-mère Eugénie était venue. Je n'étais pas complètement abandonnée. Dieu dans mon cœur, Maman à ses côtés, et une foi qui rend meilleure. La vie prenait un sens.

J'ai onze ans. En ce dimanche de distribution des corvées, on me désigne le numéro 124 à charge. 124 a deux grands yeux verts, deux nattes blondes, un petit minois pâle. 124 s'appelle Claudine, et à croiser son regard mon cœur se fendille. Claudine, aussi blonde que je suis brune, me ressemble pourtant par sa détresse, Claudine est une petite bestiole de trois ou quatre ans et c'est comme un coup de foudre dans mon thorax.

Pourquoi, avec cette petite-là plutôt qu'une autre, y eut-il cet amour, je ne saurais le dire. Son extrême fragilité. Et peut-être tout l'amour que j'avais à donner trouva-t-il soudain son écrin. J'étais grande, moi, j'étais chef de clan, avec cette conscience que d'autres souffraient et qu'il fallait panser leurs plaies, laver leurs pieds, offrir le meilleur de soi-même. Dieu le disait dans la Bible et je le ressentais si fort. Claudine fut sous ma garde durant deux semaines, puis encore deux semaines. Pour une fois les sœurs ne cherchèrent pas à briser une affection, sans doute parce qu'elles n'en savaient rien. Peu de temps après, l'enfant m'appelait maman.

La belle histoire dura deux ans, j'ignore par quel miracle. Tout le monde, à l'orphelinat, finit par admettre que Patricia n'existait pas sans Claudine, ni Claudine sans Patricia. Le jeu des clans rivaux était d'obtenir la charge de la petite à la distribution du dimanche, mais j'étais prête à tout pour ne pas leur abandonner ma protégée, qui tremblait à l'idée qu'on puisse nous séparer. Et puisqu'elle restait sous ma garde, d'autres grandes s'amusaient à l'attraper pour la frapper. Se battre, toujours se battre. Mais pour elle, je me serais battue jusqu'à épuisement. J'existais dans le bonheur immense de ce mot : maman. Ma vie prit un sens, Jésus avait raison, c'était dans l'amour qu'on portait à l'autre qu'on atteignait sa vraie dimension. Pour Claudine, j'étais prête à rester à l'orphelinat jusqu'à mes seize ans, j'étais prête ensuite à prendre le voile, comme le faisaient certaines grandes, afin de continuer à être corvéable pour l'éternité. Ma gourmandise devenait la sienne, j'étais joyeuse de lui céder le moindre bonbon, la moindre friandise, pour voir un sourire éclairer son petit visage. Lorsqu'elle n'avait pu, du haut de ses trois ans, se retenir, elle se précipitait vers moi pour me donner sa culotte salie, que je lavais prestement au lavoir ou aux robinets, et que je faisais sécher tant bien que mal, par beau temps, sur le petit muret du jardin. N'hésitant pas, si le temps manquait avant la cloche de six heures, à échanger ma grande culotte à laquelle je faisais un nœud, avec la sienne, même souillée, dont je déchirais les élastiques. L'idée que ces cruels corbeaux de malheur, que ces sœurs sans cœur puissent frapper ma petite me faisait bien plus mal que les coups que je prenais à sa place. Dieu l'avait dit. Aimer son prochain comme soi-même. Et puisque ma force était immense, je mettais la barrière plus haut encore. J'aimerais cette petite plus que moi-même, elle était mon enfance pure, elle grandissait sans ce pieu pour l'éventrer, elle vivait les années qu'on m'avait volées. Et elle m'appelait maman.

Grâce à elle, les deux dernières années de l'orphelinat prirent figure humaine. A sept ans, j'étais un lapin pris dans les phares d'une moto, terrorisée par un monde où je n'avais vu que violence. A huit ans, j'avais compris que ma mère ne reviendrait jamais et que j'étais seule au monde, un numéro. Mais le numéro 74, à onze ans, à douze ans, avait reconquis son humanité. J'étais quelqu'un. J'étais la grande, j'étais forte, j'avais compris le message de Dieu, et je me noyais dans les yeux d'une petite fille éperdue de tendresse. Les sœurs pouvaient faire pleuvoir leurs coups, les autres pouvaient se livrer à cette guerre perpétuelle de bêtes sauvages se déchirant au lieu de s'entraider, la petite revivait.

J'ai eu treize ans en mars. Les rares visites de mon oncle Georges me donnent tellement de fierté. Il s'occupe de moi, attentif et plein de cette respectable autorité qui moi, pauvre orpheline, me fait redresser la tête. Comment irais-je chercher du mal dans ses bises un peu glissantes ? Comment irais-je m'inquiéter des regards perdus de ma sœur lorsqu'elle revient de chez lui ? De sa fugue, de son lourd silence ? Comment irais-je penser qu'il porte le même prénom que mon tortionnaire de la cabane — que signifie un prénom, après tout, et puis c'est le grand frère de maman. C'est suffisant pour l'aimer sans condition.

A treize ans, dans cet orphelinat qui a brisé en moi tout espoir, au point que je me suis habituée à n'être qu'un numéro 74 perdu dans la masse, dans mon orphelinat si gris, ensoleillé par les regards de Claudine, je m'apprête à prendre le voile, gagnée par les insidieux rappels de ma honteuse situation : « Tu es une orpheline, jamais personne ne te réclamera, reste ici, tu nous rendras service. » Elles n'ont pas tort, les bonnes sœurs, j'ai fini par leur être bien utile, obéissante et respectée, je connais l'établissement et ses règles sur le bout des doigts, et ma bonne volonté est sans limites. Elles n'ont pas tort, sinon sur un point : l'orpheline a une sœur, et Marie-Claire, qui connaît ces pratiques, sonne l'alarme. De sa maison de redressement, elle prévient l'oncle

Georges que je risque de passer ma vie entre les hauts murs gris de Saint-Joseph, et me fait venir auprès d'elle à Boulogne, dès septembre prochain. On m'annonce une semaine avant les grandes vacances que je quitte définitivement les lieux. J'ai treize ans — treize années mises bout à bout, c'est si peu, et pourtant c'est si long. A treize ans, le destin m'a malaxée pour faire de moi une enfant trop grande, hagarde, mal dégrossie, soumise pour l'éternité. Et soudain, l'avenir s'ouvre. En même temps que la grande porte de l'orphelinat, la lourde porte qui m'avait aspirée six ans plus tôt.

Partir. Une joie monta en moi. Les coups ne s'étaient jamais atténués, je m'étais simplement habituée. Le mépris, la cruauté n'avaient jamais quitté l'attitude des sœurs, et je n'avais cessé de m'entendre répéter à quel point j'étais gourde, moche, trop grande. Même si l'attachement que Claudine et moi avions l'une pour l'autre avait changé ma vie. Partir. Définitivement.

Elles se mirent à pleurer. Pas seulement Claudine. Ces filles que j'avais côtoyées sans affection durant des années laissèrent couler des larmes. Ces filles qui me louaient leurs cahiers de classe en échange de quelque nourriture, ces filles qui jouaient au chacun pour soi, qui ricanaient quand l'institutrice russe me traitait de « grrande gigue », ces filles pleurèrent en entendant la nouvelle de mon départ. Ainsi j'existais aussi dans leur cœur. Ainsi j'étais autre chose que cette inutile orpheline trop bête, souillée pour l'éternité. Cruelle logique des départs, qui rend attachants ceux qu'on a ignorés tant qu'ils étaient présents. Même sœur Françoise, dépitée, me fit répéter l'annonce de mon départ. « Dommage », laissa-t-elle échapper. Non qu'elle eût quelque affection pour moi, mais j'aurais fait une parfaite bête de somme. Dommage... Pouvais-je imaginer que j'allais regretter chaque centimètre de ces hauts murs si longtemps haïs ? Georges et Marthe m'accueillaient pour l'été. Combien de fois m'avait-on rabâché, chez tante Alice, que les séjours chez Georges étaient enviables. Tante Marthe cuisinait à merveille, la maison était grande, parfaitement entretenue, il y avait même une télé, dans le salon impeccable, fermé à clé. Pas de réveil à six heures du matin, pas de journées le dos courbé à glaner dans les champs. Je fis mon baluchon avec une joie non contenue. Une petite angoisse montait néanmoins. Je quittais ma protégée, je quittais un univers sordide, laissant là des victimes sans avenir. Dans la cour, solennellement, j'opérai une passation de pouvoirs. La chef de clan offrait son titre à son bras droit. Claudine, en larmes, s'accrochait désespérément à moi. Elle m'aurait suivie au bout du monde, se lamentait-elle, mais je ne pouvais que lui répéter qu'elle ne pouvait venir avec moi à la maison de redressement. En promettant que je reviendrais. Que je leur rendrais visite. Que je ne les abandonnerais pas. Mon oncle vint signer les papiers.

Mes deux longues nattes, mes petites socquettes blanches, ma valise. Un café au lait dans le ventre, adieu le numéro 74. Je suivis mon oncle dans le car qui rend malade. Je laissais derrière moi six ans de privations et de coups. Sœur Françoise saisit l'énorme clé qui pendait à sa ceinture et ouvrit. Je reviendrai, Claudine, je ne t'oublierai pas. L'avenir s'ouvrait devant moi.

L'oncle Georges avait fait carrière à la SNCF. Agé d'une cinquantaine d'années, il était déjà à la retraite, une retraite confortable grâce à laquelle il jouissait d'un niveau de vie satisfaisant. J'ignorais qu'il avait détourné une somme rondelette sur notre « héritage ». Qu'il pouvait se permettre de donner quelques sous à tante Alice pour les frais que je lui avais occasionnés. Que l'argent qu'il versait à nos orphelinats respectifs et pour nos trousseaux généreusement constitués à chaque rentrée ne grignotait que quelques miettes de la somme globale. Après tout, qu'allions-nous y comprendre, à cette paperasserie complexe ? Désigné tuteur, il n'avait pas perdu au change. Oncle Georges avait le sens de l'organisation.

Tante Marthe était célèbre pour ses 25 de tension. Continuellement sur les nerfs, elle ne savait lancer un ordre sans hurler, et nul n'attendait d'elle la moindre tendresse. Pas même son époux. Rêche et autoritaire, elle entretenait sa maisonnée avec application, fière de sa réputation de fée du logis. La fée du logis et son mari avaient une santé de fer, et trois enfants qui, chacun, moururent dans la fleur de l'âge.

En ce début d'été 1960, ma grande cousine venait de décéder. Morte en couches. Tante Marthe, amère, vouait une haine farouche à son gendre, qu'elle estimait responsable. Rendue plus mauvaise encore par le malheur, elle ne cessait de s'agiter en maugréant, récriminant contre les hommes et leurs désirs pervers, les femmes de mauvaise vie, tout ce qui portait atteinte à la morale. L'oncle Georges, lui, ne parlait jamais de ce décès. Les larmes sont affaire de femmes. Éprouvait-il le moindre sentiment pour ses enfants, ou bien avait-il abandonné toute affection parentale à son épouse ? Difficile à dire — ce géant imposant ne laissait rien paraître. Si ce n'était un intérêt précis pour les pauvres orphelines que la vie lui avait abandonnées.

Mon cousin Yves, de treize ans mon aîné, venait

traîner sa mélancolie une fois par semaine chez ses parents. Doux, gentil, effacé, il était le raté de la famille, celui à qui l'on glisse un billet en haussant les épaules après un petit sermon. Noyant son mal de vivre dans l'alcool, il s'était pris d'affection pour moi, et ses visites me procuraient un rayon de soleil. Il brossait mes longs cheveux, refaisait mes nattes, intervenait parfois quand sa mère criait après moi. Il m'inspirait une pitié mêlée de tendresse. Il allait mourir d'un cancer quelques années plus tard.

Ma dernière cousine venait de mettre au monde des jumeaux. Cette fois, l'accouchement s'était bien passé et tante Marthe, cherchant sans doute à oublier la douleur de la mort de sa première fille, passait ses journées à la clinique, contemplant ses petits-enfants avec passion. Cette cousine, comme sa mère, ne m'aimait guère. Sans doute entendait-elle les commentaires acerbes de tante Marthe sur ma présence à la maison. « Ta mère, cette traînée. Ta sœur, la garce. Et toi, tu vas suivre leur chemin, tu vas aussi aller chercher des hommes sur le port... Mais tu es maigre et plate, tu es laide et bête, alors que ta sœur, cette fille de rien, a des formes... » Pour avoir dormi des mois à côté de leur chambre, sans rien entendre d'autre qu'un calme olympien, j'aurais dû comprendre les discours de ma tante sur ces choses sales que font les prostituées, sur ces actes répugnants qui font grossir les ventres et tuent les filles en couches. La sensualité de ma mère, les formes rondes de ma sœur, tout cela n'éveillait en elle que répulsion. Elle avait dû s'employer à casser tout espoir de folâtrerie chez son mari par quelque grimace bien sentie, accompagnée d'un « j'ai mal à la tête » quotidien. L'oncle Georges, pourtant, était en pleine santé. Depuis combien de temps cet honnête couple n'avait-il pas accompli le devoir conjugal ?

On déballa ma valise. On me fit déjeuner. Oui, la

tante Marthe cuisinait bien, même si la tension qu'elle créait me glaçait. On me montra ma chambre, ou plutôt l'endroit qui m'était assigné, au premier étage après l'escalier, avec son lino jaune, son papier à fleurs et son lit pliant. Comme tout était propre ! Comme tout semblait parfait ! Puis tante Marthe partit visiter ses petits-enfants. L'oncle, toujours affable, s'occupait au jardin. J'étais seule avec lui.

Il constata avec plaisir que la tante nous avait laissés. « Viens, me dit-il, nous allons faire ta toilette. » Un nuage gris apparut dans mon crâne. Il m'entraîna à la cuisine, me donna gant et savon, et resta là. « Nous allons voir comment tu es faite. » Péniblement, je dus me déshabiller, sentant courir dans mes muscles un tremblement. Je connaissais bien ce malaise, même s'il remontait à un passé enfoui dans la cabane. Trop grande, trop maigre, et nue, j'assistai à ses commentaires bon enfant. « Ta sœur, elle, a des seins, de beaux seins. Tu n'as pas de formes, toi. » Le nuage gris devint noir et recouvrit le ciel. Il me touchait, étudiait ma silhouette, me regardait me laver sans me lâcher une seconde des yeux. « Je vais m'occuper de toi. Je vais te faire manger. Il faut que tu grossisses, que tu deviennes belle comme ta sœur. Tu sais, elle ne fait pas de manières, elle. » La terreur me gagna. Je ne comprenais rien. C'était le frère de maman. Il me parlait, me disait des choses impossibles, impossibles, n'est-ce pas ! « Elle ne fait pas de manières. Même quand je l'embrasse. » Je sentis une grosse bouche molle s'écraser sur la mienne. Tabac, vin et oignons crus, je fus happée par cette pieuvre tiède, mon cœur battait à tout rompre et mes doigts se glaçaient. Paralysée, j'attendis qu'il finisse, qu'il me laisse, gardant tout juste assez de force pour tenir encore debout. Il s'en repartit dans l'horreur de ces minutes, je pus me rhabiller, cacher ma honte et mon dégoût. La peur s'installa au chaud dans mon ventre.

La tante revint tard, très tard. Et ses talents de cuisinière ne réussirent pas à me rendre l'appétit. L'estomac noué, je me taisais, encore assommée, encore paralysée par le cauchemar qui s'annonçait et auquel je ne voulais pas croire. L'envie d'aller vomir me taraudait, il fallait manger, manger, alors que l'incompréhensible se préparait, il fallait avaler de la bonne nourriture par cette même bouche qu'il avait violée cet après-midi, et je ne pouvais rien dire, rien expliquer de cette ignominie s'installant avec bonhomie dans la maison proprette. Le frère de maman ! L'autre, à la cabane, n'était qu'un adulte sadique, mais lui, le bon tonton Georges, était le grand frère de maman, il n'avait pas le droit, il n'avait pas le droit ! Tante Marthe ne vit dans mon malaise qu'une raison supplémentaire de me prendre en grippe. L'orpheline maigrichonne qu'avec générosité ils prenaient sous leur toit, la fille de cette méprisable traînée osait chipoter sur la nourriture ! « On va la renvoyer à l'orphelinat si elle minaude comme ça », entendis-je à travers mon brouillard. Et lui, le frère de maman qui avait fait sur moi ces choses répugnantes, mon oncle répondait placidement, signalant que j'étais trop maigre et qu'il était urgent de me remplumer. Il était seul maître à bord, l'oncle Georges, il ordonnait sans brutalité, obtenant une obéissance sans faille. La tante, souriant mièvrement, se le tint pour dit. C'était sa partie, après tout. Tant qu'il ne lui demandait pas de faire ces choses répugnantes au lit, elle était ravie d'exécuter ses ordres.

Les jambes flageolantes, je montai me coucher. Pour le coup, il ne me prit pas sur ses genoux avec ce que je prenais jadis pour de la gentillesse. Le danger avait repris, je n'y collais pas encore de nom ni d'image, j'étais redevenue la bestiole instinctive et j'attendais. Avec l'autre, tout commençait au soir tombant. Gardant précieusement ma culotte, je me glissai dans les draps et, pétrifiée, me mis à guetter chaque bruit.

Son pas lourd fit crisser les marches de l'escalier. Je ne pouvais pas disparaître dans le mur, me rouler en boule comme un drap, j'étais là, sur son chemin. Il se pencha et chuchota : « Alors, la petite, tu dors ? » Mon sang se coagula dans mes veines. D'autres pas m'indiquèrent qu'il se dirigeait vers sa chambre. La porte se ferma. Je relâchai mes muscles. La tante monta à son tour. Je pus enfin reprendre mes esprits quand j'entendis l'ouverture puis de nouveau la fermeture de cette porte qui séparait les deux chambres. Pour cette nuit, j'étais sauvée. Mais demain ?

Je ne dormis pas de la nuit. Chaque bruit me faisait sursauter. Qu'avait-il voulu dire en parlant de ma sœur ? Comment savait-il qu'elle avait de beaux seins ? Et cette bouche écœurante : personne, ni mon beau-père, ni mon frère, ni même cette fille du dortoir de l'orphelinat, n'avait violé ma bouche comme il l'avait fait cet après-midi. Je ne savais qu'une chose : mon univers, en quelques heures, s'était fissuré, et sous peu allait laisser déferler des tonnes de boue prêtes à m'engloutir. Je n'attendis plus jamais le lever du jour comme un signe d'espoir. J'avais trop peur de ce que j'allais découvrir.

Mais ma tante m'informa le lendemain matin, après m'avoir consciencieusement nourrie, que nous irions faire quelques achats en ville. Le trousseau de la pauvre orpheline devait être renouvelé à chaque trimestre. Je respirai. Tant que cette femme revêche était là, je ne risquais rien. Je la suivis dans les rues paisibles de la petite ville. Qu'avais-je à faire des vêtements, j'aurais voulu une robe de bure, une ceinture de chasteté en métal indestructible, dont on aurait à jamais perdu la clé. Premier magasin, second magasin. Et la tante revêche, comme pour me faire entrer dans le crâne à quel point j'étais indésirable, se livra à un jeu apparemment coutumier : obtenir un rabais. Nous fîmes le tour des boutiques. « Cinq francs, cinq francs en moins, la pauvre est orpheline, oh, si vous saviez, sa mère, une femme de peu, est morte dans un accident de moto ; quant à son père, ne m'en parlez pas, oui, nous la prenons pour les vacances mais elle nous coûte cher, même l'orphelinat il faut le payer et puis on n'est pas Crésus vous savez, cinq francs, cinq francs de rabais. » Et chaque robe, chaque jupe, chaque paire de chaussettes donnait lieu à ce déballage sordide. Maman mourait vingt fois. Écœurée, je gardais les yeux au sol, rêvant un jour de me jeter sur cette tante, toutes griffes dehors, pour la faire taire, pour l'étouffer de billets de banque, pour lui expliquer que son honnête mari avait d'étranges manières avec ses nièces... Mais bien sûr je me taisais. Maman mourait bien plus dans la trahison de son frère Georges. Maman ne cessait de mourir, et moi avec, moi déjà tant réduite à néant.

Je haïssais ces beaux vêtements obtenus au prix de ma honte. Encore une raison de ne pas m'aimer, chère tante, sur l'air bien connu de « avec tout ce qu'on fait pour elle ». Je te haïssais, chère tante qui voulait me couper mes longs cheveux, pour me priver de ma seule défense, du seul rideau sous lequel je pouvais cacher ma pudeur. Tu voulais tant nous humilier, nous les filles trop vivantes de la putain morte, tu les avais coupés avec rage, les cheveux de ma sœur, tu l'avais tondue pour que personne n'ignore sa fugue, son infamie, comme si tu n'avais voulu nous laisser aucune chance. Tu aurais avec joie échangé nos pauvres vies contre celle, envolée, de ta fille. Comme si nous étions coupables. Ta peine ne se mêla jamais à la nôtre, la mère privée de son enfant n'eut pas la moindre pitié pour les enfants privés de mère, comme si de ça aussi nous étions coupables. Je te haïssais, tante Marthe, de te montrer si tôt complice de ton infect mari, d'être l'autre partie de l'étau qui me broyait.

Mais je gardai mes cheveux. Je ne gardai que ça, d'ailleurs. Le respectable oncle Georges, notre tuteur, le frère de maman, se chargea de me voler le reste. J'eus beau supplier ma tante de m'emmener avec elle à la clinique, en ce troisième jour, elle me répondit fermement la phrase qu'elle devait me servir sans fin, à chacune de mes tentatives désespérées : « Non, tu as peut-être attrapé des virus ou des maladies à ton orphelinat, pas question de courir le risque de t'amener voir les petits. Reste avec ton oncle, et sois sage. » Je ne l'aimais pas, ma tante Marthe, mais j'aurais donné mon âme pour partir avec elle. En ce troisième jour. La maison retomba, à son départ, dans un calme suspect. Il était là. Il avait quelques heures devant lui. Tout son temps. Il se pressa à peine. Il jeta un dernier coup d'œil à son jardin, où les fleurs côtoyaient les légumes en petits rangs proprets. Rectangulaire, le jardin était entouré de murs qui, s'ils n'étaient pas aussi hauts que ceux de l'orphelinat, ne m'en coupaient pas moins du monde. La véranda ouvrait l'accès au couloir, et à la cave. Il y descendit. Et m'appela.

Quelques marches, et cette petite pièce où s'entassait le charbon. Il se tourna, m'apparut dans la pénombre. Sans doute rêvait-il frénétiquement de ce moment depuis de longs jours, de longues semaines. Je vis son pieu, une main s'avança vers ma tête, et ma bouche fut de nouveau violée, dans cet acte dont j'ignorais l'existence. Il voulait m'étouffer avec son instrument de torture, c'était bien ça ! Il appuyait sur ma tête, je ne pouvais ni tousser ni respirer, prise dans cette tenaille, puis un liquide tiède s'écoula, que je dus avaler malgré la panique de mon incompréhension, et la main qui me retenait prisonnière me lâcha. L'air put reprendre le chemin de mes poumons, mais le sang avait quitté mes veines. Malgré l'été, le froid qui me glaçait les doigts du temps de la cabane s'abattit sur moi. La boue commençait à s'infiltrer dans mes pores. La trahison, le mensonge m'étouffaient tout autant que cette chose visqueuse, et dans cette cave, nouveau théâtre de ma dégradation, je crachai sans espoir. Je portais toujours en moi les mille et une fois où le beau-père m'avait réduite à l'état de bête. Bien sûr, la douleur de l'écartèlement m'avait été épargnée, mais le dégoût et l'incommensurable incompréhension de cet inceste me torturaient. Il fallut pourtant retrouver des jambes et tenir dessus, réaffronter la lumière du jour, le chant des oiseaux et le ciel bleu d'un monde qui une fois de plus m'abandonnait. Lui sifflotait innocemment, dans la plénitude de son bon droit.

Au repas du soir, je réprimai de violents haut-le-cœur. Ma tante ne s'inquiéta guère lorsque, n'y tenant plus, je courus aux toilettes du fond du jardin pour vomir. « C'est l'âge qui tourne. » Mon assiette, proprement remplie, m'attendait sans trouble. L'oncle, détendu, observait mon comportement pour juger des risques qu'il encourait. Constatant rapidement que les orphelines savent se fondre dans la honte et le silence, parfaites esclaves de l'excitante soumission. Il pouvait dormir sur ses deux oreilles. Le plan était diabolique : j'étais terrorisée, les yeux baissés, face à sa haute stature si imposante. Ma tante, dans son criminel aveuglement, lui fournissait sur un plateau une complicité inespérée. Totalement rassuré, mon oncle renversa vite la vapeur : ce fut lui qui m'en voulut. Comme j'étais méchante, désobéissante ! Après tout ce qu'il faisait pour moi. Coupable de quoi ? D'être maigre. Quelle ingratitude ! De n'avoir pas laissé s'épanouir ces formes rondes dont il était si gourmand. Le pauvre homme s'était habitué au corps de ma sœur, comme j'étais cruelle de n'offrir que mes longs membres osseux à ses appétits ! Au troisième soir de ce cauchemar qui allait durer des années, il avait ainsi réussi non seulement à se convaincre de son innocence, mais à me désigner comme coupable ! Et comble d'invraisemblance, ma tante ne tiqua pas une seconde sur l'étrange désir de son mari de me voir grossir. Elle lui donna entièrement raison, ravie de trouver là prétexte à s'acharner sur moi. Au troisième soir, j'étais coincée entre ces deux-là, le pervers et la desséchée, mes tuteurs, mes geôliers.

Une autre nuit sans sommeil. Des heures à tenter de comprendre l'incompréhensible. Trop de douleur. Les coups, les mauvais traitements, la saleté, l'absence de confort, tout, mais pas ça, pas cette trahison. Pas cette douleur qui donne envie de hurler des nuits entières, pour que sorte jusqu'à la dernière goutte l'horreur installée dans chacun de ses nerfs. Et cette pauvre conscience écartelée, qui suit le tictac de la grosse horloge, qui indique que tout cela ne fait que commencer et que ce sera long, tic, très long, tac.

Ce fut au quatrième jour que je compris exactement ce qui m'arrivait. Jusqu'alors, il m'avait fait subir des choses dont j'ignorais l'existence, et si j'avais reconnu le geste glaçant de la ceinture ouverte laissant apparaître le pieu, je n'avais pas saisi pourquoi il ne m'éventrait pas, comme l'autre. Au quatrième jour, il m'appela depuis la cave. La mort dans l'âme, je m'avançai vers cette véranda, gueule de verre béante m'ouvrant la porte des enfers. Les enfers étaient bien là au bas de ces quelques marches, un enfer si quotidien. Il voulait encore mettre sa chose dans ma bouche ? Allait-il me demander cette petite mort tous les jours ? Allais-je réellement subir cette descente à la cave pendant tout l'été ? Les questions se précipitaient dans ma tête trop lourde, pendant que l'escalier sombre se dessinait.

Il était là et l'obscurité donnait à son visage des ombres diaboliques. Son regard. Ce regard qu'un jour j'avais croisé alors que j'avais cinq ans. Ce même regard, d'un tortionnaire à l'autre, dont l'éclat m'affirmait que j'étais prisonnière de leur désir. Qu'ils n'auraient jamais une once de pitié. Que je n'allais servir qu'à ça, à en regretter mon numéro 74, parce que entre leurs mains je n'étais même plus ce numéro, j'étais une machine à assouvir, dont les yeux pleins de larmes ne faisaient qu'exciter leurs sens. Il m'attendait, sa casquette sur la tête, sa casquette qu'il n'enlevait jamais, dégrafant à peine son bleu de travail pour faire rebondir cet engin dressé, toujours dressé, n'attendant que de me souiller. Il se saisit de moi, m'écrasa contre le mur et m'embrassa.

Vertige d'un dégoût qui tord la bouche, le ventre. Si seulement je pouvais devenir folle et m'enfuir. Mais sa main descendit dans ma culotte et ses doigts commencèrent le viol, avant qu'il ne m'embroche.

J'ai treize ans, maman, mais j'ai encore cinq ans et l'angoisse me vrille, je vois les araignées, je sens l'haleine puant l'oignon et le vin, j'entends le souffle court, saccadé, et le bruit de la ceinture dégrafée. Oui, alors je peux avoir peur, toujours plus peur... Ce geste me fait trop mal, ce geste des mille et un viols de la cabane... devenir folle et quitter cette conscience aiguë de tout, mais la douleur n'arrive pas, seulement cette pénétration que je ne connais que trop. Il s'est glissé dans moi, le dégoût, maman, le dégoût de le sentir s'agiter, il était comme l'autre alors, comme l'autre, bien sûr il ne s'arrêtera jamais, comme l'autre...

Il laissa vite jaillir sa semence, et soulagé, repartit. « Tu remonteras des pommes de terre et tu les éplucheras, ta tante va rentrer. » Tout l'été. Le frère de maman. S'était-il aperçu de la facilité avec laquelle il m'avait violée ? Honte des premières souillures, bien sûr il l'a vu, bien sûr il s'est posé des questions : alors quoi, l'orpheline de treize ans, raide et maigre, n'était plus vierge ? Bien sûr, il allait me déconsidérer encore plus, comme s'il avait besoin d'excuses pour agir comme il le faisait ! Si la petite était aussi large et profonde, c'est qu'elle n'avait plus son innocence depuis longtemps !

Tout l'été, maman, ton frère, maman, avec sa casquette et son haleine avinée, tout l'été... et je voudrais me brûler la bouche pour effacer cette odeur, je voudrais une mare pour me laver de cette infamie, mais dans la cave il n'y a que le charbon. Je retire ma culotte tombée à mes chevilles et je m'en frotte la bouche et crache, je rêve d'un filet d'eau, je crache tant et plus. Entre mes jambes, il n'y a pas de sang. Six ans passés à l'orphelinat et pourtant mon corps ne s'est jamais refermé sur les éventrations que j'ai subies avec l'autre. Pas de sang, mais la paralysie gagne mon crâne, je tente de m'essuyer avec mon pauvre bout de culotte, en sentant ces coulures qui ne m'appartiennent pas, qui me diluent d'horreur. Il faut faire disparaître ce moment, l'enterrer, je vois ce tas de charbon qui attend patiemment l'hiver, et en son centre noir, je glisse la culotte souillée. Il a dit de remonter des pommes de terre. Il a dit que tante Marthe allait bientôt rentrer. Dans la petite cave voisine, les patates sont là, j'obéis, je les remonte. Je vais mourir. Je suis malheureuse à en crever. C'est ton frère, maman. Je vais mourir, cette gifle m'assomme, il a dit d'éplucher les pommes de terre pour le dîner. Il va manger. Il va boire son vin. Elle va me regarder et râler parce que je n'arrive pas à avaler une bouchée. Tous les deux me tiennent, lui le tuteur qui a tout pouvoir sur moi, elle sa complice involontaire, hystérique et obéissante, lui le géant débonnaire, elle et sa bonne conscience. Maman, comme toi personne ne m'a jamais appris l'insoumission, comme toi je suis prisonnière des adultes, de ces milliers d'adultes qui tous ont juré ma perte. Je suis si seule, maman, si seule...

En quatre jours, tout avait été dit, tout avait été fait. En quatre jours, je venais d'être proprement anéantie. Lui le brave oncle et elle la tante revêche, ils pouvaient bien me répéter que j'avais treize ans, ils parlaient à une petite fille écrasée par terre, ils parlaient à une boule d'angoisse et de dégoût, sans âge, avec comme seule force cet instinct de survie gravé dans les veines. Et la peur absolue que quelqu'un devine ce que je venais de subir. On m'avait tant et tant assené que j'étais coupable, que ma mère et ma sœur étaient des putains du port, que nous avions ça dans les gènes, que nous étions des moins que rien et que Dieu savait ce qu'il faisait. Me taire.

Me taire comme à la cabane, lors de cette première fois où j'avais essayé avec toute l'énergie de mon désespoir de ne rien laisser paraître. Me taire parce que sinon... Je n'avais jamais été plus loin que le « sinon ». Je m'épuisais déjà à combattre cette boue et cette honte, où aurais-je pu trouver la force de dire non, de me persuader que mon oncle était coupable pour ensuite en convaincre les autres, tous les autres, en leur fournissant des preuves, tous les autres qui respectaient l'honnête cheminot à la retraite, cette forteresse d'adultes bien-pensants qui savaient déjà tant de choses sur ma mère, sur ma sœur tondue... Mon unique défaut était d'être née femme dans un monde d'hommes. Mon unique faute. Je pouvais bien rester maigre, recroqueviller mon grand corps sans grâce, baisser les yeux et choisir des vêtements larges, longs et laids, je pouvais bien me taire et m'aplatir contre les murs en prenant la couleur des murailles, il allait se trouver des milliers d'adultes pour me montrer du doigt en affirmant que j'avais excité mon oncle par mon attitude. Puisque l'homme, avec son désir dressé, a tous les droits, puisque la femme porte en elle le diable. J'étais coupable. Définitivement coupable.

Alors je roulai en boule ma petite culotte après l'avoir salie en m'essuyant et la cachai dans le charbon. Alors je courus jusqu'au robinet pour tenter de me laver, puis me précipitai dans l'armoire pour attraper une culotte neuve. Propre. Par quel mystère y avait-il toujours la même pile de culottes dans cette armoire ? Tout au long de ces étés violeurs, mon oncle, malin, allait en acheter des dizaines dont il garnissait l'armoire discrètement. Des dizaines de culottes neuves pour des dizaines de viols. Et dans le charbon, des dizaines de petites boules chiffonnées, qu'en hiver ils risquaient de découvrir, mais dont je n'ai jamais entendu parler...

A table, le liquide maudit, et puant, coulait encore entre mes jambes. Ma tante était là, s'acharnant à me gaver, et lorsque je détalais aux toilettes pour vomir, elle se contentait de hausser les épaules. Et toujours cette assiette remplie qui m'attendait. L'oncle avait dit : il fallait grossir. Je ne grossissais pas.

Je regardais le calendrier des PTT accroché au mur. Je comptais les jours. Puisque je savais enfin compter Je comptais les années. Nous étions au début d'un été de deux mois et demi. Et j'étais à huit ans de ma majorité. L'oncle avait tous pouvoirs sur moi. Deux mois et demi, chaque dimanche la visite d'Yves m'épargnait un après-midi d'horreur, mais il restait tous ces lundis, ces mardis, ces mercredis, toutes ces semaines où ma tante partait avec une satisfaction non dissimulée, me laissant seule avec cet ogre et ses grosses chemises à carreaux, ses bleus de travail et cette casquette qu'il n'enlevait jamais. Quatre jours seulement pour me donner le programme des huit ans de réjouissances qui m'attendaient. Je ne voyais que ça, dans la cuisine impeccable, le calendrier et ses paisibles mois illustrés par un gros chat persan. Quand il montait se coucher, toujours le premier, je guettais son pas, recroquevillée dans mon lit. Il se penchait, attentif, et glissait une main entre mes jambes, dernier viol, dernière humiliation. Je le voyais ensuite sucer son doigt avant de rejoindre son lit qui n'était plus conjugal depuis longtemps. La journée s'achevait seulement à ce moment-là, ma peau brûlait à l'endroit où il m'avait touchée, des larmes de révolte faisaient trembler mes paupières, une nuit noyée de cauchemars m'attendait avant que le lendemain me replonge dans ce cycle infernal.

Un été de solitude extrême. Les visites étaient trop rares — un voisin, un oncle ou le facteur ; et je pouvais alors grappiller quelques instants de tranquillité. Quelques instants dans un océan d'abjection. L'oncle ne se contentait pas de me violer dans la cave. Son dernier geste avant d'aller dormir, son doigt glissé, m'indiquait que je n'aurais pas de répit. J'allais être l'objet de tous ses défoulements, après des années de frustration auprès d'une trop sèche épouse. Dès qu'il me voyait me glisser aux toilettes du fond du jardin, il accourait et collait son oreille à la porte. Il me volait même cette intimité-là, et lorsque ma tante était absente, il m'attrapait à la sortie pour me faire descendre à la cave. Ainsi, lorsqu'un voisin tapait à la porte, je pouvais me précipiter aux toilettes sans crainte, utilisant ce pauvre garde-fou pour me soulager de cette oppression. Quelques secondes. Après quoi, l'oppression continuait. Ses yeux ne me quittaient pas. S'y ajoutaient les réflexions de ma tante, récriminant parce que, malgré le régime de faveur qu'elle m'offrait, mon corps ne voulait pas changer. On m'étudiait comme une statue, on me levait les bras, on me touchait les hanches, on suivait le parcours du gant, et elle semblait si complice, la respectable tante, ne voyait-elle pas que son respectable mari serrait les dents, ricanant de ce qu'il allait faire de ce corps dès qu'elle s'absenterait ? Elle semblait si complice, dans son application à me nourrir, comme si elle aussi violait mon ventre, comme si elle aussi voulait me rentrer dedans. Si complice dans ses refus de m'emmener en ville, n'importe où, au bout du monde, loin de ce type qui piétinait la vie sans aucune pitié.

Mais elle n'y comprenait rien, la respectable tante. Lorsque le maître de maison ouvrait le salon fermé à clé et s'installait devant la télé, elle préparait le torchon qui cacherait l'écran au cas où une image choquante viendrait à apparaître à mes yeux innocents. Une image choquante... Deux êtres s'aimaient, ils étaient jeunes, beaux et s'embrassaient en serrant bien les lèvres, baisers de cinéma. La tante bondissait. Le torchon recouvrait le joli tableau mouvant. Ils étaient jeunes, ils étaient beaux. Que ne bondissait-elle pour recouvrir son mari du même torchon, lorsqu'il sortait son sexe, dans la cave, et me l'enfonçait dans la bouche, lorsqu'il écrasait ses grosses lèvres avinées sur les miennes ; il n'était pas jeune, il n'était pas beau, lui, il ne me demandait pas mon avis, mais la télé montrait bien qu'il existait autre chose, cette chose qui choquait tant ma tante. Eh oui, les garçons avec leurs beaux visages, fleur à la bouche et doux regard, ne pouvaient apporter que des ennuis. Elle regardait avec émotion les portraits de sa fille morte, qui trônaient dans le salon, maudissant ces hommes engrosseurs. Elle vivait auprès de l'individu le plus abject de toute la ville, dont elle était la plus exemplaire complice, et ne se rendait compte de rien...

Rien non plus dans ces disputes à mon sujet. Elle ne m'aimait pas, et le criait haut et fort. Puisque je ne voulais pas grossir malgré sa bonne cuisine, puisque j'étais encombrante et inutile, il suffisait de me refourguer à l'orphelinat. « Elle nous coûte trop cher », lançait-elle, excédée, à l'oncle Georges. Qui savait contrer l'argument. L'assurance payait. La fameuse assurance qui avait versé des millions, et il en savait quelque chose, avec ses détournements éhontés. « Qu'elle aille à la maison de redressement avec sa traînée de sœur. » Et je rêvais de la retrouver, ma traînée de sœur qui me manquait éperdument, mais l'oncle répondait, tout aussi assuré : « Elle est inscrite là-bas, mais la rentrée n'est que le 15 septembre. » Il était le chef. Qu'elle râle, il savait ce qu'il voulait, on l'avait privé de son joujou, Marie-Claire, il avait bien le droit de se consoler avec moi. D'autant que si je n'avais pas les formes avantageuses de ma sœur, j'avais cette fraîcheur affolée qui devait l'exciter au plus haut point. Peut-être Marie-Claire, avec ses dix-sept ans, prenait-elle un peu d'assurance, peut-être se laissait-elle moins manipuler. J'étais la proie idéale.

Et la proie idéale continuait d'être convoquée à la

cave, parfois même quelques minutes après le départ de ma tante. Si sûr de lui, l'oncle, si sûr de son piège parfait. Les araignées me menaçaient, ajoutant à l'angoisse de ces moments de désintégration. Leurs pattes, comme sa grosse bouche, allaient me recouvrir, me dévorer, elles pouvaient à tout instant me parcourir et j'étais là coincée, plaquée contre le mur, victime de ces répugnantes étreintes. Les araignées et mon oncle, immenses dans mes rêves, m'engloutissaient, et toujours cette bouche, comme s'il ne pouvait pas se contenter de salir ce qui l'était déjà depuis des années. La haine me faisait vaciller lorsqu'il cherchait à m'embrasser après m'avoir obligée à avaler son sexe. Le dégoût qu'il provoquait en moi atteignait alors son comble. Se relever, frotter sa bouche, cacher le slip sale, remonter. Parfois deux fois par jour. Savoir que le lendemain ne serait pas différent. Savoir qu'il resterait encore un mois, trois semaines. Et huit ans.

Quand le cousin Yves proposa d'aller à la mer, je ne pus cacher ma joie. Une journée entière loin de cette maison maudite, une journée entière au grand air, sans cave ni araignées, bien protégée au sein de la respectable famille. Brave cousin Yves, retroussant ses pantalons sur ses maigres mollets pour aller faire trempette, tandis que la chère tante et ses 25 de tension s'installait sur son pliant, au soleil, un mouchoir sur la tête, un mouchoir à rayures violettes avec un nœud à chaque angle. L'oncle allait et venait, trop surveillé pour oser le moindre geste. Il ouvrait aussi son pliant, et avec son sourire débonnaire, grignotait les biscuits qu'il partageait avec moi, « il faut qu'elle profite ». Je ne profitais pas, mais il ne perdait pas patience, prenant sans doute un malin plaisir à me traiter en maigre orpheline avec une attention toute paternelle. Quel beau tableau, quel oncle et tuteur généreux, quelle famille unie, sur la plage de Malo-les-Bains ! Et cette petite, sans papa ni maman, trouvant un réconfort chaleureux au sein de ce couple meurtri par la perte d'un enfant. La veille, il m'avait prise deux fois dans la cave, pour se délasser de son jardinage. Et il devait déjà se préparer aux festivités du lendemain, là, en me tendant les gros biscuits sous la mine renfrognée de tante Marthe...

Touchant tableau aussi que ce grand frère se démenant pour faire revenir la dépouille mortelle de maman, perdue dans un village lointain, auprès des siens. « Ici, elle sera chez elle, et vous, les enfants, vous pourrez enfin aller vous recueillir sur sa tombe. » Maman, maman de retour, six ans que maman était morte, loin, si loin, maman allait revenir, et là l'oncle n'osera plus, n'est-ce pas maman, il n'osera plus me toucher, me blesser, me tuer chaque jour, maman, tu vas revenir et tout va s'arranger, n'est-ce pas ! Les paperasseries étaient longues, mais l'été prochain, promettait-il, maman serait parmi nous. Et la tante d'encore grogner : « Tu en fais trop pour ces souillons, tu es trop généreux. » Généreux, attentif, dévoué. Qui, au monde, m'aurait crue ?... Qui, au monde, aurait écouté dix secondes ma plainte ? Mais maman allait revenir. Bientôt, à la maison de redressement, je serais avec Marie-Claire ma seconde maman, puis l'été prochain, et là, et là tout irait bien. Pour toujours.

Il ne restait qu'une semaine. La rentrée. La fin de cet été de malheur. Si seulement les sœurs de la maison de redressement pouvaient me garder, me retenir prisonnière jusqu'à mes vingt et un ans... Marie-Claire y avait passé son été, la tante Marthe n'avait pas voulu d'elle, et avait obtenu gain de cause. Alors moi, si triste, si maigre, si désobéissante, elle allait me refuser aussi, non ? Et on hausserait les épaules, chez les autres oncles et tantes : la petite était comme une reine chez Marthe qui fait de si bonnes frites, et pourtant elle a été si désagréable que tante Marthe n'en veut plus. Mon Dieu, si tout cela pouvait se produire, plus qu'une semaine entre les mains de ce type répugnant et adieu le calvaire... On ferait comme Marie-Claire a dit, on trouverait un trésor et on partirait dans un pays où personne ne nous connaîtrait. Je commençais tout juste à apprendre le conditionnel...

Tante Marthe refit, en me traînant, le tour des magasins pour le trousseau d'automne. Mais pour le coup, l'humiliation des rabais accordés à la pauvre orpheline me fit moins de mal. Je partais. Je réclamais d'informes chemisiers, des gilets trop larges, des jupes bien épaisses et bien grises pour que rien dans mes vêtements ne puisse déclencher le moindre désir chez l'ogre, et la tante, sans doute surprise de mon puritanisme, acceptait de bon cœur. Il râla, l'oncle, du peu de goût qu'avaient ces idiotes en matière d'habillement, mais rien ne m'atteignait. J'allais partir.

Puis le jour arriva. Je dus supporter sa présence jusqu'au bout, puisqu'il fit le trajet en train avec moi. La centaine de kilomètres qui séparaient Boulogne du petit bourg se fit dans un silence total. Tout en lui me répugnait, à devenir sourde, aveugle et muette pour échapper à ce cauchemar. Je ne supportais même plus l'idée d'un regard posé sur lui. Nous descendîmes du train, avant de nous attaquer à la longue montée. Il nous restait une bonne heure et demie de marche pour gravir le chemin menant à ce monastère perché. Je trottais devant, comme si le diable était à mes trousses. Le diable marchait derrière en portant ma valise et le bruit de ses pas sur le gravier me donnait envie de courir. La vision de mes pauvres culottes dans le charbon me revenait — combien y en avait-il ?... une soixantaine, ils allaient tomber dessus, bien sûr... Et, à travers l'horreur qu'il me procurait, je cherchais à comprendre, et n'y comprenais rien. C'était le frère de maman. Où avait-il trouvé l'audace insensée, monstrueuse, de trahir à ce point la mémoire d'une morte, ainsi que toutes les valeurs chrétiennes ? Dieu le regardait, de là-haut, n'est-ce pas, mais pourquoi ne le craignait-il pas, pourquoi s'autorisait-il à commettre une telle barbarie ?... Dans mes pas je me jetai bras ouverts vers la grande porte qui, cette fois, me protégerait. Plus que quelques mètres.

Et la grande porte s'ouvrit. L'oncle si généreux, si attentif, déposa ma valise, ainsi que des consignes : je devais grossir. Manger. Prendre des formes. Ce retard n'était pas normal pour mon âge. Le pervers poussa le vice jusqu'à demander à la mère supérieure de me fabriquer selon ses désirs. Marie-Claire fut convoquée. Elle me vit et me sauta au cou. Se doutait-elle de quelque chose : elle me demanda haut et fort comment s'était passé cet été chez l'oncle. Le sourire de la mère supérieure en disait long sur la bonté et la fraternité qu'elle voyait dans cette scène. Elle ne saisit pas le raidissement de Marie-Claire quand celle-ci dut faire la bise à son oncle si généreux. Ni le vide qui soudain s'empara de son regard.

III

... à la maison de redressement

La maison de redressement n'était pas un monastère, mais en avait toutes les apparences. Perchée sur une colline, encadrée de hauts murs, loin de la ville, elle était dirigée de main de maître par une femme admirable, mère Pierre du Christ. La loi était stricte : les jeunes filles ici enfermées l'étaient suite à un jugement, et devaient accéder à leur rédemption par une obéissance totale au règlement. Le passé, tout d'abord, était effacé : les filles changeaient de prénom et personne ne devait connaître la véritable identité des prisonnières. Pour une raison bien simple et finalement humaine : à leur sortie, les pécheresses pardonnées retrouvaient une existence lavée de tout soupçon. Elles avaient fauté, elles avaient été punies, elles s'offraient ainsi une deuxième chance.

Leur faute aussi devait rester secrète. L'interdiction de parler était de toute façon quasi permanente, mais il ne fallait en aucun cas faire état de ce qui avait provoqué cet enfermement. Apprendre à respecter les règles, apprendre aussi à respecter les individus, qui avaient déjà été punis par la loi et n'avaient guère besoin qu'on les montre du doigt.

Honnête et rigoureux, le règlement cachait néanmoins une hypocrisie flagrante : les pensionnaires mineures étaient rarement enfermées pour vol, violence ou même meurtre. Le crime commis par la plupart des filles tenait en un mot : fugue. Battues, humiliées, sinon victimes d'inceste comme Marie-Claire, elles s'étaient échappées, se mettant hors la loi. Une gamine mineure couverte de bleus ou violée, errant sur les routes sans un sou en poche, était coupable. La loi du silence et de la honte achevait d'emprisonner les filles condamnées, condamnées d'avance. L'impunité de mon oncle, sa bonne conscience n'étaient au fond que le miroir de cette hypocrisie générale. De quoi aurait-il eu peur ? On avait rasé et enfermé Marie-Claire qui avait commis le crime de s'enfuir. Comme Jean-Marie à l'orphelinat, tentant de dénoncer les mauvais traitements meurtriers qu'on infligeait aux enfants. Monde étrange qui écrase les victimes. Monde étrange qui, apprenant ensuite la vérité, s'en offusque et culpabilise les mêmes êtres qu'il a abandonnés en leur demandant pourquoi ils n'ont pas réagi. Les mêmes. Creusant ainsi davantage le fossé séparant les deux clans : les normaux, et nous. Nous appartenions à un autre univers, régi par une barbarie sans nom. Nous étions coupables, ligotées, sacrifiées. Avec pour seul espoir ces vingt et un ans fatidiques qui brillaient à des années-lumière de nous.

Nous n'étions que trois ou quatre à conserver nos prénoms. Je n'avais rien fait, j'avais juste été appelée par ma sœur, le règlement strict ne m'imposait donc nullement de protéger mon identité. J'entrais dans un univers parfaitement réglé, qui ne laissait de place ni à la fantaisie ni à l'injustice.

Mais je venais d'une boue qui m'avait ensevelie, et

le chamboulement de mon pauvre esprit torturé par l'incompréhension ne me permettait pas de devenir, en un claquement de doigts, une jeune fille épanouie et souriante. Malgré la porte solidement refermée derrière moi, j'entrevoyais à peine le trimestre de tranquillité qui m'attendait, obsédée que j'étais par la hantise de retomber dans les griffes de l'ogre. Trois longs mois sans viol, trois longs mois à respirer... Je pouvais laisser mon angoisse se dénouer, lentement, mais ce contraste produisait une étrange alchimie dans mon cerveau, dans mon corps même. Je m'abandonnais au brouillard, je m'offrais au vide. Marie-Claire, qu'ici on appelait Dominique, eut beau me montrer joyeusement le jardin, les bosquets de fleurs, les bâtiments et la cour, je ne voyais rien, si ce n'était la grille qui séparait les grandes des petites. Encore une fois j'allais être abandonnée ? A quelle sauce allais-je être mangée ?

Une sœur nous repéra vite : sœur Pierre de Vérone, surveillante des deux sections, détestait déjà Marie-Claire et se fit un plaisir d'ajouter à sa haine la petite nouvelle. Soit. La sœur aimait cogner sans utiliser d'armes. La sœur était une boxeuse, dont les coups de poing fameux avaient raison de toutes les rébellions. La sœur Pierre de Vérone ne nous aimait pas ? Qu'importait, après tout. Après « tout » : toutes ces violences, toute cette souillure. Qu'importait que celle-là nous rende la vie impossible. La nôtre l'était depuis toujours...

C'est mon premier jour. Je découvre le réfectoire, et son silence absolu. Une sœur lit la Bible, les assiettes sont remplies de ces ragoûts infects, le règlement oblige à tout manger. Le règlement, mais que peut-il contre ce dégoût inscrit dans chacun de mes pores. Prostrée devant cette nourriture, je n'existe pas, je ne suis plus rien, ne cherchant même pas à soulever la fourchette pour goûter du bout des lèvres la bouillie compacte. La mère supérieure me fait signifier personnellement que je suis excusée à cause de ma récente arrivée, mais que dès demain je devrai me plier à la loi de l'établissement. J'aperçois, sous les tables, les petits trafics entre pensionnaires. A l'inverse de l'orphelinat où les privations étaient monnaie courante, il s'agit ici de finir son assiette sans protester. Certaines, plus gourmandes que d'autres, avalent deux, trois rations, comblant ainsi leur boulimie tout en rendant un fier service. Moi, je ne veux pas désobéir ni me faire remarquer, je ne veux rien, sinon disparaître. Marie-Claire demande la permission de s'asseoir à côté de moi. On échange les chaises. Elle me demande, avec douceur, pourquoi je refuse de manger. Sans la regarder, je ne peux articuler que cette phrase ancienne, mille fois répétée alors que je n'étais qu'une toute petite fille : « Je veux maman. » Je suis une petite fille pour l'éternité. Elle ne sait que répondre. Les sœurs ont été gentilles.

Après le dîner, je suis comme un automate la routine silencieuse. Monter aux dortoirs. Lorsque l'alignement est complet dans les couloirs et les escaliers, toutes les pensionnaires se mettent à genoux et chantent la prière, avant de rejoindre leur lit. Je suis placée en bout de dortoir, près du lit de la surveillante. Une sœur dort là, et son intimité n'est protégée que par un paravent. Étonnée, je suis les gestes que je devine en ombres chinoises, avant de comprendre qu'il faut, toujours en silence, faire sa toilette aux lavabos avant de se coucher. De la bonne eau froide, un rituel si coutumier qu'il en est presque rassurant, ces filles qui lavent dans un coin ces serviettes tachées de sang que j'avais observées avec panique à l'orphelinat ; tout cela semble si naturel, et je n'y comprends rien. J'ai juste appris depuis quelques mois que l'horreur des viols n'est pas forcément teintée de rouge.

Au lit, près de la sœur surveillante, j'ai du mal à m'endormir. L'escalier grinçant, le pas lourd de l'oncle, son geste obscène avant d'aller dormir, tout cela me poursuit et je n'ai envie que de crier et de me débattre, loin de lui pourtant, loin de lui. Toutes ces minutes sans répit qui forment une journée, toutes ces minutes à guetter, à craindre le moment haï, toutes ces minutes et celles de la cabane, toutes ces images qui me grignotent les nerfs et me tordent le ventre, il n'y a pas que cette première nuit, il y a le lendemain où je suis traînée à l'école sans pouvoir mettre un mot sur la page blanche, puis à la cantine où l'idée même d'avaler me donne envie de vomir. Je ne dis pas un mot. J'erre dans un univers sans violence, noyée dans ces souvenirs proches qui m'amènent au bord de la folie. On me croit muette. Marie-Claire tente d'être à mes côtés, de me soutenir, mais rien n'y fait. Au bout de trois jours, la mère supérieure, certainement émue par ma détresse, m'envoie à la visite médicale.

Un médecin passait régulièrement. La sœur infirmière lui tendit mon dossier. Il n'y trouva rien de significatif. Il m'interrogea doucement : d'où est-ce que je venais ? Pouvais-je lui répondre que je venais de chez un respectable employé de la SNCF qui abusait de moi chaque jour dans la cave ? Où avais-je passé mes vacances ? En enfer. Chez mon oncle, oui, mon oncle et tuteur. Je secouais la tête pour répondre. Avais-je été battue, ou sous-alimentée ? Je ne saisis pas la perche qu'on me tendait. Je ne voyais rien, n'entendais rien et ne voulais plus rien percevoir de ce monde trop douloureux. Je restais un mur. Il avait sans doute sincèrement envie de m'aider, ce gentil docteur. Et ses questions n'étaient pas innocentes, il avait l'habitude des jeunes filles fugueuses de la maison de redressement de Boulogne-sur-Mer, et ne connaissait que trop les raisons de ces fugues. Mais j'étais prisonnière de mes bourreaux, et me vis prescrire un remontant qui devait m'ouvrir l'appétit. Pendant plusieurs jours, on me laissa à la table de Marie-Claire, qui me nourrissait cuillerée par cuillerée, en me demandant de manger pour maman, pour elle, avec une patience angélique. Petit à petit, une sorte d'appétit me vint, je pus avaler un peu de cette nourriture peu ragoûtante, et Marie-Claire finissait mon assiette. Les consignes de l'oncle restèrent lettre morte : ma sœur prenait des formes, encore des formes, mais je restais totalement plate et maigre. Mais j'y gagnai une sœur complice, présente, tendre, alors que les années précédentes nous avaient plutôt éloignées l'une de l'autre. Avait-elle compris que j'avais eu droit à cet inceste nauséabond qu'elle ne connaissait que trop bien ? Je n'en étais pas sûre. De mon côté, le puzzle se reconstituait, les réflexions de l'oncle à son propos, cette assurance qu'il avait eue à me posséder, tout me faisait comprendre qu'il avait bel et bien abusé d'elle avant de s'attaquer à moi. Cela demeurait flou, bien sûr. Le monde entier était flou et la douleur trop personnelle.

Un automne d'infinie tristesse. Un trimestre à voir dépérir les arbres, à voir s'enfuir les oiseaux. Une saison grise, hantée par les souvenirs de la cabane et par l'idée que les vacances de Noël approchaient. J'avais passé trois mois hors de tout. A l'école, je flottais dans une inconsistance hébétée, malgré les efforts de la maîtresse qui, si elle faisait claquer sa règle, se contentait d'en frapper la table. Elle m'avait dit que j'étais trop en retard pour penser passer mon certificat d'études l'année suivante, mais en cet hiver 1960, je me moquais bien de tous ces diplômes. La date fatidique approchait, la date des vacances de Noël. Je me mis à prier Dieu et tous ses saints pour pouvoir rester enfermée entre ces hauts murs. Marie-Claire me répétait que nous serions ensemble chez la tante Marthe qui faisait de si bonnes frites. Elle me disait que nous aurions des vêtements neufs, que tous les enfants avaient droit aux vacances, mais je pleurais à l'idée de revoir ce type à la bouche baveuse, dont un simple regard était déjà synonyme de viol. La promesse de rester ensemble pour combattre ses assauts me rassura. Marie-Claire était devenue en un trimestre ma seconde maman. Elle saurait me protéger.

Nous prîmes donc le train pour nous rendre là-bas. Nous jurant mutuelle protection. Un mot de la part de ma sœur, et j'aurais pu me réfugier dans ses bras en lui racontant mes malheurs, puisqu'elle était la seule personne au monde à pouvoir me comprendre. Un mot, et nous aurions déversé ce flot de dégoût et de haine qui nous brûlait, mais, comme à la cabane, la loi du silence était respectée. Nous arrivâmes chez l'oncle à reculons, pour nous entendre dire : « Ah non, pas les deux sœurs ici. Toi, Marie-Claire, tu vas chez tante Alice, elle t'attend, l'autobus est au coin de la rue. » J'entendis avec effroi cette sentence, regardai ma sœur qui serrait les dents et ne disait rien, glaciale. Les larmes me montèrent aux yeux : rester quinze jours seule avec ce type ? Je me jetai sur Marie-Claire en pleurant, refusant de la lâcher. Mon oncle, que j'avais connu doux et sournois, fit preuve d'autorité. Il intima à Marie-Claire l'ordre de disparaître et me fit signe de rentrer. Son ton dur et la méchanceté qui suintait de son visage redoublèrent ma haine. La mort dans l'âme, je revis chaque centimètre carré de cette maison haïe. Poser la valise, venir à table, à peine manger, et entendre de nouveau ces réflexions sur ma maigreur. Ne pas quitter la tante des yeux, guetter son départ. Par bonheur, durant l'hiver rigoureux, elle s'absentait moins qu'en été. J'eus de nouveau droit au tour des magasins, à la perpétuelle humiliation assenée avec un plaisir non dissimulé par la respectable tante, qui se frottait les mains à chaque sou grappillé. Mes choix, toujours aussi ciblés, étaient respectés. Au retour, l'oncle découvrit nos achats et céda à une fureur que je ne lui connaissais pas. Il ordonna de rapporter ces oripeaux chez les marchands et de les échanger contre de belles robes plus moulantes, plus courtes, plus seyantes. Ses projets étaient contrariés ; non seulement je n'avais pas grossi, mais je m'accoutrais de vêtements ridicules ! J'encourageai secrètement ma tante à résister, ce qu'elle fit tout naturellement : « Nous avons obtenu des rabais, je ne peux plus les échanger... » Piégés chacun à leurs propres défauts.

Noël approchait, et ma tante n'avait pas quitté la maison, ou trop peu de temps pour permettre à l'oncle de commettre son forfait sans danger. Ce n'étaient que trois jours, mais trois jours volés à la honte. Yves, qui avait appris par le téléphone arabe ma venue, nous rendit visite, retrouva sa petite orpheline et ses longues tresses, et je pus jouir d'une journée supplémentaire de répit. Le soir du 24, nous nous rendîmes à la messe. Le danger était là, me guettant : l'oncle devait fulminer de ne pouvoir assouvir des désirs qui le tenaillaient depuis trois mois. Pris à la gorge par ses fantasmes frustrés, il maîtrisait mal ses accès de colère. Le petit Jésus, dans sa crèche, tendait les bras vers moi.

Tante Marthe annonça que, le lendemain, elle irait rendre visite à ses petits-enfants. Un poids s'abattit sur moi. Je tentai désespérément de la convaincre de m'emmener avec elle, mais son refus claqua : « Tu n'es qu'une pauvre orpheline laide, personne ne voudra jouer avec toi. » Si elle avait pu seulement imaginer quel cadeau elle offrait à son époux qui n'attendait que ce moment depuis mon retour... Si elle avait su à quel point je la maudissais, de toute mon âme, de tout mon cœur. Si seulement elle avait su...

A la toilette du 25 décembre, elle y alla même de ses commentaires. « Regarde, Georges, elle est maigre, c'est pas possible ; sa sœur à c't'âge-là avait déjà ses règles, non mais regarde ! » Et il regardait, l'oncle, il regardait attentivement, n'en perdant pas une goutte. La boue revenait m'engloutir. Puis la tante, pomponnée, guillerette, s'en alla retrouver les soleils de sa vie, ces merveilleux bambins qui ne voulaient pas voir l'orpheline. J'étais seule. Livrée comme un lapin de garenne à la toute-puissance du chasseur. Dans la cave, m'attrapant au collet, l'oncle fit taire mes gémissements en me menaçant : « Si tu ne te tiens pas tranquille, si tu ne m'obéis pas et si tu parles à quelqu'un de ça, je vous laisse croupir, toi et ta sœur, dans la maison de redressement jusqu'à la fin de votre vie. J'ai tous les droits sur vous, tu m'entends ? »

Sa voix était dure, sa moue mauvaise. Je fus clouée brutalement au mur. Tout recommençait, les araignées, le dégoût, la haine, cette odeur d'oignon et de vin sur ma bouche, et la honte en linceul. A cette tempête déferlante, s'ajoutait dorénavant la terreur qu'il m'inspirait avec ses menaces. Clouée, immobile, muette. Lui, soulagé, reboutonnait sa braguette et s'en remontait de son pas lourd vers le jardin, en m'ordonnant de me tenir prête pour le retour de ma tante. La force me manqua, je me retrouvai recroquevillée sur la terre noire de la cave, pleurant toutes les larmes de mon corps. J'avais de nouveau cinq ans. Je ne mourais même pas. Si quelqu'un pouvait m'arracher le crâne, me crever les yeux, pour que je ne ressente plus rien, pour que je devienne réellement cet objet dont ils s'amusaient tous. Je finis par me lever, arrachant rageusement ma culotte pour la glisser dans le charbon. Une révolte naquit en moi, lointaine, imperceptible. « Un jour. Un jour, je m'en sortirai. Un jour, le cauchemar s'arrêtera. » La tante revint innocemment de son après-midi familial. Je ne pus rien avaler de son repas de fête.

Durant ces quinze jours, nous ne fûmes seuls que trois ou quatre jours de trop, mais j'avais échappé à la petite mort quotidienne. Je me sentais sale, terriblement sale, je rêvais, en faisant la vaisselle, de me frotter ces endroits violés avec le désinfectant et l'éponge en métal. Me purifier de cette insupportable souillure, devenir aussi lisse et propre que la bassine de plastique, mais c'était impossible, n'est-ce pas, même Marie-Claire allait comprendre en me voyant, et la honte m'ensevelirait de nouveau. J'étais sale, dans chaque particule de mon être...

A la rentrée de janvier, la mère supérieure vit encore revenir un petit animal brisé. Elle sentait, elle sentait bien que je souffrais, que quelque chose me terrorisait. Elle me convoqua dans son bureau, sans martinet à plomb, sans tapis qui pique, et plongea son regard dans le mien, mais elle ne pouvait m'aider que si je me décidais à parler. Et je ne parlais pas. « Que s'est-il passé pendant ces vacances ? me demandait-elle. As-tu reçu la paix de Jésus pendant la messe de Noël ? » Pouvais-je raconter à la mère Pierre du Christ qu'à Noël j'avais reçu autre chose, le cadeau le plus abominable, et que si la vision du petit Jésus dans sa crèche m'avait aidée, ni Dieu ni personne n'avait jugé bon de me sauver des griffes de mon bourreau. « As-tu perdu la foi ? » Elle utilisait ses mots, la mère Pierre du Christ. Elle utilisait les notions qui lui étaient familières, pour expliquer mes évanouissements à la cantine, mon regard vide et mes sanglots quotidiens.

Elle me fit venir avec elle à toutes les messes, et j'y trouvai un semblant de réconfort. Appelons ça Dieu, d'accord, donnons un sens religieux à cette abjection, si, grâce à ces mots, mon martyre peut trouver une signification. Pas dupe pour autant, la mère supérieure chercha encore à comprendre. Elle demanda à Marie-Claire de raconter les vacances de Noël et fronça les sourcils quand ma sœur lui annonça que nous avions été séparées, alors que l'oncle avait promis que nous resterions ensemble. Mais elle ne poussa pas plus loin, elle avait vu cet homme généreux qui s'occupait si bien de la santé de ses nièces, qui recommandait avec tendresse que je mange et qui remplissait nos valises de vêtements neufs à chaque trimestre. Il était grand, imposant, il avait une bonne tête, le vieux sadique, et un sourire qui charmait toutes ces dames.

Elle ne pouvait pas comprendre, elle essayait simplement de guérir. A l'école, j'étais souvent en proie à des bouffées de chaleur et, obsédée par le calcul des jours me séparant de Pâques, je laissais bien souvent mon cahier vide. On finit par me faire la grâce d'un régime spécial au réfectoire. Tout ce qui, de près ou de loin, m'évoquait l'odeur de la salive de l'ogre me rendait immédiatement malade. J'arrivais à ingurgiter un peu de fromage, et ce précieux beurre, privilège exceptionnel. En guise de nourriture spirituelle, la mère supérieure me fit don d'une image pieuse où elle traça elle-même quelques lignes, que j'arrivai à lire avec ferveur : « Petite Patricia, dans les angoisses et les perplexités de la vie, invoque Dieu et Il viendra toujours à ton secours. » Elle me parlait de maman, me recommandait de prier, de prier sans cesse. Petit à petit, mon âme s'apaisa. Mais les jours passaient, le printemps gagnait, sur le calendrier l'inéluctable se rapprochait, se rapprochait...

Elle s'appelle Armelle, et ses cheveux blonds, son regard bleu me rappellent ma petite Claudine abandonnée là-bas à l'orphelinat. Comme moi, Armelle est venue, appelée par sa sœur. Elle est timide, douce, et passionnée comme peuvent l'être ces petites filles qui se prennent d'amour pour une camarade. Elle me fait passer des mots. Elle m'y raconte qu'elle voudrait être mon amie, qu'elle m'a souvent peigné les cheveux à la toilette, qu'elle a des défauts. « Je suis coléreuse, révoltée, mais avec une amie je serai gentille. » Elle me dit qu'elle me regarde dans la cour, recroquevillée et solitaire, assise sous le gros chêne. « Je te vois, quand tu tritures les feuilles du chêne et que tu éparpilles les morceaux quand tu te lèves. Après, je viens regarder ces bouts de feuille par terre. » Grâce à Armelle, je relève un peu la tête. On m'écrit. On m'a remarquée, on voudrait être mon amie. Lors des longues promenades du dimanche, où nous avançons en rangs silencieux, Armelle se glisse à côté de moi et réussit à me chuchoter un début de conversation. Sa sœur Sabine, chez les grandes, a commis l'irréparable outrage d'avoir fait des bêtises avec un garçon. Mais Armelle, elle, est pure, belle, si douce. Nous devenons amies, solennellement.

Grâce à elle, les quinze kilomètres de promenade dominicale qui me mettaient les pieds en sang me devinrent plus supportables. Mes pauvres pieds, tordus par la vie à la cabane, étaient comprimés dans les chaussures en similicuir que la tante m'achetait.

Nous allions à la mer, nous faisions connaissance, et l'interdiction de parler rendait plus précieux nos mots échangés. Elle ignorait seulement combien elle me brutalisait en voulant tout savoir de mon passé. Je lui parlais du peu de chose dont je n'avais pas honte. Elle était vive, me racontait comment, son père mort, sa mère qui tenait un magasin avait préféré voir ses deux filles en sécurité à la maison de redressement. Elle était si souvent fatiguée, sa mère, malade aussi. Mais vivante. Elle avait quatorze ans, Armelle, et connaissait beaucoup de choses mystérieuses.

Un jour, ma petite camarade se fait gronder par les sœurs pour avoir sali les draps. De sang. Je suis choquée : qu'a-t-elle subi dans ce lieu pourtant protégé, pour que coule la couleur de la douleur ?... Armelle m'explique qu'à notre âge, ces choses-là arrivent, et reviendront ensuite une fois par mois. Elle me dit que toutes les femmes ont ça, et qu'à partir de ce moment, on peut tomber enceinte et faire des enfants. Je revois le lavoir de l'orphelinat rempli de ces traînées rouges, je revis l'angoisse qui m'avait saisie à la gorge. Naturel ? Mais maman alors ? Maman saignait continuellement, maman battue, son ventre ouvert, la plaie aux agrafes, et le petit pot ébréché que j'allais vider à la mare. Mais Marie-Claire alors ? Marie-Claire est grande, elle aussi a ce sang ? Et moi ? « Tu es en retard », me dit Armelle. En retard. Cette coulée mensuelle me fait horreur. Du sang, là ! Je suis en retard, et je fais la grimace. Puisse Dieu m'accorder de n'avoir jamais cette chose. « Toutes les femmes », me dit Armelle. Je ne serai jamais une femme. Je n'aurai jamais ces attributs, ces seins qui poussent chez la plupart des pensionnaires, ces hanches, ces poils aussi, et ce sang.

Jamais. Il pourra me gaver comme un cochon, l'oncle, il pourra me remplir le ventre à même l'entonnoir, jamais je ne grossirai, jamais je n'aurai ces formes auxquelles il tient tant. Ce sera la seule désobéissance dont je suis capable mais je m'y tiendrai. Et peut-être un jour se lassera-t-il de moi. Je ne serai jamais une femme.

J'eus quatorze ans. Et les vacances de Pâques finirent par rejoindre la course des jours. J'avais beau trouver dans le printemps et la renaissance de la nature une joie païenne, j'avais beau éprouver une joie animale à voir les arbres s'habiller de vert, ma tête était encore pleine de ces interrogations me causant un dégoût fluide. Petite valise, billet de train en poche, la porte se referma pour quinze jours. Nous allâmes prendre le train, Marie-Claire et moi, et je repensai aux lettres qu'Armelle me glissait, Armelle qui se demandait pourquoi je pleurais tant. Je pleurais parce que le moment allait revenir d'être livrée comme un paquet de viande à mon honorable tuteur. Je pleurais parce que, comme d'habitude, Marie-Claire et moi serions séparées, je pleurais parce qu'il me faisait peur, ne m'épargnait rien, me volait tout ce qu'il pouvait me voler. Je pleurais parce que pendant quinze jours j'allais être anéantie, et qu'un trimestre passerait encore, puis les grandes vacances reviendraient, et combien d'années comme ça, sous son emprise...

Le train, le bus. Marie-Claire, qui ne se faisait guère d'illusions, descendit en me tenant la main, et dit bonjour. La tante, tendue et mauvaise, laissa son mari nous accueillir. « Vous allez être contentes, je fais revenir la tombe de votre mère pour l'installer dans notre cimetière. Grand-mère Eugénie est très heureuse. » Je reçus la nouvelle comme un choc :

comment osait-il parler de sa sœur morte, et de sa propre mère, devant ces filles qu'il violait sans vergogne ! Je tentai de retenir Marie-Claire, déjà paniquée par ce qui m'attendait, mais la décision du géant autoritaire était prise et tante Alice avait besoin de ma sœur pour les travaux des champs. Marie-Claire essaya d'obtenir qu'au moins nous restions ensemble une journée, pour nous rendre sur la tombe de notre mère, mais sans pitié il l'envoya prendre son bus. Et dans des pleurs qui le laissèrent de glace, je regardai partir ma sœur. Quinze jours à subir la loi de l'oncle, quinze jours auxquels j'allais devoir survivre, sous le tic-tac de l'horloge, imperturbable...

Le jour de mon arrivée, j'eus droit à l'inspection de mon corps nu exposé dans la cuisine. Mon oncle fut contrarié de constater que je n'avais pas grossi et Marthe continuait à trouver là des raisons de m'en vouloir. La mère supérieure, complice involontaire, leur avait même écrit : « Votre nièce est une enfant renfermée et triste, solitaire, elle mange très peu. D'autre part, elle a les pieds très abîmés, il faudrait la montrer à un médecin. » L'oncle se moquait éperdument de mes pieds, il ne décolérait pas. Sans doute redoutait-il aussi que je finisse par avouer les causes de ma dépression. Mais surtout, son joujou lui désobéissait, sa toute-puissance agissait sur tout, sauf sur mon tour de taille. Sa colère de géant agacé par un moustique me terrifia, mais quelque part dans ma chair, quelque part dans ma haine, je savourai cette infime victoire. David et Goliath. Même si David restait soumis au tyran.

Au deuxième jour, je suivis ma tante dans les magasins, comme de coutume ; au troisième, je me retrouvai seule avec lui. J'avais l'impression que mes maigres muscles allaient exploser, que mes yeux allaient jaillir de leurs orbites, que mon sang allait tourner au vinaigre, tant je repoussais de toutes mes forces l'idée de ces viols à venir. Tranquillement il me convoque, depuis la cave. Je me mis à gémir : « Je ne veux pas, je ne veux tellement pas... Pitié, pitié, j'ai trop peur des araignées. » Il ne finasse pas : « Marie-Claire va s'installer ici l'année prochaine, on va lui trouver un travail. C'est dans votre intérêt que je dis ça : si jamais vous vous montez contre moi, je vous fais boucler ; tu te souviens, tu n'es qu'une orpheline, j'ai tout pouvoir sur toi et sur elle. Si tu n'obéis pas, je vous fais enfermer en prison pour le restant de votre vie. » Et, pressé par l'excitation qui le tenaille depuis trois mois, il me plaque contre le mur et m'embroche rapidement.

La frayeur qu'il venait de me causer par ses nouvelles menaces recouvrit un peu la violence de mon dégoût. Je me mis à penser au sang menstruel dont m'avait parlé Armelle et, en serrant les dents, je commandai à mon corps de ne pas me faire ce cadeau empoisonné. Puisqu'il fallait bien trouver, à chaque fois, des raisons de tenir bon. C'était fini, pantalon rebouclé il remonta, et m'appela. Comme ensuite chaque jour, il me prépara un goûter. Son désir de me voir grossir tournait à l'obsession. Tout en dévorant ses oignons crus qui lui donnaient une transpiration âcre et une haleine chargée, il me regardait mastiquer péniblement mes tartines de confiture, qu'une fois sur deux j'allais vomir ensuite. Au retour de ma tante, il lui ordonna d'aller acheter, à la pharmacie, de la Quintonine pour me donner de l'appétit.

Mais je me suis promis, oncle maudit, que, même gavée à l'entonnoir, je ne prendrais pas un gramme. Mon corps résiste bien. J'ai déjà tant subi à la cabane, oncle maudit, ne peux-tu donc pas m'oublier, me laisser dans mon coin ? Vois comme je suis laide, recroquevillée, souillée, vois comme chacun des pores de ma peau te refuse, laisse-moi, par pitié, laisse-moi. Mais l'oncle s'obstine : il veut une jeune fille correspondant à ses fantasmes, une jeune fille soumise, ronde, épanouie, qui répondra avec un sourire gourmand à tous ses désirs. Ma tante, aveugle, insiste à son tour. Et me refuse une visite pascale chez ma cousine et ses enfants, sous prétexte que je suis une souillon, comme ma sœur, et que je peux leur apporter le vice qui coule dans nos veines maudites. Sans se rendre compte une seconde du monstre auprès duquel elle vit.

Il aime tant le bruit du pipi. Il aime tant me salir encore plus, en me prenant ainsi, juste après. Il se sent tellement dans son bon droit, le droit de son sexe dressé. Rien d'autre n'existe que ce droit-là. Pas une hésitation, pas une émotion, pas un apitoiement. L'oncle ne doute pas, l'oncle bande et rien d'autre ne compte au monde. J'en viens à chercher son regard, au dîner, pour y lire une lueur de remords, une once de pitié. Mais l'oncle ne doute pas. Lorsqu'il pose le seau de charbon près de la chaudière, un seau plein de mes petites culottes salies par son sperme, il lève les yeux sur moi. Lui ricane. Moi je le hais. Mais il a tous les droits.

La fin des quinze jours approchait. Je savais à présent que j'allais partager à la maison de redressement mes derniers moments auprès de Marie-Claire. L'année prochaine, elle devait s'installer là, chez l'oncle. Pour les vacances, que se passerait-il ? Échapperais-je à l'ogre en allant enfin chez Alice et ses draps gris de crasse, ou resterais-je avec ma sœur chez Georges ? Je retournai un peu transformée à la maison de redressement. La résistance de mon corps m'avait donné la très vague idée d'une révolte. Et si, comme Armelle cette année, je tentais de décrocher mon certificat d'études à la fin de l'année prochaine ? Et si dans le travail se cachait une chance d'échapper à cet enfer ? On m'avait si souvent signifié que mon retard scolaire était énorme, et si je prouvais que j'étais capable de tout rattraper en un an, au lieu des deux longues années prévues... L'idée s'insinua dans mon esprit. Pour le moment, je regardais éclore les fleurs d'avril sur les arbres, je regardais les hauts murs couronnés de tessons de bouteille, je regardais Marie-Claire qui était belle et féminine, qui, dans son silence, dégageait une force étrange. Marie-Claire qui ne serait plus là l'année prochaine, Marie-Claire en pension chez notre bourreau.

Un autre la regarde avec des yeux emplis de tendresse. Le jeune prêtre, le père Petit, qui tous les samedis nous confesse puis nous dirige à la chorale. Et nous chantons, nos poumons s'enflent de tout ce qui nous broie, et même si les mots sont en latin et que nous n'y comprenons rien, même si nous ignorons le solfège, la musique qui vient de nos cœurs nous soulève, nous emporte. Il lui sourit, et Marie-Claire la silencieuse respire la grâce, auréolée par ce sourire. Il lui sourit et me sourit aussi, moi la petite sœur, et sa douceur est un baume, sa beauté une consolation, sa pureté une oasis. Est-ce dans cet amour exprimé par les chants que Marie-Claire puise sa force ? Elle va avoir dix-huit ans et refuse de céder à sœur Pierre de Vérone qui exige une obéissance absolue. Doit-elle aux bons soins de la sœur boxeuse d'avoir le nez cassé, ce jour où elle ne baissa pas les yeux malgré les menaces ? Je l'ai retrouvée assommée, à terre, le visage en sang ; elle n'a pas cédé. « Insolente ! » clame la sœur aux coups de poing célèbres, et je hurle en revoyant cette couleur rouge, terrorisée d'être livrée l'année prochaine à cette femme dont la violence me rappelle trop celle du beau-père... Ma sœur à terre... Je revois l'amputé s'acharnant sur elle sous la couverture grise de l'armée. Ma sœur gît à terre, comme cela nous arriva trop souvent, mais Marie-Claire n'a pas cédé, Marie-Claire, belle et sensuelle, martyre silencieuse, a dit non. Et dans son évanouissement, peut-être sourit-elle au jeune prêtre qui sait si bien faire du chœur un cœur battant.

La fin de l'année scolaire s'approchait doucement. Des filles avaient fait le mur, malgré les tessons de bouteille, et au matin des traînées de sang attestaient leurs blessures, et leur détermination. Dehors..., pensais-je, qu'y avait-il de tellement mieux dehors pour qu'elles prennent ainsi tant de risques ?... La gendarmerie était venue, avec des chiens, des chiens-loups dont je ne connaissais que trop la férocité. Chemises de nuit reniflées, la chasse aux fugueuses était lancée. Au bout d'une semaine les criminelles étaient retrouvées et envoyées dans une maison de redressement beaucoup plus sévère. Comme les coups de poing que lançait sœur Pierre de Vérone à celles qui ne finissaient pas leur assiette, après leur avoir enfoncé le visage dans la purée, ces exemples coupaient définitivement court à la moindre velléité d'insurrection. Pour moi, il s'agissait plutôt de rester, de rester le plus longtemps possible enfermée, en sécurité entre ces hauts murs. Mon amie Armelle, vive et douée, venait de décrocher brillamment son certificat d'études, me donnant l'envie de connaître cette même joie l'année suivante. Ma sœur obtint quant à elle son CAP de sténodactylo, ainsi que son diplôme de couture. Elle était habile de ses doigts, la révoltée silencieuse, elle brodait à merveille, au point qu'on vendait ses broderies à la kermesse annuelle. Tout semblait lui réussir, et pourtant, quelle joie tirer de ces diplômes, de cette beauté épanouie, de ces dons, lorsqu'on connaissait son secret, notre secret...

Une lettre de l'oncle nous informa de notre emploi du temps estival. Par bonheur, il avait accepté de m'envoyer, durant tout le mois d'août, à l'orphelinat Saint-Joseph où m'attendaient Claudine et toutes mes autres camarades. Il fallait payer cette grâce par un mois de juillet entier chez lui, puis Marie-Claire viendrait me « remplacer » en août, avant de prendre sa place de dactylo aux Allocations familiales. Il n'aimait pas la solitude, l'oncle. Et prouvait encore une fois son sens inné de l'organisation.

Les grandes vacances furent là. Toutes firent dans la tristesse leurs adieux à Dominique, puisque c'était ainsi qu'on appelait ma sœur. Elle avait expié sa faute et partait, pensaient-elles, pour une vie meilleure. Le père Petit lui sourit une dernière fois, mère Pierre du Christ lui fit de chaleureuses recommandations, puis nous prîmes le train. Sans échanger un mot, nous ne savions que trop bien vers quoi nous nous dirigions. Et le mois d'août me semblait bien lointain.

L'arrivée, toujours la même. Toujours cette angoisse au ventre, et ce refus désespéré de ce qui m'attendait. Premier jour, l'agacement de la tante, le généreux accueil de l'oncle. Second jour, les vêtements neufs, et cette humiliation de les essayer ensuite devant lui, tremblant de sa fureur toujours renouvelée. Nous étions en juillet 1961. Maman était installée dans le cimetière familial depuis deux ou trois mois, et nous n'avions pas pu obtenir, Marie-Claire et moi, de nous y rendre ensemble. Je désirais ce moment intensément, avec une impatience poignante.

Premier jour, deuxième jour. Le viol du troisième jour se produisit inéluctablement. Toujours le même rituel, pendant que ma tante était allée rendre visite à ses chérubins. Toujours le même rituel qui me laissait au bord du vomissement, avec cette odeur nauséeuse. Après avoir avalé en pleurant de dégoût son sperme, la pieuvre de sa bouche m'ensevelissait, puis je me retrouvais à genoux, comme d'habitude, seule avec ma terreur. Cracher, encore cracher, me frotter désespérément la bouche avec ma culotte dans laquelle il avait glissé sa main, retrouver mon souffle, sécher mes larmes et rouvrir les yeux sur ce monde trop sale, trop écrasant. C'est alors que sa voix, placide, vint de la véranda : « Allez, la petite, habille-toi, on va sur la tombe de ta mère, le bus va arriver. »

Le choc de cette phrase, après ce qui venait de se passer, me coupa le souffle plus sûrement qu'un coup de poing dans le ventre. Il me bafouait, m'écartelait, m'abaissait plus bas que terre... Comme un automate je montai vers l'armoire, pris une nouvelle culotte dans la pile bien propre et le suivis vers l'arrêt du bus. La torture était épouvantable, je ne pouvais qu'ordonner à ma pauvre conscience massacrée de se taire, pour mettre un pied devant l'autre puis encore et encore. Nous étions en 1961, je ne serais majeure qu'en 1968 et pour toutes ces années j'étais livrée à cette bête sordide. Mettre un pied devant l'autre, puis encore...

Quand le bus arriva, je repérai vite une place, au fond, encadrée par deux inconnus. Il ne s'assiérait pas à côté de moi, pour ces quelques minutes de trajet il ne parlerait pas de son haleine puante, me frôlant du coude ou du genou. Il s'installa à une place libre, devant, et je pus fermer les yeux en serrant les dents, pour retrouver un souffle de vie dans cette tornade. J'étais dévastée.

Le bus s'arrêta. Nous descendîmes, il me tendit la main pour que je la prenne. J'étais glacée des pieds à la tête, malgré une chaleur étouffante.

La tombe est là-bas, avec sa croix, sa plaque et sa terre noire où grand-mère Eugénie a déposé des fleurs. Mes yeux s'emplissent de larmes, ma vue se brouille, j'avance à l'aveuglette. Nous nous arrêtons devant maman. Elle est là, toute proche, maman est là, enfin, après ces années, maman, je tombe à genoux sur cette terre noire, maman, pourquoi m'as-tu abandonnée, j'embrasse la terre et je ne suis que larmes. Maman, au secours, reviens, dis à ton frère qu'il me fait mal, viens me sauver, tout me dégoûte, maman, dis-lui d'arrêter, maman, c'est ton frère, il n'a pas le droit, et je pleure, je pleure, je pleure encore, et mes mains s'enfoncent dans la terre noire fraîchement remuée, mes mains s'enfoncent comme à la cabane, je suis à quatre pattes, écartelée, je veux la retrouver, creuser et me coucher près d'elle, je veux mourir, maman pour être près de toi, et quand nous serons côte à côte, fortes, il n'osera plus jamais me toucher, plus jamais, plus jamais...

Il m'attrapa par les épaules, me releva, et me dit : « Ne pleure pas, la petite. Maintenant c'est moi qui m'occupe de toi. »

La maison était vide à notre retour, et pourtant j'ai crié : « Tante Marthe, tu es là ? » J'avais tellement peur qu'il me reviole, je maudissais cette tante complice qui n'était jamais là, je les maudissais tous, je rêvais de retourner seule sur la tombe de maman, de pouvoir lui parler des heures, et puis des jours et toute la vie, la haine et l'écœurement me secouaient, mes larmes ne tarissaient pas. Il me prépara des tartines, lui, mais d'un geste je les repoussai et partis me recroqueviller dans le jardin, sans cesser de pleurer. Il m'y laissa. Je le guettai, pourtant, et savais que s'il osait encore me convoquer à la cave, je dirais non, je crierais non, et le monde entier entendrait mon hurlement, malgré la peur qu'il m'inspirait, malgré l'emprise qu'il avait sur moi, malgré mon isolement. Maman était là, et le désespoir, au lieu de m'anéantir, me remplit d'une force inébranlable. Le sentit-il ? Il resta paisiblement à la cuisine en attendant le retour de son épouse. Laquelle, avec toujours son inébranlable bonne conscience, rentra une petite heure plus tard. « Où est la petite ? » La petite est dans le jardin, maudite tante, la petite a cinq ans et la révolte gronde en elle. Ma tante vint me voir. Que voulait-elle ? Esquisser enfin un geste de gentillesse, ou plutôt me traîner à la cuisine pour encore me gaver, selon les ordres de son ordure de mari ? Elle ne se pencha pas, non, elle ne m'essuya pas les joues, non, elle me déclara de toute sa hauteur : « C'est pas la peine de pleurer ta mère, tu sais bien ce qu'elle était, elle n'en vaut pas le coup. »

Juillet 1961 : visite de Jean-Marie. Voilà des siècles que je ne l'avais pas revu. Maigre, fatigué, il avait les mains abîmées et un désespoir épuisé dans son regard. Il raconta ses journées de forçat. Placé chez l'oncle Jules, poivrot notable, il avait travaillé jour et nuit chez d'autres oncles cafetiers, puis dans le bâtiment, puis aux champs, rapportant tous ses salaires à l'oncle qui le terrorisait. Il en avait la peau grise, Jean-Marie, et parlait d'une voix lente. Tout en lui respirait la fatigue. Cette demi-journée, accordée gracieusement après toutes ces années, nous permit à peine de nous retrouver. Dans l'ombre nauséeuse de l'oncle Georges, je n'osai articuler la moindre phrase, et même mes regards auraient été trop éloquents pour un frère qui connaissait le goût du cauchemar. Je ne voyais que ses mains. J'y lisais toute sa douleur.

Il était allé lui aussi sur la tombe de maman. Il avait surtout assisté, en tant que témoin comme la loi l'exige, à l'inhumation du cercueil. Il raconta, profondément ému, l'étonnement qui les saisit tous, en présence du fossoyeur, lorsqu'ils découvrirent le corps de maman intact. Après sept ans, les vers dont m'avaient tant parlé les pensionnaires de l'orphelinat, les vers ne l'avaient pas touchée, sa robe offrait toujours son tapis de fleurs bleues, et maman était là, belle, pure, semblant dormir. J'en fus à peine surprise : pour moi l'enfant fidèle, maman ne pouvait pas nous avoir à ce point abandonnés. Un apaisement secret coula dans mes veines, je les avais tant et tant imaginés ces vers grignoteurs, on m'avait si souvent assené cette image putride. Maman était là, belle, pure, sous la terre noire, un jour je la rejoindrais, bientôt, bientôt...

Ce soir-là, l'oncle n'osa pas glisser son doigt entre mes jambes, il me posa juste sa question rituelle, d'une voix mal assurée : « Alors, la petite, tu dors ? » Non, je ne dormais pas, je ne dormais jamais, et puis comment dormir ? La nuit me terrifiait depuis le cauchemar de la cabane, et le jour me faisait horreur depuis ces viols abjects. Non, je ne dormais pas, je guettais son pas, puis celui de la tante Marthe, avant de pouvoir respirer. Je ne dormais pas, je pensais à ce monde qui écrasait Jean-Marie, qui sacrifiait les enfants, qui autorisait toutes les trahisons, je pensais à Marie-Claire sous la couverture grise, puis assommée par la bonne sœur, je n'étais pas absolument sûre que l'oncle abusât aussi d'elle, mais je connaissais sa souffrance. Pierre, qui avait failli être égorgé sous mes yeux, Pierre était au service militaire. Que pouvait-il y faire de beau, avec ses os brisés, son dos tordu, ses pieds en miettes ? Roger, lui, avait passé plus de temps à l'hôpital militaire que dans les rangs. Mes frères étaient des plaies ouvertes, mes frères que je n'avais pas revus. Roger, le retrouverais-je un jour ? Il venait de partir, de disparaître Dieu sait où. On disait que, dans la petite maison qu'il habitait, il avait tout brûlé, enterré ses meubles, et avait quitté la région en n'emportant que quelques photos et des vêtements dans une valise. Grand-mère Eugénie était triste, son gaillard silencieux ne viendrait plus lui rendre visite. Mes frères douloureux, ma sœur prisonnière et tous ces gamins frappés, écrasés par les décisions des adultes. Non, la petite ne dort pas, non, mon oncle, la petite ne dort jamais.

Comme je la payai cher, la permission d'aller à l'orphelinat ! Je payai de ma chair, chaque jour, pour que s'ouvrent devant moi les fameuses portes qui me faisaient horreur l'année précédente. Un siècle, c'était bien un siècle qui s'était écoulé entre ce mois de juin où je m'étais rendue avec fierté dans la maison cossue de mon tuteur, et ce 1er août 1961... J'étais seule dans le gros bus qui rendait malade, j'étais seule, enfin. J'allais vers un mois de paix, un mois sans homme, un mois où les coups que ne manqueraient pas de distribuer les bonnes sœurs me seraient caresses après cette année de viols. Dans quelques heures Claudine me sauterait au cou, Claudine, qui m'avait écrit en me répétant à quel point j'étais attendue. Sœur Françoise m'ouvrit la porte. Même elle paraissait contente.

Claudine devait me guetter depuis le matin. A peine la lourde porte s'était-elle refermée derrière moi que j'entendis son cri : « Maman ! Maman, tu es revenue ! Je t'ai écrit, maintenant je sais écrire ! » Elle me sauta dans les bras, déversant son flot de paroles. « Maman, que tu es belle, que tu es grande, tes cheveux ont poussé, enfin tu es là, enfin tu es revenue... » Autour de nous elles se rassemblèrent toutes, et même les sœurs au cœur sec semblaient émues, et ces filles qui me terrorisaient, qui n'hésitaient pas à dénoncer, à trahir, ces filles à présent m'embrassaient et me dévoraient des yeux, me donnant des biscuits, me les glissant même dans la bouche. On m'entraîna au réfectoire, où un grand mot m'attendait : « Bienvenue à la chef du clan qui est revenue. » Et Claudine, solennellement, me donna le petit compliment qu'elle avait rédigé pour célébrer mon retour.

A six heures, la cloche sonna. Chacune retrouva son rang, sa place, et je devins, du haut de mes quatorze ans, une monitrice prête à encadrer de mon autorité les petites pensionnaires. Les corvées, les fameuses corvées furent distribuées, et c'est avec joie que je notai ce qui m'incombait. On me désigna comme surveillante du dortoir. Tous ces bruits familiers, ces ordres péremptoires sonnaient comme une revanche, je n'étais plus le numéro 74, je n'étais plus l'inutile méprisée, on m'appelait Patricia et je surveillais le dortoir de mes petites protégées.

Les journées, bien remplies, filaient bon train. J'exécutais toutes les corvées de bon cœur, j'aidais mes petites à faire leurs devoirs, j'apprenais aux plus grandes à organiser le changement de culottes pour que les coups pleuvent moins, je surveillais le bon déroulement des tâches et me précipitais pour assister une pensionnaire un peu dépassée ; j'avais tant de choses à donner, tant de choses à oublier. Un siècle auparavant, je ne connaissais pas la cave de l'oncle. Un siècle auparavant, le cauchemar de la cabane s'était recouvert d'un voile, léger, superficiel, mais qui me permettait de vivre au quotidien. Aujourd'hui j'étais de nouveau détruite. Si seulement je pouvais rester ici jusqu'à la fin de mes jours...

Le mois d'août se passa entre bonheur et angoisse. Bonheur d'être ainsi protégée, angoisse à observer le calendrier. Dans l'espoir d'obtenir de l'oncle un retour à toutes les vacances, je rendais fièrement service aux bonnes sœurs qui appuieraient peut-être ma candidature. Peut-être, en décrochant mon certificat d'études, pourrais-je être engagée comme l'étaient ces deux ou trois nouvelles qui encadraient les petites ? Le fol espoir de réussir l'examen pour revenir se mit à me tenailler. J'avais déjà obtenu, en ce dernier trimestre, de bons résultats. C'était possible, c'était possible, Claudine, et plus jamais je ne te quitterais, c'était possible, mes bonnes sœurs qui me détestiez tant, je sais lire et compter, un jour il y aurait mon nom sur une large feuille, mon nom inscrit d'une belle écriture, et je pourrais rester ici, ou ailleurs, loin de ma nouvelle prison.

La petite princesse noire, toujours présente, acceptait à présent de poser le pied au sol, elle marchait. Elle n'avait rien perdu de sa méchanceté, mais je l'observais calmement, lourde du poids de ce que je venais de vivre. Plus rien ne semblait pouvoir me faire peur. Les coups, je ne les sentais pas. Mes pieds en bouillie lors des promenades, je m'en rendais à peine compte. Je m'émerveillais de la pureté de mes protégées, elles que personne n'avait souillées, elles qui ignoraient à quel point le corps peut être bafoué, elles qui chantaient en se tenant la main et qui me regardaient tendrement, avec une confiance émouvante. Je connaissais la dureté de leur existence dans cet établissement où régnait la cruauté, mais ne pouvais leur expliquer qu'il existe des sadismes insoupçonnés, au-dehors, des traîtres sans une once de pitié, des oncles qui violent les orphelines avant de les amener sur la tombe de leur mère... Je me glissais dans leurs regards, et nous échangions des sourires. J'avais tant à donner, tant à oublier.

Le soir, je racontais des histoires à Claudine. Je lui disais qu'un jour nous partirions loin, ensemble, et que les grands ne nous sépareraient plus jamais. Je lui parlais de ce diplôme qui nous permettrait peut-être d'être réunies, ce diplôme inaccessible que pourtant je réussirais à décrocher, pour elle, pour nous. Je lui donnai l'adresse de la maison de redressement, puisque nous devions être séparées au moins pour cette nouvelle année, et nous formions des projets, des projets qui pansaient mes plaies, nous rêvions, sous l'œil ému des autres pensionnaires, et les jours passaient.

Le départ fut terrible. Claudine sombra dans une crise de nerfs qui brisa mon cœur déjà en miettes à l'idée de retrouver mon bourreau. Je dus partir sans me retourner, au milieu de ses hurlements. Avec un fol espoir en tête : les sœurs avaient accepté mon projet de revenir définitivement, en tant que monitrice ; elles parlaient même de me donner quelques pièces en guise de salaire et d'écrire à mon oncle pour soutenir ma candidature à Noël et à Pâques. Ce ne serait pas le paradis. Mais ça ne serait plus l'enfer.

Dans la petite rue étroite qui me menait à l'arrêt du bus, j'entendais encore les cris de Claudine. Maudite vie, maudite société où les enfants subissent, ne font que subir. Ah ! revenir un jour et ouvrir grandes ces portes : toutes les petites sortiraient, courraient, riraient... Mais la réalité était là, la réalité ressemblait à ce gros bus qui me soulevait le cœur et m'emportait loin de ceux que j'aimais, vers quinze nouveaux jours de torture.

Revoir l'oncle. Sa grosse bouche baveuse qui me disait bonjour, et ce verre de vin qui lui rougissait les lèvres, le bruit de sa déglutition, qui me rappelait ce que parfois je devais avaler, et ces deux coulures violettes aux commissures des lèvres. La bouche me dit d'entrer, la bouche me dit qu'il était dans ses comptes et préparait la liste du trousseau d'automne. La bouche me dit de manger et je me retrouvai face à une assiette de tartines. Cette bouche me donna le courage de parler de mes projets : « L'année prochaine, j'aurai mon certificat d'études. » Puis : « Pourrais-je retourner à l'orphelinat aux vacances de Noël et de Pâques ? » La bouche grogna quelques réponses inaudibles, lâcha vaguement un : « On verra. » En cette fin d'après-midi, tante Marthe risquait de rentrer d'un moment à l'autre. Il devait donc se passer de la visite à la cave. Et puis son impatience n'était plus celle des fins de trimestre : il avait eu Marie-Claire à sa disposition durant tout un mois.

Il m'emmena au petit jardin ouvrier qu'il venait d'acheter, à la sortie du bourg. Les voisins, eux aussi heureux propriétaires de ces longs rectangles couronnés d'un cabanon, le saluèrent. Ici, il n'y avait pas de hauts murs, ici, l'oncle était obligé d'afficher sa respectabilité. Moi, je me sentis transformée après ce mois au calme, ma détermination me remplissait de force. Lorsque nous retrouvâmes tante Marthe, en fin d'après-midi, je réaffirmai ma volonté : « J'aurai le certificat l'année prochaine. » Elle me haïssait. Elle éclata de rire. Elle se moqua de moi. « Tu as un siècle de retard, tu n'es même pas pubère, ne sois pas ridicule. » Elle m'informa par contre qu'elle allait écrire à l'orphelinat, pour être sûre que ma conduite avait été bonne. Elle n'affichait que mépris et méchanceté. Dans cette maison sordide, elle était, sans le savoir, ma seule protection et avait l'air de vouloir me le faire payer. Pourtant, quand je lui parlai de la débarrasser de mon odieuse présence aux prochaines vacances, puisqu'elle me détestait tellement, elle resta évasive. « Ton oncle décidera. » Avait-elle senti mon envie poignante de fuir cette maison et ne voulait-elle pas m'offrir le moindre plaisir ? Ou bien s'agissait-il de ce curieux attachement qu'ont certains êtres acariâtres envers leurs souffre-douleur : elle adorait me détester, je risquais peut-être de lui manquer. Mon oncle déciderait. Je voulais croire qu'il m'accorderait cette grâce.

Quinze jours encore avant de retrouver la maison de redressement, Armelle, et l'école où je travaillerais assidûment. Quinze jours, et je m'étonnais de l'absence de Marie-Claire, mais on me dit qu'elle était encore chez Alice pour ses débuts dans la vie professionnelle. La tante Marthe et ses éternels 25 de tension, la tante Marthe ne supportait pas de nous voir réunies. Nous ne nous verrions même pas à mon départ. Était-ce un calcul savant de l'oncle, qui craignait que les deux sœurs ne s'organisent ? Je quittai malgré tout cette maison où j'avais encore été souillée à maintes reprises avec la rage au cœur, et une volonté tenace. Ma solitude dans le train me replongea dans toutes ces visions écœurantes, ce vin qui coulait sur son menton, sa bouche et sa bave sur moi, sa main fouillant ma culotte, son ombre gigantesque et sa casquette qu'il n'enlevait jamais. Tout m'obsédait, le goût de l'oignon, ce bleu de travail où il s'essuyait la bouche et le nez, je partais vers la maison de redressement, mais il était encore là, partout, avec son odeur, ses regards, ses gestes obscènes.

La rentrée. Quatorze ans. Un espoir en bout de course. Des nuits de cauchemar, des nuits en proie aux araignées, livrée à l'écœurement. Loin de l'oncle, je me débattais encore dans mon lit, et le tic-tac de l'horloge me poursuivait. Les retrouvailles avec Armelle furent pourtant chaleureuses. Elle me raconta ses vacances et m'offrit le coquillage souvenir qu'elle avait choisi pour moi. Je ne pus m'étendre que sur mon mois passé à l'orphelinat, et lui annonçai sous le sceau du secret que j'espérais obtenir coûte que coûte mon certificat d'études. Elle me rappelait tant Claudine, avec ses longs cheveux blonds et ses grands yeux bleus. Émue par ma détermination et par la belle histoire d'amitié qui me liait à ma petite protégée, elle jura de m'aider. Grâce à ce fol espoir, grâce à l'affection d'Armelle, pour la première fois je ne sombrai pas dans mon habituelle dépression de rentrée des classes. Une certaine paix s'installa dans mon cœur, malgré l'absence de ma sœur que je n'avais pas revue depuis juin, malgré la violence de sœur Pierre de Vérone. Le soir, je me trouvais un coin tranquille pour travailler d'arrache-pied. Armelle et moi arrivions toujours à nous débrouiller pour récupérer de précieux morceaux de bougie. Sous cet éclairage tremblotant, elle me secondait, me faisait répéter, et mes résultats s'améliorèrent de semaine en semaine. Je voyais toujours inscrits, en chiffres de feu, ces vingt et un ans trop lointains et la crainte qu'ils m'inspiraient. Jamais, jamais je n'allais pouvoir tenir jusque-là. Il fallait gagner. Il fallait se jeter à corps perdu dans la perfection, accompagner fidèlement mère Pierre du Christ aux messes et prier pieusement, obéir aux ordres avec abnégation, se purifier dans l'effort et la foi. Il me fallait gagner.

A Noël, la réponse me claqua au nez : « Tu n'iras pas à l'orphelinat Saint-Joseph. » Je compris que les lettres que je n'avais jamais reçues de Claudine devaient être bloquées sur ordre de l'oncle et que les miennes n'avaient aucune chance de parvenir à ma petite protégée. Reverrais-je un jour cet enfant qui était comme la chair de ma chair, la chair pure de ma chair souillée ? Il me restait les grandes vacances ; diplôme en poche, il me restait l'espoir d'être embauchée définitivement, et ce fut grâce à cet espoir que je pus tenir. Quinze jours, Noël, Noël détesté, la messe du 24 à minuit, le viol du 25 après-midi, le repas du 25 au soir. Encore une fois je n'allais pas voir Marie-Claire, qui, sur ordre du médecin, devait dégager pour me céder la place. Sur ordre du médecin soignant ma chère tante, bien sûr. J'atterris donc, avec une grimace de dégoût, dans la funeste maison.

Il y avait scandale en la demeure. Non, personne n'avait surpris mon honorable oncle en train de forniquer dans la cave, personne n'avait découvert que le mari de ma tante se vautrait dans le vice. Non. Il s'agissait de Marie-Claire, et j'arrivais à point nommé pour recueillir les commérages qui allaient bon train depuis plusieurs semaines. J'arrivais à point nommé : tout le bourg s'était lassé des maigres détails de son ignominie, tandis que j'étais la digne représentante d'une famille au sang vicié et que j'allais pouvoir payer pour ma pauvre sœur.

Le scandale qui bouleversait tant ma tante était énorme : on disait que Marie-Claire allait dans les cafés et fumait des cigarettes en discutant avec ses collègues de travail. Qu'elle mettait du rouge à lèvres. Rien d'autre. Tout y passa, et je pus voir, aux lèvres de ma tante, la bave rageuse que j'avais observée de si près chez le chien-loup affamé dont se servait mon beau-père. « Ta sœur est une salope, une pute comme ta pute de mère. On va la casser, elle ne fera pas ce qu'elle voudra, et toi on ne te laissera pas devenir une traînée comme elle. » Giflée par ces tirades hystériques, je restai pétrifiée. Marie-Claire, ma belle Marie-Claire, qui ressemblait tant à maman, Marie-Claire était ainsi accusée par cette femme amère, bête, laide, vieille... Regarde, idiote, regarde, chère tante Marthe, ton mari qui se tait. Il hoche à peine la tête de temps en temps, sans doute jaloux que son joujou aille plaire à d'autres. Regarde, chère tante, ton cher époux qui te laisse parler, réfléchissant à ce qu'il m'offrira à Noël : pénétration sommaire ou fellation, à moins que ce ne soit les deux.

L'explication du refus de me laisser aller à l'orphelinat tomba, aussi ridicule que ces diatribes fielleuses : « Tu n'iras plus. C'est un établissement d'arriérés, tu n'y as aucun avenir, tu ne veux quand même pas croupir là-bas, avec tout ce qu'on fait pour toi ici... » J'aurais pu arguer que là-bas, je ne deviendrais jamais une traînée comme ma sœur, puisqu'ils semblaient tenir à ma pureté depuis longtemps envolée. J'aurais pu répondre que je n'étais qu'une grande gigue empêtrée, comme on me l'avait si souvent fait remarquer, et que mon avenir ne méritait pas mieux que cet orphelinat d'arriérés, mais la haine que ma tante me portait était là, incontournable : elle était bien décidée à me frustrer de la moindre joie. Quant à mon oncle, son beau jouet sexuel aux formes rondes l'avait trahi, il n'allait pas laisser filer son autre jouet, la vie sans ses esclaves sexuels ne l'intéressait nullement. Il ne me quittait pas des yeux, l'abject géant, et les araignées se remirent à parcourir mon corps. Vingt et un ans... Encore sept ans prisonnière de ce couple pervers... Mais j'aurais ce diplôme, et peut-être ma tante, qui avait le sens des valeurs, déciderait-elle de me récompenser en m'envoyant là-bas... Il fallait bien se raccrocher à quelque chose.

Mon cousin Yves, que le cancer commençait à grignoter, ne put venir faire sa visite de Noël. Même cette petite oasis de gentillesse ne me fut pas accordée. Subir, encore subir, pétrifiée par l'anéantissement de mes espoirs... Et l'âge de ma majorité clignotant au loin, inaccessible. Ses mains sur moi, les araignées. Ses mains en moi, sa bouche, ses odeurs, l'avilissement. Marie-Claire bafouée, Claudine envolée, mon corps mille fois souillé.

C'est la rage au cœur que je repris le chemin de la maison de redressement, décidée à obtenir la seule victoire à portée de ma main. Je venais d'apprendre que ce diplôme, comme le reste, serait inutile, mais je voulais gagner, enfin gagner, je voulais ressentir ce plaisir inconnu, cette sensation qui me ferait grandir, ce souvenir auquel se raccrocher aux moments les plus durs. J'aimais tellement, à présent, apprendre, rédiger, me servir de ces mots noir sur blanc dont j'avais découvert si tard l'existence, que je me mis à écrire un journal intime. Un précieux cahier, caché derrière une brique dans les toilettes du dortoir, un écrin pour recevoir mes phrases, mes phrases à moi. Le plaisir que je pris à m'y épancher m'enveloppa tendrement, c'était un peu maman qui me prenait dans ses bras, c'était Dieu dont j'honorais le nom, j'avais mon petit secret, mon petit univers rien qu'à moi. Enfin quelque chose m'appartenait, quelque chose d'intime.

Je savais à quel point les viols peuvent prendre toutes les formes possibles. La violence de mon beau-père, l'animalité silencieuse de mon frère, la perversité enfantine de cette grande de l'orphelinat, les yeux du vieillard sur nos bains chez tante Alice, les commentaires méprisants de tante Marthe sur ma nudité et le vice autoritaire de mon oncle, tout cela n'avait pas semblé suffisant à Dieu. Une fille découvrit mon pauvre cahier caché derrière sa brique et le brandit bien haut lors d'une récréation. Cette partie de moi-même que personne n'avait souillée, ce quelque chose de pur était exposé là au milieu des rires cruels, et j'eus beau me précipiter pour tenter de sauver ces pages, le cahier s'envola en feuilles déchirées, déchirées comme mon âme.

Mais j'avais pris goût à ces confessions. Je recommençai un autre cahier, que je gardai cette fois toute la journée entre mon tricot de peau et ma robe. Et là personne, entre ces hauts murs, ne vint me l'arracher.

Lundi 26 mars 1962. Le Christ parle à mon âme, finie la vie de petite fille, de bêtises et de caprices. Maintenant j'ai quinze ans et huit jours exactement ; il faut que désormais ma vie change de manière de faire et c'est pour cela, ô mon Dieu, que je fais ce cahier qui m'aidera, qui me servira dans toute mon existence.

Il faut que je change sur le point de vue de :

1) Obéissance rapide, tout de suite quand on m'appellera, ou quand on me demandera quelque part : venir tout de suite, même si j'ai envie de finir quelque chose de pressé, l'obéissance c'est l'obéissance, donc comme effort je ferai cela cette semaine avec votre aide, ô Christ, car je ne peux rien faire sans vous.

2) Bien m'appliquer en classe : ne pas être dans la

lune mais penser à ce que je fais, c'est-à-dire au moment présent.

– Bien écrire tous mes devoirs en m'appliquant sérieusement.

– Réfléchir avant de faire mon travail.

– Ne pas parler mais penser à mes devoirs et leçons.

– Bien apprendre mes leçons par cœur en comprenant ce que je dis.

Voilà les efforts que j'essaierai de faire avec l'aide de Marie, de ma maman, du Saint-Esprit, de mon Bon Ange, et de vous ô Dieu d'amour, merci pour toutes les grâces que vous m'avez envoyées, les bienfaits, les joies, les peines.

Je veux être sainte, vous servir, vous aimer, et me donner en sacrifice.

Patricia, votre servante.

Des promesses, à répéter inlassablement pour s'y fondre, et tout oublier. Dieu pour tout expliquer, Dieu pour tout supporter. Me convaincre. Y croire si fort. J'écoutais les sermons des sœurs, j'écoutais éperdument. Les péchés, les fautes, la rédemption. Le vice, les pensées interdites et le pardon. Le pardon, comme si j'avais été coupable. Mais cette explication me remplissait toute et m'offrait la rémission dans l'effort. Pâques approchait, le printemps continuait de m'émouvoir comme aux jours terribles de la cabane, le printemps et son lot de floraison, le printemps et toutes les cachettes qu'il permettait, raccourcissant les nuits, raccourcissant le danger. Il n'y avait plus de cabane, plus de moto, plus de chasse à la tombée du jour. Mais, pour toujours, la saison verte représentait pour moi l'espoir. Même si, de nouveau, deux semaines de crucifixion m'attendaient.

J'obtins, peut-être grâce à mes résultats scolaires, la permission d'aller voir Marie-Claire chez la tante Alice. Voilà presque un an que je n'avais plus revu ma sœur, ma scandaleuse sœur, et je trépignais en attendant ce moment. Sec et cassant, l'oncle utilisait de plus en plus son autorité pour m'ordonner de le suivre à la cave. Une visite à ma sœur ? Il fallait payer. Les douceurs mielleuses des premières grandes vacances étaient oubliées, je m'entendais répéter bien souvent que ma sœur et moi n'étions rien, et qu'il avait tout pouvoir sur nous. Marthe, pour l'occasion, sacrifia un après-midi de visite à ses petits-enfants pour nous accompagner. Alice et elle, qui ne s'étaient jamais assidûment fréquentées, avaient trouvé dans la conduite de Marie-Claire des raisons de pérorer des heures et des heures, à grand renfort d'exclamations indignées. Nous nous rendîmes ainsi tous en bus à la maison sale.

Dès que j'aperçus Marie-Claire, je lui sautai au cou. Les deux épouses de gloser aussitôt sur l'ignominieuse conduite de ma sœur, devant mes cousines silencieuses et mes oncles cois. Puis les deux familles se mirent en branle pour une promenade à la mer. Paniers, petits mouchoirs noués aux angles, robes légères ; quel charmant tableau nous formions tous sur la plage ! Les enfants partirent jouer. Marie-Claire et moi découvrîmes des blockhaus. Ma sœur me raconta en peu de mots la pression qu'exerçait sur elle le chef des Allocations familiales, qui lui faisait les yeux doux d'une manière insistante. Mal dans sa vie, mal dans sa peau, elle tenait bon. Mais avec quelles armes ? Croyait-elle elle aussi en un Dieu d'amour et de pardon, qui l'aiderait à expier ? Car encore une fois, le bon droit de l'homme ne s'autorisait aucune patience. Quand ce n'était pas l'oncle et tuteur qui la tenait jusqu'à sa majorité, c'était ce patron qui lui faisait le chantage à l'emploi. Quel respect pouvait-elle encore avoir pour son corps, ma pauvre sœur, ce corps blasphématoire parce que trop désirable, ce corps qui agaçait les femmes et excitait les mâles, ce corps dont ils rêvaient tous et qu'on avait tant sali. A son tour, elle me demanda comment se passaient mes vacances chez l'oncle. Je n'osai mettre des mots sur ce que je subissais, répondis simplement que je souffrais des insultes dont ils couvraient maman. Elle ne savait quoi penser, Marie-Claire. Je tremblais qu'on ne découvre mon secret honteux, je tremblais même devant elle, craignant qu'elle ne me juge, qu'elle ne pose des yeux dégoûtés sur moi. Alors elle me confia cérémonieusement : « Méfie-toi d'eux. » Nous les appelions « les vieux », et notre haine pour le couple complice put enfin s'exprimer. Mais rien ne fut dit sur ce que, à tour de rôle, nous connaissions depuis de trop longues années.

En retrouvant nos chaleureuses familles d'accueil, nous en profitâmes pour émettre l'idée que je pourrais rester pendant ces vacances avec ma sœur chez Alice. Puisque la fameuse tension de Marthe était si élevée, puisque je pouvais glaner aux champs et rapporter ainsi quelques sous, puisque j'étais en passe de réussir mon certificat et que ma sœur pouvait m'aider dans mes devoirs de vacances, pourquoi nous séparer ? Marthe saisit l'occasion de répandre encore son fiel : « Mais tu es trop bête, ne sois pas ridicule, tu ne l'auras jamais ; la mère supérieure a même dit que, gourde comme tu es, il faudrait te mettre dans un établissement spécialisé. » Et voilà, mon cas réglé en deux phrases cinglantes. Marie-Claire me défendit, mais obtint en échange des regards méprisants. La petite pute n'avait qu'à se taire. Ne comprenait-elle donc rien, cette tante à la bêtise animale, à nos efforts surhumains pour échapper aux séjours dans sa maison proprette ? Ne comprenait-elle pas que les bonnes frites qu'elle seule savait préparer aussi bien nous donnaient comme le reste envie de vomir, ne comprendrait-elle donc jamais auprès de qui elle vivait ? Non, tante Marthe ne comprend rien, tante Marthe ne trouve pas surprenant qu'on préfère le travail des champs et les draps gris d'Alice au confort qu'elle nous offre, pas plus qu'elle ne s'étonne de mon envie d'aller me faire fouetter au martinet à plomb de l'orphelinat, alors que je passe chez elle de paresseuses vacances au luxe envié par toutes les petites cousines... Non, tante Marthe ne comprend rien, non, tante Marthe nous méprise et nous hait, tante Marthe est malade des nerfs mais tante Marthe tient absolument à accueillir une de ces misérables orphelines dans son palace quatre étoiles où l'on mange si bien...

Et le maître d'acquiescer d'un signe de tête.

Explique-moi, chère tante, pourquoi tu critiques tant Marie-Claire d'être si sensuelle, et pourquoi de mon côté tu me reproches de rester désespérément impubère... Avec ces mots qui me font te détester autant que je le déteste lui : « A quinze ans, elle n'a pas de seins, même pas de poils sur la chatte. » Tu me choques, chère tante, avec ta vulgarité, j'imagine l'odeur de moisi qui empeste ton crâne, j'imagine les relents de ton estomac noué et de tes cuisses bien serrées, bien-pensante tante étouffant sous tes amertumes accumulées. N'est-ce pas suffisant que je subisse les assauts de ton mari visqueux, dois-je encore me faire piétiner le peu qu'il me reste par ta langue de vipère et tes petits yeux mauvais ! C'est que tes yeux me fouillent, quand je dois m'humilier à faire ma toilette devant vous. J'ai une honte vertigineuse de mon corps meurtri, de mon dos en bouillie, je voudrais disparaître, me dissoudre, me recroqueviller, n'être rien, n'avoir jamais existé, et vous êtes là à m'épier, à me décortiquer d'un regard salace. Connaîtras-tu jamais l'étendue infinie de la haine que je te porte, chère tante dont la bêtise est presque aussi repoussante que les agissements de ton mari ?...

Et je travaillais, et je priais, noyant ma détresse dans l'effort, cet effort qui un jour me laverait. Mai 1962. Mes derniers mois à Boulogne. Dans quinze jours le certificat d'études. Armelle me soutenait toujours autant, l'institutrice m'engageait à persévérer. L'énergie qui m'animait, cette aide que je trouvais alentour, tout me donnait une confiance en moi que je n'avais jamais connue. Quand arriva enfin le jour de l'examen, je regardai avec vénération ce monsieur qui venait de la ville pour nous donner les exercices, j'aimais ce surveillant qui passait entre les rangs silencieux. Je me sentais prête à tout casser, à casser ce mur qui m'emprisonnait, à casser cette malédiction, à casser cette image qu'on m'avait donnée de moi. *Je pouvais*. Ils m'avaient tous insultée mais aujourd'hui je savais que je pouvais. Ils m'avaient brisée, humiliée, mais aujourd'hui j'avais le pouvoir en moi-même — et uniquement en moi-même — de dire non, de refuser l'inéluctable. J'écrivais soigneusement, je ne me laissais pas emporter par l'affolement, je jouais ma vie.

Au soir des examens, et pendant les trois jours d'attente des résultats, seule ou en compagnie d'Armelle, je m'assis sous le gros chêne ; j'étais bien, si bien, je voyais Claudine me sauter au cou, je voyais les regards des petites de l'orphelinat, et tout ce que je pouvais faire pour améliorer leur triste existence.

Pendant trois jours je savourai ce doux rêve, priant très fort pour que mon oncle ne soit plus aussi mauvais, priant pour que ce rêve bien sage devienne réalité.

Bien sûr, la méchanceté se rappela à moi. Lors d'une promenade à la mer, je me fis attraper par quatre camarades, qui me jetèrent à l'eau et manquèrent me noyer. Elles s'amusaient follement de me voir me débattre, et la mort rentrait par mon nez, par ma bouche, ma tête se brouillait, j'allais mourir, j'allais mourir maintenant, après avoir survécu à tout et au pire, mon cerveau allait exploser... Pitié, je vais avoir mon certificat d'études, laissez-moi connaître cette grâce, cette joie unique dans ma misérable existence ! Je me mis à tousser et repris souffle sur le sable, sans plus rien entendre de leurs rires. La panique m'avait coupé la voix, la peur, l'angoisse m'enveloppait et la brûlure dans mes sinus me rendait aveugle. Les sœurs haussèrent les épaules : « Ce n'est rien, remets-toi. » Bien sûr, ce n'était rien, je n'étais rien, prétentieuse que j'avais été de croire que j'avais droit à trois jours de répit dans ma sordide existence. Bien sûr ce n'était rien, puisque j'y avais survécu. Puisque j'avais survécu à tout. Puisque mon grenier à terreur était encore vaste, prêt à recevoir encore une foultitude de souffrances auxquelles je survivrais encore.

Mais, au matin de ce quatrième jour tant attendu, je ne pensais plus à cette mort qui m'avait frôlée d'aussi près. Nous allâmes à la messe de six heures, puis prîmes notre petit déjeuner dans le silence du réfectoire. Sont-ils affichés, les résultats, là-bas sur le mur de l'école ? J'hésitais à m'y précipiter. Armelle, qui revivait ce qu'elle avait connu l'année précédente, partit en éclaireur. J'avais à peine posé le pied dehors qu'elle se précipita sur moi en criant du fond de la cour : « Vite, Patricia, il y a ton nom, ton nom est là ! » Mon cœur s'arrêta, mes jambes s'agitèrent, je courus voir ce nom, mon nom, inscrit là au milieu des autres, mon nom prouvant enfin à la face du monde que la stupide et maigre orpheline existait. Je tombai à genoux en pleurant de douces larmes. Ma main toucha cette feuille magique, je me mis à remercier Dieu, Jésus, Marie, Joseph et tous les saints de la terre, je remerciai maman d'avoir été près de moi. J'existais enfin, c'était écrit, mon nom était écrit, le monde s'ouvrait devant moi.

Le trimestre était loin d'être fini. L'euphorie des dernières semaines dans la plénitude de l'été flamboyant me gagna, j'y croyais, j'y croyais de plus en plus, je me voyais arriver et faire manger mon diplôme à ma tante, j'allais brandir ma feuille et leur montrer à eux tous que je valais quelque chose, et ils me respecteraient, ils n'oseraient plus me faire de choses horribles, et ma sœur serait contente, et grand-mère Eugénie aussi, et maman là-haut. Les sœurs de l'orphelinat allaient me reprendre et m'appelleraient Patricia, je ne serais plus jamais un numéro, puisque mon nom avait existé sur une affiche de résultats. La mère Pierre du Christ m'informa que mon oncle me retirait de la maison de redressement. Était-ce bon signe ? Je me doutais bien que la page était tournée, que rien ne serait plus comme avant. Consentirait-il alors à me laisser retrouver Claudine ?

En guise de récompense, les sœurs se penchèrent sur mes pieds et m'envoyèrent à l'hôpital de Boulogne pour qu'un chirurgien m'examine. Celui-ci, effaré par ce qu'il vit, décida d'opérer ces os tordus qui me déchiraient la peau à chaque promenade. Je passai ainsi une bonne semaine alitée, dans la blancheur d'une chambre anonyme, dans la douleur vrillante qui suivit l'opération. Mais peu importait la douleur, à mon retour de l'hôpital m'attendait mon diplôme, soigneusement roulé, et je passai des heures à contempler ce nom, le mien, au milieu des dorures. Avec mes deux pieds bandés, je restais au lit tout au long de la journée, descendant parfois à l'ombre du chêne, chaussée de grosses charentaises au confort moelleux. Le moment des départs en vacances approchait, et je saisis toute l'étendue de ma récompense : pour que ma convalescence soit totale, on me fit rester à la maison de redressement durant tout le mois de juillet. Puisque je pouvais à peine marcher, comment aurais-je pu tenir debout sur ces pieds taillés à même l'os, dans la cave aux araignées ?

Armelle me fit ses adieux. Elle rejoignait, avec sa sœur, le magasin de sa mère pour y travailler durant l'été. L'année prochaine, elle serait dans la section des grandes, ma camarade, et supposait qu'elle allait rester jusqu'à sa majorité à la maison de Boulogne. Cachait-elle une blessure de laissée-pour-compte, elle qu'on collait là faute de mieux, parce que sa pauvre mère malade et veuve ne savait quoi faire de ces enfants encombrantes ? Nous échangeâmes nos adresses, nos espoirs, puis elle partit, sans avoir percé mon secret. Comme pour Claudine, nos lettres furent sans doute interceptées par les sœurs ou par mon oncle, et je n'eus plus jamais de nouvelles d'elle.

Lorsque je pus enfin marcher, toujours chaussée de mes charentaises, on m'emmena au train. Les recommandations de mère Pierre du Christ, qui m'aimait bien, qui aimait mes efforts et ma piété, glissèrent sur moi comme de l'huile sur l'eau. Là-bas, m'attendaient des jours, des semaines d'angoisse et de souillure. Je tenais pourtant bien serré mon diplôme aux lettres d'or, comme une arme, comme une décoration, comme ma seule victoire. Je voulais encore croire au départ pour l'orphelinat, mais une boule dans ma gorge venait contrarier mon espoir.

Qu'allais-je devenir ? Mon diplôme en main, j'étais apte à travailler mais travailler où, dans quel univers allait-on m'envoyer me faire pendre, te reverrais-je un jour, ma Claudine, ma petite fille ?

Si, à Pâques, j'étais arrivée en plein scandale, cette fois-ci, j'atterris au milieu de cris qui m'emportèrent comme un ouragan. Ma tante, me voyant valise à la main et charentaises aux pieds sur le seuil de sa maison, me fondit dessus en hurlant des imprécations. Je finis par comprendre quel crime odieux avait été commis en suivant le doigt qui désignait ma sœur : Marie-Claire était enceinte.

La cuisine, cet étrange conseil de famille, mon oncle silencieux, ma sœur calme et glacée, ma tante écumant de rage, et moi, l'inexistante. « Cette salope, là, regarde-la. Elle s'est fait faire un gosse par un Allemand, tu te rends compte ! De toute façon je ne veux pas de traînée chez moi, elle part d'ici, qu'elle aille au diable ! Et toi, tu ne chercheras pas à entrer en contact avec elle, elle a le démon, elle a le diable en elle, elle va te le donner, ne cherche plus jamais à la revoir. » Tout allait trop vite. Tout se bousculait dans ma tête — ma sœur, un bébé dans le ventre, un Allemand, le démon, plus jamais la revoir, et moi, pitié, et moi ! Je sortis mon diplôme, mal assurée, mais fière de cette bonne nouvelle susceptible d'apaiser un peu ma tante. Celle-ci ne se laissa pas désarmer par ce détail : « Ah tiens, regarde-la, elle, elle est fière comme Artaban, avec son diplôme. Ça, on n'aurait pas cru, tu es si nulle, ma pauvre, comment tu as fait, idiote comme tu es. » Marie-Claire, avec son bébé dans le ventre, semblait indifférente à l'hystérie de tante Marthe. « Laissez-la, vous êtes toujours après elle, elle a été vaillante, elle l'a eu son certificat, et puis qu'est-ce que vous allez faire d'elle, maintenant ? » Ma tante lui répliqua que ce n'étaient pas ses affaires. Puis elle annonça qu'on partait à Lourdes, fêter ma réussite et surtout prier pour sa rédemption. « La petite priera pour toi, elle devra faire une mortification pour obtenir de Dieu ton pardon, espèce de putain. »

Dans cette apocalypse, je comprenais deux choses : mon diplôme n'avait servi à rien, et je n'allais plus revoir Marie-Claire. En un clin d'œil, tout s'effondrait. J'étais livrée à l'ennemi, pieds et poings liés.

Ma tante, excédée, partit faire sa visite quotidienne à ses petits-enfants. Je montai mes valises dans la chambre, Marie-Claire me suivit. J'étais en larmes, elle essayait de me consoler, mais j'étais sous le choc, tout s'agitait trop vite dans ma tête. « Je vais rester seule avec les deux vieux ? » Elle ne savait que répondre, m'expliquant que, malheureusement, je ne pouvais la suivre là où elle allait. Six ans, il me restait six ans avant ma majorité. Elle m'abandonnait... ma sœur, ma seule famille, m'abandonnait à ces deux crapauds, à ces êtres malfaisants... Bien sûr, à dix-neuf ans elle gagnait deux précieuses années, bien sûr, elle avait trouvé l'unique moyen de s'enfuir légalement, mais me livrait ainsi sans rémission. L'oncle, d'en bas, l'appela.

Ils parlèrent d'argent, de succession, d'émancipation. Assise sur le lit, j'entendais des bribes de conversation et, lentement, tentais de digérer ce que je venais d'apprendre. J'avais cent ans. Un avenir bouché. Une éternité à attendre avant d'envoyer valdinguer tout le monde. Je ne pourrais jamais. Le cauchemar m'enveloppait.

Je finis par descendre à mon tour. Mon oncle, qui semblait sincère, vieux porc attaché à ses esclaves, me dit combien il se sentait triste de ce départ. « Eh oui, elle s'en va ta sœur. Ça me fait de la peine, après toute cette année passée ensemble, et voilà que je suis obligé de l'émanciper, puisque c'est la loi... » Marie-Claire, les yeux à terre, serrait les dents. « Et que vais-je faire de toi, à présent, tu es si gourde, tu es si moche, bah, nous verrons à la rentrée. Je disais à ta sœur que tu devrais te laisser aller, tu es coincée, ma pauvre petite, Marie-Claire, elle, est bien plus ouverte... » Et sous mes yeux horrifiés, il embrassa la bouche rouge sang de ma sœur. Rouge à lèvres, beau corps épanoui avec un bébé dedans, beau corps crispé tendu sous cette avalanche baveuse, le choc fut trop énorme pour moi, je courus dans le jardin pour m'y réfugier. Tout s'effondrait. Le monde entier me trahissait... Pourquoi, pourquoi ce baiser rouge, pourquoi devant moi, pourquoi ces viols et encore ces viols, pourquoi me prenait-on tout, pourquoi transformer la visite à la tombe de maman en un saccage supplémentaire, pourquoi me donner de ma sœur chérie une telle image, pourquoi briser toute la fierté de mon certificat d'études ? Ne pouvait-on me laisser une bouée de sauvetage, une petite corde à laquelle me raccrocher, quelque chose...

La tante rentra et m'appela pour le dîner. Je quittai avec difficulté mon terrier, car j'étais encore ce lièvre terrorisé par les cris de la meute et l'hallali des chasseurs. Demain, à la même heure, Marie-Claire ne serait plus là. Demain, à la même heure, et pour six ans encore, je serais seule face à ces deux monstres. Tante Marthe fit la conversation, les chérubins grandissaient, ces fameux jumeaux que je n'avais jamais eu l'immense chance de voir. Puis elle sermonna Marie-Claire une fois de plus : « Ne viens plus jamais frapper à la porte, ne cherche plus jamais à revoir la petite pour la corrompre, envoyée du démon. » Comme si Marie-Claire allait regretter cet endroit. Et les bonnes frites de sa chère tante. Elle se taisait. Elle avait gagné, gagné sur eux, elle n'avait plus que quelques heures à attendre avant de prendre le large. Elle se taisait, déjà partie. C'était sans doute cette force qui rendait tante Marthe si mauvaise.

Après le dîner, je fis ma toilette en compagnie de ma sœur. Pour une fois, les deux vieux étaient absents, plantés devant leur chère télé. Sans pudeur, avec pourtant une certaine gêne, nous nous déshabillâmes pour nous laver. Je me rappelai tout ce que m'avait appris Armelle sur les règles, la puberté, le sang qui permet de faire des enfants. Je me rappelai ce dégoût à l'idée que je pourrais en être victime, victime, oui, et là, sous mes yeux, Marie-Claire était nue, elle portait un bébé dans le ventre et je ne le voyais pas, je voyais ces poils de grande, je voyais ces seins bien ronds, et tout me faisait horreur, je tremblais à l'idée que ces choses me poussent aussi dessus, pour m'avilir un peu plus. Pourtant ma sœur était d'une beauté émouvante, avec ses longs cheveux ondulés, ses grands yeux bleus, ses fameuses formes rondes.

Pour une fois, je pouvais faire ma toilette sans m'entendre dire à quel point j'étais maigre et laide. Bien sûr, Marie-Claire m'épargna ces trop coutumiers commentaires, sans doute bouleversée de devoir sauver sa peau au prix de la mienne. Oui, elle m'abandonnait. C'était elle qui avait prévenu l'oncle que mes pieds étaient en mauvais état et qu'il faudrait penser à me les faire opérer, c'était elle qui m'avait fait retirer de l'orphelinat pour que je n'y croupisse pas toute ma vie, certainement sans deviner que l'oncle s'attaquerait à moi aussi sûrement qu'il avait fondu sur elle. C'était elle qui avait dépensé toute sa patience pour que je reprenne goût à la vie, à la maison de redressement, elle qui me défendait contre les agressions de la tante, me serrait contre elle lorsque nous nous retrouvions, mais aujourd'hui, elle m'abandonnait, elle me livrait. Ce baiser rouge. Ce pacte du diable baveux avec celle qui s'enfuyait. Cette impudence révoltante. Elle ne disait rien, Marie-Claire. Elle attendait cette minute où la porte se refermerait derrière elle. En faisant taire sa conscience hurlante.

Dans la chambre, elle ouvrit le lit et s'y installa en lisant un magazine, *Femme d'aujourd'hui.* Elle lisait ce qu'on disait du monde qu'elle allait enfin connaître — femme aujourd'hui, enceinte, pleine d'avenir. Je fis ma prière avec une ferveur redoublée. Je fondis en larmes. C'était impossible. Impossible. « Où tu iras, demain ?

— Je ne sais pas ! Je ne peux pas te le dire, on devra se voir en cachette. C'est pour ça que tu nous as entendus crier, cet après-midi, avec l'oncle. Je lui ai fait promettre qu'il t'amènerait me voir, en cachette de l'autre vieille bique.

— Et comment tu as fait pour avoir un bébé ? Ça fait mal ?

— Tu es trop jeune, ça te choquerait.

— Mais où tu vas aller ?

— Pleure pas, je viendrai te voir, il faut que je revoie l'oncle, il doit me trouver un appartement, avec l'argent de maman. Je resterai en contact avec toi grâce à lui. Mais surtout, fais attention, c'est un salaud. C'est le frère de maman, mais il est dangereux... »

Non, Marie-Claire ne savait vraiment rien des deux ans que je venais de vivre. Elle me mettait en garde contre un type qui m'humiliait déjà à chaque fois qu'il en avait l'occasion. Elle ne devait pas s'imaginer qu'il fût à ce point machiavélique. Lorsqu'il se lamentait sur ma maigreur et mon attitude peu engageante, sans doute y voyait-elle la preuve qu'il m'épargnait, peu désireux de trouver son plaisir avec cette grande gigue gourde et apeurée. « Tâche de le fuir le plus possible, de résister à tout ce qu'il te demandera. Évite de rester seule avec lui. Nous sommes nées sous une mauvaise étoile. Qu'est-ce qu'on y peut !

— Mais j'aurai vingt et un ans dans six ans seulement !

— Tiens, il m'a dit qu'il avait pensé te placer comme bonne, à la rentrée, pour te dégourdir un peu. Toute une année, toute une année loin de lui... Tu vas voir, ça ira. Ne pleure pas, on se verra régulièrement. Ça ira, la petite, ça ira... »

Elle n'avait pas prononcé la phrase dont je rêvais : « Viens, enfuyons-nous ensemble, je ne te laisserai jamais entre ses griffes »... Le reste m'importait peu. Quand elle passerait la porte, le lendemain, je ne serais plus qu'une morte vivante.

Est-ce à partir de ce jour que lentement, je me suis laissée couler vers la mort ? Je me laissais faire en tout. Ma tante et mon oncle m'achetèrent tout spécialement un soutien-gorge, pour que je ressemble à une vraie jeune fille. Cet été-là, on ne m'emmena pas faire les courses. Le vieux habillait sa poupée. Je dus essayer ce soutien-rien, rembourré pour donner des formes à ma trop longue silhouette. Je dus essayer devant eux cette infamie, qui me volait ma seule victoire, celle que j'opérais sur mon propre corps. Je dus aussi subir la visite chez le médecin, puisque tout le monde s'inquiétait de mon retard de puberté. L'oncle, en bon tuteur, m'y avait traînée. L'oncle me regarda me déshabiller, pétrifiée d'horreur, puis me faire examiner. L'oncle écouta attentivement les conseils du médecin, qui n'y pouvait pas plus que tous les adultes au monde, puis, excité par ce spectacle, il me viola consciencieusement au retour, agacé malgré tout par mon manque de conviction. Pourquoi y mettais-je donc tant de mauvaise volonté ? N'avait-il pas demandé à ma sœur de me secouer pour que je me montre plus avenante ?

Ma tante, elle, grimpée sur son nouveau et puissant cheval de bataille, organisa de main de maître notre expédition à Lourdes. Il fallait prier, prier pour l'âme perdue de Marie-Claire. Avec ce nouveau mot, qu'elle agitait en étendard : « mortification ». Nous allions donc nous mortifier. Je ne comprenais pas le sens de ce mot étrange, mais il y avait « mort » dedans. Nous allâmes donc nous mortifier à Lourdes, après vingt-quatre heures de train. Deux semaines. Deux semaines sans cette bouche puante sur moi, sans ce gros corps écrasant le mien contre le mur. Deux semaines en prières infinies, deux semaines pour trouver dans la foi un peu de force pour tenir. La Vierge était là, douce, maternelle. La tante était là, à m'assener tant et tant de sermons que je finis par me rendre. Oui, ma sœur était une putain à la faute impardonnable, oui, je n'étais qu'un déchet, qu'une moins que rien, oui, mon corps était laid et le diable s'y terrait, prêt à bondir, oui, je devais me mortifier, oui, ma tante, oui, ma tante...

Elle m'offrait pourtant, par sa présence, quinze jours de protection. Le soir, nous rentrions à l'hôtel dormir dans la petite chambre où l'on avait installé un lit de camp pour moi. Tante si détestée, tous les soirs je te remerciais d'être là, d'être simplement là, pas chez tes petits-enfants, pas au marché, pas au bout du monde, là. Quinze jours à prier, à prier très fort, et à voir pour la première fois mon oncle enlever sa casquette. Quinze jours, et dans le noir de la chambre, serrer ce chapelet lumineux que la vieille m'avait offert, dont l'imperceptible lumière diffusait une paix chrétienne dans mon cœur meurtri. Prier, même si Marie-Claire avait raison en murmurant que nous étions nées sous une mauvaise étoile. Prier, sans plus croire au miracle. Prier, puisque rien d'autre n'était possible.

Lorsque nous reparcourûmes la France en sens

inverse, j'étais emplie de la force que m'avait donnée la foi. Je devais accepter toutes les épreuves que Dieu m'envoyait. Et Dieu n'en était pas avare. Peut-être, dans Sa toute-puissante grâce, m'accorderait-Il le bonheur de mourir. Rien d'autre ne m'apparaissait au bout du tunnel. C'était le seul miracle possible.

... Et puis vint le jour où nous nous rendîmes à vélo sur la tombe de maman. L'oncle avait recommencé ses séances à la cave, auxquelles je ne réagissais même plus — dans « mortifier » il y a « mort ». Ma conscience s'était tue, mon corps n'était plus qu'un bout de chiffon. Pourtant, quand il me parla d'aller au cimetière, comme chaque année je me réveillai. Maman, maman sur la moto, me faisant signe de la main, maman et sa robe bleue. Les années n'y faisaient rien, le souvenir et la douleur étaient toujours aussi vifs. Ce jour-là, je ne dus pas payer cette visite au cimetière par un viol à la cave. Nous prîmes nos vélos et partîmes sur les petites routes de campagne. On moissonnait de-ci de-là, le ciel était bleu, aussi bleu qu'était noir mon cœur. Arrivés au cimetière, la même haine me reprit contre cet être qui nettoyait placidement la tombe de sa sœur, remplissant le seau à la pompe pour venir arroser la terre et les fleurs de grand-mère Eugénie.

Serrer cette terre contre moi, creuser, rejoindre maman. A genoux je priais, petite, si petite, misérable. Avec cette même envie de rester là pour l'éternité, mais les grosses mains m'attrapaient toujours pour me relever en me consolant avec des mots qui me donnaient envie de vomir. Quelle emprise, quelle force dans sa tranquillité, dans son absence de remords, il faisait de moi le même animal terrorisé qu'à l'époque de la cabane, même sans les coups, même sans la faim et le froid. Il avait dit de son ton doucereux qu'il était l'heure de rentrer. « Rentrons. » La petite grille de fer forgé couina, mon cœur se serra, rester, rester seule près de maman, mais il chevauchait déjà son vélo. Je pris le mien, nous partîmes.

Je roulais devant, le vent tiède séchait mes larmes. Derrière, il me lança : « Halte ! On fait une pause, j'ai soif. » Nous nous arrêtâmes donc sur le bord de la route à l'orée d'un champ fraîchement moissonné. Au loin, j'apercevais la grande croix qui dominait le cimetière. Il se désaltéra et me tendit sa gourde en aluminium, frôlant ma jambe. La gorgée que je bus me souleva le cœur, de l'eau coupée de vin, cette odeur haïe, le goût de sa salive. Je recrachai violemment ma gorgée dans l'herbe. Mais il avait déjà son plan en tête et me releva brutalement la jupe. Ses mots, ses mots au fer rouge dans ma mémoire salie : « Viens, je veux baiser ta chatte. » Ses mots, et ma tête partit en arrière, je roulai dans le petit fossé, entraînée par son poids visqueux. La cabane, cette première fois qui m'étouffait, cette première fois où le pieu m'avait éventrée, cette première fois où je réalisais dans une douleur abominable quel allait être mon calvaire sans fin. La bouche m'embrassant, le sexe me fouillant, le jet tiède me salissant, me brûlant comme un venin, le frère de maman, qui venait d'arroser sa tombe, avait fini et remontait déjà son pantalon.

Remettre cette culotte sur ma souillure sans pouvoir courir à la mare, réenfourcher ce vélo et pédaler. Brûlure maudite. Maison maudite. Et toujours cette casquette à carreaux, vissée sur son crâne. Mourir. Creuser la terre, ouvrir le cercueil, me coucher auprès de maman et, là, le regarder bien droit dans les yeux en lui disant : « Allez, viens me chercher, si tu l'oses, viens me chercher ici. » Qu'il réalise, qu'il réalise une seule seconde son ignominie !

Il allait donc abuser de moi jusqu'à la dernière goutte ? Mourir. Quelle faute avais-je donc bien pu commettre ? Tante Marthe m'avait rempli le cerveau de péchés et de rédemption, mais qu'on m'indique un autre moyen de payer, sans même m'expliquer ce que j'ai fait de mal ! Qu'on m'envoie au couvent prier jusqu'à la fin de mes jours, mais qu'on arrête de me torturer ainsi ! « Ta robe s'est tachée sur l'herbe, cours la laver. Tu diras à ta tante que tu as glissé en vélo. » Devant tante Marthe, c'est lui qui donna cette explication sur un ton assuré. Je ne savais pas, la veille, qu'on pouvait me briser plus encore. Je ne savais ce qui m'attendait le lendemain. J'étais aux prises avec un monstre. Et pendant que ma tante me grondait de n'avoir pas fait attention, je serrais les dents, jurant au fond de moi-même que plus jamais un homme n'abuserait de moi, ne me prendrait de force, en me faisant croire que je suis une pécheresse. Mais je pouvais jurer. Ce soir-là, au dîner, mes larmes coulaient sans que j'y puisse rien. Ma tante, de son air condescendant, demandait pourquoi. L'innocente ! Je ne pouvais avaler une miette, envahie par cette envie furieuse de lui sauter à la gorge, de lui arracher les paupières, de l'obliger à regarder, regarder son mari qui venait de me violer après que nous avions rendu visite à maman. « Pfouh ! C'est l'âge qui tourne ! »

Et l'âge ne tournait toujours pas en moi. A quinze ans passés, mon enfance s'accrochait, ne voulait pas céder. Enfant, je l'étais encore. Enfant, comme celui qui grossissait dans ton ventre, Marie-Claire, et que tu avais préféré à moi. Enfant jusqu'à vingt et un ans. Tant qu'on me volerait tout, tant qu'on me piquerait de mille aiguilles comme une poupée vaudoue, je refuserais d'entrer dans cette adolescence qui allait faire de moi une femme. Comment pourrais-je jamais le devenir, alors qu'on avait utilisé mon petit corps jadis pur pour des jeux d'adultes ?

Utilisée, j'avais été utilisée jusqu'au bout de ce que je pouvais donner, on m'avait pressée comme un fruit gorgé de pulpe, j'étais écrasée, vide, anéantie. Quand vint la date de mon engagement à Lille comme bonne à tout faire, je n'étais plus rien. Bonne à tout faire. J'avais tout fait. Et ce n'était pas fini. Bonne, je n'étais bonne qu'à ça. Je partais, je quittais la maison maudite, mais il était ancré dans chacun de mes pores, il était là, me dominant de toute son autorité, je pouvais mettre des kilomètres entre nous, il me tenait... encore six ans...

Je déchiquetai littéralement ce fameux soutien-gorge dont on m'avait affublée. Avec mes dents, avec mes ongles, je le réduisis en charpie. Dans le train me menant à Lille, j'arrachai d'un geste tout aussi violent les épingles qui retenaient mon chignon. Ma tante aimait me priver de ma seule fierté, de ma seule défense, en m'enroulant ce chignon ridicule. Mes longs cheveux noirs s'étalèrent en cape autour de moi. On pouvait me regarder d'un drôle d'air, oui, messieurs-dames, vous pouvez me prendre pour une folle, grimacer parce que vous me trouvez horrible, vous pouvez me mépriser, me cracher dessus, messieurs-dames, c'est un fantôme que vous regardez de vos yeux vrillants, je suis un fantôme et je pars faire la bonne chez des bourgeois de Lille. J'ai quinze ans et demi, messieurs-dames, quinze ans et demi de torture morale et physique, je suis quinze ans et demi de douleur, messieurs-dames, et je me coule tout doucement dans le berceau de la mort. Adieu, messieurs-dames.

IV

S'en aller...

Lille, septembre 1962. Je sonnai à la porte d'un immeuble bourgeois. L'entrée de marbre, l'escalier au tapis bordeaux, les lustres scintillants, cet univers de richesse et de luxe tranquille m'impressionna, me terrifia même — j'étais si petite, j'allais m'ensevelir. Depuis quelques semaines, tout était pour moi agression, tout me désignait du doigt pour m'accuser, me crucifier. Partir loin de mon oncle ne m'apportait aucun soulagement. Je ne savais pas ce que j'allais trouver dans cet immeuble cossu du vieux Lille, mais je ne me faisais aucune illusion : rien ne me sauverait, rien ne m'épargnerait. Un pas se fit entendre derrière la belle porte, un pas vif, énergique. Mon cœur se serra. La conscience que j'avais de ma totale nullité, de ma laideur, de ma souillure me faisait craindre toute confrontation avec un regard qui ne pouvait manquer de me juger. Un ange apparut. Une dame blonde, belle, à la bouche parfaite, aux dents étincelantes, une dame auréolée de pureté me dévisagea et me sourit. « Ah, c'est vous, la bonne, je vous attendais, entrez. » Ma laideur, mon malaise redoublèrent. Alliez-vous lire sur mon visage, madame, les horreurs que je n'avais cessé de subir ? La dame s'en moquait bien, son regard croisa à peine le mien. J'étais la bonne, elle n'avait pas ouvert à un être humain, mais à une domestique.

Elle me fit poser mon manteau et m'entraîna dans l'immense appartement. La décoration y était somptueuse, les fenêtres baignaient de clarté chaque pièce, et j'essayais péniblement de graver dans mon cerveau, qui n'avait connu que crasse, misère ou médiocrité, la vision de ce monde dont je n'avais jamais soupçonné l'existence. Chacun de ses cinq enfants possédait une chambre délicatement meublée. Mon Dieu, était-il possible d'avoir connu une enfance pareille, ces gens-là appartenaient-ils vraiment à la même planète que moi ? La belle dame avait donc donné la vie, cette vie de rêve, à cinq enfants, de treize ans pour la plus grande à trois pour le petit Nicolas, gazouillant bambin pas encore atteint par la condescendance de ses aînés. Ce matin-là ils étaient absents et l'appartement était plongé dans le silence.

Je suivis ensuite ma patronne dans les escaliers de service qui menaient à la chambre. Bonne, chambre de bonne. Bonne : pas droit à l'ascenseur. Bonne : pas droit au chauffage. Avec pour tout luxe ce lit sous le vasistas, une table, une chaise et un lavabo d'eau froide. La présence de la bonne précédente flottait encore dans l'air. Était-ce ce même gant, cette même serviette dont elle se servait pour faire sa toilette, elle aussi ? Avait-elle dormi dans ces draps ? Rien ne semblait manquer. Bonne à tout faire, confort de bonne. Je ne cherchai pas à me consoler en me disant qu'enfin je pourrais faire ma toilette en solitaire et qu'ici personne ne viendrait me chercher pour me violer. J'avais le vertige, j'ingurgitais trop de choses encore inconnues, et j'existais si peu dans le regard de la belle dame blonde.

Ma valise posée — « nous vous ferons parvenir une petite armoire pour mettre vos affaires » —, je redescendis à l'appartement. Les enfants n'allaient pas tarder à revenir de l'école. Quant au mari, le banquier qui était à l'origine de tout ce luxe, il travaillait si tard, je n'allais faire que le croiser. A mon grand soulagement d'ailleurs. Je savais trop bien que la présence d'un homme était signe de danger, et j'avais tant et tant entendu parler de ces petites bonnes, de ces petites employées vite engrossées par un patron tout-puissant. La dame au sourire pur me donna la clé des lieux, me conduisit à la cuisine où elle me montra le tableau noir où seraient inscrites mes tâches quotidiennes.

Il était grand, le tableau, aussi grand qu'était courte une journée. Petit à petit, dans la panique effarée qui m'étouffait, je notais les explications, tentais de retenir l'emplacement des instruments ménagers, assimilais les directives. Quand les enfants rentrèrent, beaux, propres, superbement habillés, je fus présentée avec tous les honneurs dus à mon rang : aucun. Seul le petit dernier m'adressa un sourire.

Lorsque, le soir, je pus enfin retrouver ce lit solitaire et fermer ma porte, je n'étais qu'une boule de désespoir. Loin de tout, seule, dévorée d'angoisse, prisonnière de mon tuteur et livrée à ces gens, je n'avais pas aperçu la moindre lueur d'espoir me permettant de tenir au moins jusqu'au lendemain. Il y avait tant à faire, en bas, jour après jour, avec une unique journée de repos par mois, il y avait tant à faire et j'étais si gourde, si mal dans ma peau, tout irradiait de beauté et de luxe dans cet univers pourtant glacial, et moi j'étais une souillon maigre et laide, trop grande, et si sale, si sale. Ils me traitaient comme si je n'étais rien ? Mais je n'étais rien. J'étais même moins que rien, j'étais l'objet le plus avili, la chose la plus souillée du monde. Ne plus penser, ne plus comprendre, ne plus exister... J'étais un fantôme, messieurs-dames, un fantôme que vous alliez transformer en bête de somme.

A cinq heures trente, le réveil en fanfare me faisait bondir. Vite se préparer, vite descendre dans l'appartement endormi, et la course contre la montre commençait. On m'avait tellement parlé de bien faire, d'être honnête, de gagner mon pain à la sueur de mon front, que je n'en fus pas avare, de cette sueur, pour pouvoir toucher ce maigre salaire en fin de mois, que je versais en totalité à mon oncle sans avoir eu la curiosité de regarder combien contenait l'enveloppe. Je n'avais, en ces premiers jours de travail, qu'un seul ennemi : le temps. Courir, s'essouffler, frotter, éplucher, laver, cuire, servir, débarrasser, balayer, et encore frotter, encore laver, avec ce « oui Madame » accroché en permanence à mes lèvres. Le temps, puis la faim. Après les gavages forcés de l'oncle, j'avais droit à présent à un régime draconien : pour toute nourriture, je devais me contenter des restes du déjeuner et du dîner. Les restes froids. Après avoir demandé la permission. Ma patronne, comme les bonnes sœurs de l'orphelinat, comptait tout, sans doute échaudée par ces histoires de domestiques voleurs vivant comme des rois sur le dos de leurs pauvres patrons. Cette famille ne manquait pourtant de rien, mais les grandes fortunes, c'est bien connu, se bâtissent sou après sou. Alors la bonne à tout faire, comme les cochons, permettait que rien ne soit gâché, la bonne à tout faire finissait les restes de ses bienfaiteurs, et malheur à elle si elle s'avisait de réclamer un peu plus de décence. Madame l'avait bien dit : « La viande, c'est pas fait pour les pauvres. »

La situation se dégrada vite. Bien sûr, j'étais si convaincue de ma nullité, de ma faiblesse, de ma laideur que je ne suscitais aucune sympathie, surtout chez ces gens d'une classe tellement supérieure. Une brave fille de la campagne, solide et efficace, aurait peut-être gagné une miette d'estime dans le cœur dur de ma patronne. Mais j'affichais un masque de douleur impénétrable, et mes épaules rentrées, mes regards affolés, mon souffle court et mes frayeurs silencieuses, tout cela finit vite par agacer l'ange blond. Elle me prit en grippe et le sourire dont elle m'avait gratifiée lors de mon arrivée céda la place à une moue mauvaise. Sentant la pression monter, j'accumulai les petites erreurs qui ne firent qu'accentuer son animosité, et en quelques semaines, le cercle vicieux, implacable, avait fait son œuvre. Mon existence redevint un enfer. Les enfants, entendant leur mère hurler sur la bonne incapable, ne se firent pas prier pour passer à leur tour leurs humeurs sur moi. Le plus grand fils, âgé de douze ans à peine, y prit même plaisir, me poursuivant de ses méchancetés, me provoquant pour mieux se repaître de mon affolement. Seul Nicolas, toujours un sourire aux lèvres, continuait à me tendre les bras en réclamant mes câlins.

Lorsque je pris mon premier coup de cravache, mon cerveau vola en éclats. Intérieurement. Tout me rappelait trop la cabane, cet esclavage, ce mépris, cet environnement hostile et, soudain, ce coup pour me ramener à quatre pattes sur la terre noire. Elle revenait du cheval, la belle dame blonde devenue démon, et plantée dans ses bottes en cuir que je devais faire briller, comme celles du mari, elle fit siffler la cravache avec une violence terrible. Ma peau retrouva la brûlure du déchirement, et mon souffle se coupa. La veille au soir, affamée, j'étais descendue à la cuisine dévorer quelques pommes de terre crues. Le goût de l'amidon, le poids sur l'estomac, je les connaissais si bien, tout comme la faim, vieille habituée de ma courte existence. Un peu barbouillée mais soulagée, j'étais retournée me coucher, pour une de ces nuits de sommeil entrecoupées de cauchemars. Quelques pommes de terre, et des coups de cravache en retour. Madame n'avait pas aimé que j'ose ainsi abuser de sa confiance. Madame n'aimait pas les voleuses. Madame s'était déchaînée contre moi.

Elle n'allait plus cesser d'ainsi me battre. Mon malheur m'aspira dans un vide vertigineux. Mourir. Ne plus manger. Perdre kilo après kilo. Obéir comme un automate, ne plus rien craindre, attendre la mort. Tous les soirs, écrasée de fatigue et de plus en plus faible, je fondais en larmes, murmurant des prières auxquelles je ne croyais même plus. Je glissais, je glissais tout doucement vers la fin. Marie-Claire m'avait abandonnée pour son bébé, maman était loin, et ni Dieu ni ses saints ne m'apportaient la moindre lumière, c'était fini, c'était fini...

A ce souvenir de la cabane, m'enveloppant de son horreur, s'ajoutait la pression de mon oncle. Comme prévu dans mon contrat, je partais donc chaque mois passer vingt-quatre heures chez lui. Dès ma première visite, il s'inquiéta de mon amaigrissement, pas au niveau de ma santé, bien sûr. En vingt-quatre heures, il trouva l'opportunité de m'entraîner à la cave, après m'avoir gavée, après s'être excité du bruit que je faisais aux toilettes, pour me glisser sa main aux ongles sales, puis son pieu, dans le ventre. Le fantôme que j'étais devenue ne réagissait plus à rien, malgré ses exhortations essoufflées à participer à son plaisir. Rouler en boule la culotte et la cacher dans le charbon, remonter, me laver, puis subir les réflexions de ma tante..., j'étais de glace, j'étais un bloc passif, abandonné, en route vers la mort.

Mais l'oncle avait de l'imagination, et n'entendait

pas me perdre ainsi vingt-neuf jours par mois. Lorsqu'il me mit au train le lendemain matin, il me glissa dans la poche sa première lettre, et un billet de cent francs. Un billet énorme. Je n'avais jamais vu autant d'argent, je ne savais d'ailleurs guère quoi en faire et n'y touchai pas. Mais lorsque je lus sa lettre, la nausée me prit. Le fantôme avait encore la possibilité d'être souillé, le fantôme n'avait pas fini d'être anéanti. Les mots vulgaires qu'il employait parfois lorsqu'il me violait étaient là, noir sur blanc, écrits d'une belle encre régulière. Des mots qui me brutalisaient autant que ses gestes obscènes, que sa bouche puante, que son sexe dressé. Des mots qui se gravaient dans mon esprit pour m'étouffer, pour me rappeler qu'il était là, toujours là, que jamais il ne me lâcherait. Des mots qui s'ajoutaient aux coups de cravache de la patronne pour m'ensevelir. « Vous avez commencé à cirer le salon ? »... « Mettre mes doigts dans ta chatte »... « Les enfants ont faim, dépêchez-vous »... « Glisser ma langue dans ta bouche »... « Quoi ! Vous avez encore cassé une tasse ! Je vous retire tout ça de votre salaire »... « Et te baiser, et t'entendre gémir »... « Maman, la bonniche elle a renversé la carafe d'eau dans le couloir »... « Fais attention à la vieille, si elle découvre quelque chose, je t'enfermerai en prison »...

Lorsque je retournai là-bas en octobre, j'eus la joie de me faire conduire, en vélo, chez Marie-Claire. Ma sœur dont le ventre s'arrondissait claqua la porte au nez de l'oncle en lui disant de revenir une heure plus tard, et elle me serra dans ses bras. Lorsque je sortis, tremblante, la lettre obscène, elle s'assit et lut. Puis elle alla chercher dans un tiroir celles qu'elle aussi avait reçues. Elle gardait tout, Marie-Claire, peut-être attendait-elle le jour où elle pourrait les brandir, ces preuves formelles, au visage de la chère tante. Elle me proposa de lui confier ces maudites lettres à chaque visite, puisque chaque mois l'oncle avait promis de m'emmener la voir. Soulagée de pouvoir me débarrasser de ces horreurs, soulagée de pouvoir revoir ma sœur chaque mois, je n'osai pourtant pas dire ce que me coûtaient ces visites. L'oncle me faisait tout payer. A sa manière.

Tout cela se mêlait dans mon désespoir. Marie-Claire n'était pas heureuse, l'homme qu'elle allait bientôt épouser, le père de son enfant, la frappait, souvent ivre. Elle m'avait abandonnée pour cette nouvelle épreuve, elle m'avait livrée pour rien, et pourtant j'avais tant prié pour qu'elle trouve enfin un peu de paix. J'aurais pu me réconforter dans son épanouissement, mais chacune de mes visites confirmait que nous étions nées sous une mauvaise étoile. Définitivement prisonnières du malheur.

L'esclave fantomatique perdait toujours du poids. A ma première visite à la médecine du travail, on n'obtint de moi que regards baissés et dents serrées. Ma tension était correcte, mon pouls normal. On signa et on me renvoya à mes appartements. Ils durent s'inquiéter malgré tout, puisque je fus convoquée deux mois plus tard. Sans plus de résultats. Mes patrons enrageaient-ils secrètement de devoir déclarer les esclaves et de rendre des comptes, en tout cas ils respectaient les lois à la lettre, les lois garantes de leur bonne foi : rien ne les obligeait, dans le Code du travail, à nourrir d'ortolans les idiotes de village ni à leur offrir un traitement de faveur —, il y avait du travail, il suffisait de le faire, après tout. Après tout.

Et l'esclave obéissait. Entre deux coups de cravache. Entre deux réflexions tout aussi cinglantes. Entre deux méchancetés enfantines. Clouée au mur par les mots de l'oncle, tout me choquait. J'étais ballottée sans pouvoir reprendre mon souffle. Image choc de ce soir où Monsieur et Madame se livrèrent au devoir conjugal dans le salon, à même le tapis, poussant des petits cris que je connaissais trop bien. Image choc de ces bottes de cheval que je frottais pour leur donner cette tenue glacée qui reflétait mon visage déformé, celui d'une petite fille de cinq ans écartelée. Image choc du sang séché sur le chemisier que j'ôtais le soir dans ma petite chambre, sang jailli à la suite d'un coup assené par Madame — et ce geste ancré en moi de me recroqueviller pour me protéger le visage. C'était une femme, une femme au sourire d'ange, une mère qui me frappait. J'avais à peine trois ans de plus que sa fille aînée, pourquoi s'acharnait-elle ainsi, comment une telle cruauté pouvait-elle fleurir dans un ventre qui avait enfanté, qu'on m'explique, qu'on m'explique tout, depuis le début, et tous les soirs en vomissant mes larmes je répétais ces « pourquoi », qui ne trouvaient jamais de réponse, et je me laissais ensevelir. Mourir. Juste mourir.

J'eus mes seize ans au printemps de cette maudite année 1963. A la seconde visite médicale, je m'étais entendue qualifier de « pauvre fille ». J'avais une horreur absolue des médecins, qui avaient le pouvoir de me mettre nue, et surtout de lire sur mon corps tout ce que j'avais subi. Pauvre fille : l'avaient-ils seulement prononcé avec un peu de compassion ? Ils avaient VU, bien sûr. Ils ne m'en méprisaient que davantage, bien sûr. Tous ceux qui posaient leur regard sur moi se salissaient les yeux, bien sûr. A moins qu'ils ne s'amusent à me salir encore plus, moi la pauvre fille... Mais était-ce possible ?

Tout était possible. Je n'étais plus rien, mais cette maudite conscience était bien là, elle, pour me torturer. Le plus grand des fils avait douze ans et s'acharnait de plus en plus sur moi. Lorsque les parents sortaient dans le monde, la « pauvre fille » restait là, en butte à ces gosses qui n'avaient pas connu le millième de mes malheurs. S'ils avaient su, ne se seraient-ils pas acharnés davantage, tant ils s'amusaient de ma détresse. Le gamin à peine sorti de l'enfance m'appela de sa chambre. Il attendit que je frappe à sa porte pour m'autoriser à entrer. Il était allongé sur son lit, son pyjama baissé, et m'ordonna d'approcher. Je vis alors ce sexe dressé, puis son sourire animal, ses yeux brillants ; je vis ce geste, le même que celui des douaniers, j'entendis une voix lointaine, très lointaine, qui me lança dans un souffle rauque : « Toi qui es si bête, approche donc, tu as déjà vu un garçon se branler ? » Ces mots à la vulgarité salissante comme ceux de l'oncle, ces mots me sautèrent à la gorge, et en une seconde je redevins l'animal traqué, fauché par les lumières des phares. Le sang me monta à la tête, je luttai contre l'évanouissement pour courir loin de cette chambre, loin de cet appartement et me réfugier dans ma mansarde. Ce danger, ce danger partout ; j'avais craint le père et c'était le fils qui me rappelait à mon cauchemar — tout y était, ce pieu dressé, les lèvres injectées de sang, le rictus affamé et les murs, partout, m'emprisonnant. Terrée dans mon lit, je restai immobile. Toute la nuit. Sans pouvoir fermer l'œil. Au lever du jour, je laissai filer les heures. Il pouvait être cinq heures, il pouvait être six heures, le tableau noir pouvait bien afficher toutes mes corvées, je ne bougeai pas, paralysée. A huit heures, la fille aînée vint taper à ma porte. Le bruit des coups répétés, leur violence me broyaient, j'étais près d'exploser. Je finis par me traîner pour ouvrir. « Maman demande que tu descendes tout de suite », criait-elle d'une voix sèche. Qui pouvais-je assassiner ? Par qui commencer, dans cet univers de malheur ? Qui pouvais-je assassiner, sinon moi ? Ma patronne, comprenant que quelque chose d'inhabituel se passait, me regarda enfin et dit d'un air étonné : « Vous êtes bien pâle, ma pauvre enfant, vous avez beaucoup maigri ! Venez, il faut manger ! » Était-il bien temps de s'apercevoir que depuis mon arrivée, huit mois plus tôt, j'avais perdu dix kilos... C'était pourtant elle qui m'avait cravachée au sang, pour me punir d'avoir mangé quelques patates crues... Il était bien temps, Madame, de vous rappeler qu'une domestique est aussi, malgré toutes les apparences, un être humain ! Madame me fit manger. J'allais encore tenir quelques mois...

Au village, Marie-Claire avait accouché, en avril, d'une petite Sigrid.

Je fus convoquée à une troisième visite médicale. Dans la salle d'attente, d'autres filles, de « pauvres filles » comme moi, patientaient sagement, et je lisais sur leurs traits, dans leurs attitudes, que la condition de bonne n'ouvrait que sur la misère. Esclave du XXe siècle, j'avais fini par apprivoiser cette présence invisible qui emplissait chaque parcelle de ma chambre. Celle qui m'avait précédée, quelle avait été la goutte d'eau qui l'avait fait partir ? Où avait-elle trouvé la force de rendre son tablier, et avait-elle elle aussi vécu ce martyre banal ? Je sentais jusqu'à son odeur, et lorsque je me mettais au lit, c'était dans ses draps que je m'allongeais. Petite bonne, petites bonnes sacrifiées au confort de ces habitants d'un autre monde.

Brusquement, dans cette atmosphère blanche et suffocante, ma tête se vida. Quelque chose de chaud monta à ma gorge et m'étouffa, le plafond se mit à tourner et mon cœur explosa. J'eus le temps de savourer enfin ce moment tant attendu : je mourais. J'étais en train de mourir, enfin, et n'eût été cette douleur au thorax, j'aurais poussé un cri de joie. Enfin ! Quitter ce monde abject ! Je mourais... Maman, j'arrive, je meurs, adieu vous tous, et sans regrets, sans regrets éternels... Le dernier bruit qui parvint à ma conscience fut celui de ma tête éclatant comme une pastèque sur le sol.

Le lit était blanc. Je ne connaissais pas cette chemise de nuit. Qui m'avait déshabillée ? Et ainsi je n'étais pas morte ? Où étais-je, que s'était-il passé, qui avait donc interrompu mon merveilleux voyage vers le néant ?

« Ah, vous voilà revenue à vous ! » On me vouvoyait. Quelqu'un veillait sur moi alors que je n'étais rien, quelqu'un me vouvoyait alors que je n'étais qu'une bonne. Mais je devais rester sur le qui-vive. On allait me faire du mal, bien sûr, puisque j'étais née sous une mauvaise étoile. Et puis d'abord, en me déshabillant, ils avaient vu : mes cicatrices, mes os en miettes, mes muscles décharnés... Il ne fallait rien dire, rien avouer, sinon l'oncle me persécuterait jusqu'à la fin de mes jours, et puis si je racontais tout ça, ils allaient me punir, me mortifier, me condamner aux enfers pour oser porter tant de souillures... se taire, se taire... Ils se mirent à me poser des questions, trop vite, trop de questions, et je ne pouvais répondre à rien, à rien, je n'étais rien. Pourvu que je n'aie pas parlé pendant ma syncope. Sinon mon oncle, mon oncle... Et je secouais la tête, répondant évasivement, malheureuse d'être encore en vie.

On me dit que dès le lendemain, je partirais, en compagnie d'autres filles dans le même état que moi, vers une grande maison de campagne calme où je pourrais retrouver mes forces. On me dit que mes patrons m'avaient maltraitée, on m'expliqua qu'hélas je n'étais pas seule dans ce cas, mais que la loi était de notre côté : je pouvais parler, tout dire. Mais non, il ne fallait pas, il ne fallait rien dire, depuis la cabane j'entendais cet ordre, cette menace : « Si tu dis quelque chose... » Alors je devais me taire n'est-ce pas, laissez-moi, je ne dirai rien, laissez-moi !

Il y avait mon nom sur un dossier. Et ma petite valise était là à mes pieds, je ne sais par quel miracle. Dans la cour de l'hôpital nous étions une vingtaine au regard vide, attendant le petit car qui devait nous emmener là-bas, destination inconnue mais au moins n'y aurait-il pas d'oncle, et les gens nous parleraient gentiment, comme ici.

Je baignais dans un état de faiblesse totale. Ma vie, accrochée par un mince fil, ne me donnait que la force de respirer. On n'aurait rien pu obtenir d'autre de moi. Mais on ne me demandait rien. Pour la première fois. Pas de coups, pas de chantage, pas de viol. Je finis par pouvoir marcher, me nourrissant progressivement. Je pus admirer la campagne environnante, avant de repérer des vaches, une forêt sombre, un village au loin. La cabane. J'étais à la cabane. Non. J'étais dans une maison de repos et personne ne me voulait de mal. La forêt et ses chauves-souris, la forêt et ses sortilèges, il fallait la traverser pour aller mendier du pain ? Non. Autour de moi il n'y avait pas de moto, pas de beau-père ni de douaniers, et le pain était frais sur le plateau. Autour de moi, les filles en convalescence étaient nombreuses, lointaines et tristes. Et des gentilles dames prenaient soin de nous.

Un mois passa. Je ne voulais pas me faire à ce calme. Si je m'habituais, pourrais-je ensuite réendosser mon manteau de douleur ? Deux mois passèrent. Tendue, toujours sur le qui-vive, je veillais à ne me créer aucune attache, puisque j'étais condamnée à perdre toutes mes amies, ma Claudine, mon Armelle, dont je n'avais plus jamais reçu de nouvelles. Et puis il fallait faire attention à ne rien dire.

Ils voulaient, pourtant, ils voulaient que j'accuse. Je n'avais pas l'esprit de vengeance, toute idée de revanche m'était étrangère ; je savais que j'étais condamnée, prisonnière, et je ne pouvais imaginer qu'une loi, cette chose abstraite, puisse mettre mon oncle définitivement hors d'état de nuire. Je ne pouvais faire confiance à ce système qui pourtant aurait pu sévir auprès de mes patrons. C'était Marie-Claire qui avait raison, avec sa mauvaise étoile. Il fallait se taire. Et puis je n'aurais pu raconter le marasme général qu'était ma vie. Raconter, c'était revivre une seconde fois le cauchemar. Parler, c'était formuler des choses informulables. Et face à un regard, si doux, si gentil, si attentif, si ouvert soit-il, je ne me sentais pas la force de vider mon cœur. Il fallait se taire. L'oncle était tout-puissant et pouvait me punir si je lâchais le moindre soupir.

Mais les regards baissés de toutes mes compagnes m'indiquaient bien que les victimes souffrent tout autant de la honte que des mauvais traitements. Quelle révolte avait dû souffler dans le cœur de celle-là, qui après trois ans d'enfer avait osé dénoncer ? Elle avait dix-sept ans, elle parlait et nous la regardions avec frayeur. Son patron l'avait violée pendant ces trois ans, son patron l'avait transformée en objet de plaisir, accompagnant ces harcèlements de sévices. Elle avait voulu se suicider, et ce fut sauvée de justesse qu'elle atterrit à l'hôpital, puis à la maison de repos. Elle accusait, trouvant dans sa haine la force de se tenir droite. Je ne l'enviais pas. Elle était à mille lieues de mon univers. Peut-être lui avait-on appris, dans une enfance un peu épargnée, à dire non. Peut-être lui avait-on enseigné autre chose que les coups et la terreur, puisqu'elle tenait actuellement sa tête hors de l'eau. Moi, je ne savais rien de tout ça. J'avais juste eu le temps de remplir mes poumons d'un air saturé, avant qu'on m'appuie sur le crâne pour me noyer. Quand j'appris qu'on ouvrait une enquête sur mes patrons, je n'y vis pas matière à me réjouir. D'ailleurs, en un claquement de doigts le mari fit enterrer l'affaire, si cela méritait le nom d'« affaire ». Il ne s'agissait que d'une bonne, après tout ! Et à ma douleur vint s'ajouter celle de la fille qui me remplacerait. Elle ne serait pas mieux soignée, elle s'exécuterait sans mot dire, elle dormirait dans la petite chambre tapissée d'angoisse. Prisonnière. Nous étions toutes prisonnières, et les beaux arbres de la propriété, les bons fruits et le ciel bleu n'y changeaient rien. Ce sursis ne nous était accordé que pour mieux replonger ensuite dans l'enfer.

Les premiers trois mois, de juin à septembre, me permirent de reprendre un peu de poids. Mais la Sécurité sociale, qui offrait cette convalescence, misait sur un véritable rétablissement, et l'on m'accorda trois mois supplémentaires. L'hiver approchait avec ses silhouettes décharnées. Prisonnière, je l'étais bel et bien : l'oncle, prévenu de mon sort en tant que tuteur, n'eut pas le droit de me faire de visite mais put en toute impunité m'envoyer des lettres. Sans doute n'osa-t-il pas se répandre en propos obscènes par crainte d'être lu par le personnel médical, mais entre les lignes il me laissait entendre sans équivoque que je lui appartenais et qu'il me reprendrait en main dès que je sortirais. J'avais donc eu raison de ne pas parler. Sa vengeance aurait été terrible. Il était là. Il ne lâchait pas la corde. Il faisait valoir ses droits, tous ses droits. Il me poursuivrait jusqu'à ma mort.

Il se plaignait que je ne lui réponde pas. Six mois sans son jouet, six mois sans pouvoir ne serait-ce que me frôler furtivement, six mois sans me fourrer son sexe là où il le désirait, six mois aussi pendant lesquels il dut s'inquiéter de mon silence. Il pouvait se rappeler à mon bon souvenir, mais il lui était malaisé d'exercer sa pression à distance. Il n'avait guère de souci à se faire : j'étais à des lieues d'imaginer que mon misérable sort puisse indigner qui que ce soit. Le harcèlement dégradant de la tante avait fait son effet. Pour toujours j'étais laide, nulle, et la seule action que je pouvais intenter était de demander pardon à Dieu. Pour toutes mes fautes.

Le vide aux allures de sérénité qui faisait mon quotidien à la maison de repos se teinta un matin de décembre de la couleur que je haïssais le plus au monde. Mon ventre se mit à me faire mal, mal à se tordre, m'apprenant que mon corps possédait des recoins secrets capables aussi de douleur. Depuis quelque temps j'avais remarqué avec dégoût que des poils apparaissaient là où j'avais vu ceux de Marie-Claire, signifiant l'inéluctable, signifiant que l'enfance ne pouvait plus s'éterniser ainsi en moi. Seize ans et demi, j'avais une taille d'adulte et un corps impubère, la nature m'avait aidée tant qu'elle l'avait pu en m'épargnant ces signes tant redoutés, mais le temps était venu. Je me rendis à la salle de bains, pour constater avec horreur qu'une longue tache rouge barrait ma chemise de nuit. Je tombai à genoux, en larmes, folle d'angoisse face à ce tableau. Je m'étais donc laissée aller, dans ce semblant de tranquillité qui régnait ici. Mon corps ne percevait plus le danger, mes muscles s'étaient relâchés un à un, le sang était venu. Mais le danger, mon Dieu, le danger m'attendait au coin de la rue !

Ameutées par mon cri, des camarades vinrent, et croyant à une frayeur d'adolescente mal dégrossie, me rassurèrent en m'expliquant que tout cela était naturel. Naturel ! Était-ce d'être accouplée à son oncle et de risquer d'en tomber enceinte ? Nous étions à quelques jours de Noël, et mon séjour prenait fin sous peu. Sous peu les horreurs allaient recommencer, redoublées par cette nouvelle angoisse. Qu'on me garde, qu'on me garde encore, par pitié, pour retrouver un peu de force avant d'affronter ces nouvelles années de cauchemar... Mais prisonnière de mon secret, je ne pus que me débattre entre terreur et silence. On m'avait déjà accordé six mois aux frais de la société. Même si les responsables lurent dans mes yeux l'angoisse qui me vrillait le ventre, avec toute la meilleure volonté du monde ils ne pouvaient se permettre de me garder à vie entre ces murs protecteurs. Ensanglantée corps et âme, je dus donc préparer ma petite valise, faire mes adieux et reprendre le chemin de la maison maudite. Bientôt j'aurais des seins, puisque la nature se mettait à me trahir. Bientôt je serais la poupée sensuelle que réclamait mon oncle depuis tant d'années. La paix relative que j'avais gagnée en six mois s'était dissoute en une minute. Le paysage hivernal se déroula sous mes yeux. Combien de temps tiendrai-je encore avant de me laisser de nouveau glisser vers la mort ?

Ces six mois n'avaient pourtant pas été inutiles. Ils m'avaient appris qu'il existait des lois. Un jour, j'aurais peut-être la force de les utiliser, si par miracle je parvenais à croire suffisamment en moi. J'avais aussi appris que ce que je subissais avec mon oncle depuis trois ans portait un nom : inceste. Le fait de pouvoir nommer ce cauchemar me troublait, mais me donnait une base pour lutter. Ce que je vivais existait dans le dictionnaire. Cette trahison d'un frère envers sa sœur morte, je n'étais pas la seule à la subir. Je ne fis rien de ces nouvelles données, mais les laissai germer dans un infime coin de ma mémoire. Un jour peut-être...

Mais un jour lointain... Nous n'étions qu'en décembre 1963, encore quatre ans avant que je puisse forcer mon oncle à appliquer cette loi, la seule loi que j'avais intégrée : lorsqu'on est majeur, il n'y a plus de parents, plus de tuteur qui tiennent, on est libre de claquer la porte pour ne plus jamais revenir. Quatre ans... Pour l'instant je sonnai chez mes oncle et tante en grimaçant, avec cette envie terrible de m'enfuir, mais pour aller où... Ma tante m'ouvrit.

Aussitôt accusatrice : « Ah, te voilà, tu es guérie alors ! Quand même, tu aurais pu nous écrire, pas une seule fois tu n'as daigné nous envoyer une lettre, ton oncle était inquiet... » Mon oncle inquiet avait eu la bonne idée de s'absenter ce jour-là, faisant reculer de quelques heures l'oppression poisseuse qui me suffoquait déjà. Je montai ma valise, puis rejoignis ma tante à la cuisine.

Mon oncle avait réclamé mon dossier médical à la maison de repos. Tous deux, se frottant les mains pour des raisons différentes, avaient dû parler des heures de mon avenir bouché, de mon comportement étrange, de ma faiblesse. « Ton oncle verra si tu as grossi, c'est que maintenant tu vas sur tes dix-sept ans, et on ne sait pas quoi faire de toi, les gens disent que tu es trop renfermée, que tu es gourde, que tu es bizarre... » Non, ma tante, je n'avais pas grossi. Mon corps m'avait trahie en m'envoyant ces signes haïs, ces règles, ces poils, mais je n'avais pas pris de formes pour autant. Non, ma tante, ton mari ne pourra toujours pas violer une belle poupée épanouie, il devra se contenter de ce sac d'os, chère tante qui joue si bien son jeu... Quant à mon avenir, l'absence de mon oncle me permit de réfléchir à la question. Puisque cette question les préoccupait autant, je demanderais à me faire embaucher sur-le-champ à l'hôpital, à Lille, au service de pédiatrie, pour ne côtoyer que des enfants malades, pour ne plus jamais croiser d'oncles pervers. Car ces six mois passés en maison de repos m'avaient, décidément, apporté des choses positives : cet emploi-là, je l'avais souvent entendu évoquer, et la description de ces bébés ballottés par la maladie avait touché en moi une corde sensible. Aider, aider son prochain, j'avais tant à donner. Ma tante haussa les épaules et m'enjoignit de l'aider à préparer le dîner.

Chaque tic-tac de l'horloge faisait monter en moi la pression. Si Dieu pouvait faire que mon oncle ne revienne jamais. Je priais de toutes mes forces, tentant d'oublier sa bouche violacée et les araignées de la cave.

« Te voilà de retour, la petiote ! Viens donc faire la bise à ton oncle. » En une seconde l'araignée géante de mon angoisse s'empara de moi. Sa bouche, son sourire gras, sa casquette, son haleine, sa stature, sa voix... quatre ans encore sous son emprise. Mes jambes se liquéfièrent, mon regard se figea. Qu'il était laid ! Qu'il était abject ! Comme je détestais chaque pore de sa peau, comme je vomissais chacun de ses gestes. Son obsession ne l'avait bien entendu pas quitté : il me demanda aussitôt si j'avais grossi. Puis il s'inquiéta à son tour de mon avenir. Je pus annoncer fermement que je comptais me faire embaucher à l'hôpital, ayant entendu dire à la maison de repos qu'on y employait des aides-soignantes sans formation. Et que plus tôt je me rendrais à Lille pour une embauche immédiate, mieux ce serait pour ma tante et ses 25 de tension. Ma décision était si inébranlable que mon oncle ne put s'y opposer. La vieille, comme il appelait tante Marthe dans ses lettres, hochait la tête avec satisfaction. On se mit d'accord pour un saut à Lille dès le lendemain. Mon tuteur m'accompagnerait.

Le soir, je fus la première à monter me coucher. J'aurais voulu construire un mur, un mur de béton autour de mon lit, pour qu'il ne s'y penche pas, pour qu'il ne me touche plus, plus jamais. Son pas ralentit en haut de l'escalier et il me dit d'un ton péremptoire, faussement doux : « A demain, la petiote. » Et l'horloge égrenait les secondes avec son imperturbable régularité. Pour une fois, je pus m'endormir assez vite, épuisée par le trajet séparant la maison de repos de la maison du cauchemar, et par l'angoisse qui m'avait accompagnée tout au long du chemin.

Par ce voyage à Lille je gagnai une seconde journée. En priant, en suppliant Dieu qu'on acceptât de m'embaucher sur-le-champ. Nous arrivâmes à l'hôpital Saint-Antoine. Les infirmières de la maison de repos n'avaient pas menti, nous pûmes rencontrer un responsable, qui prit immédiatement ma candidature et m'annonça que j'étais engagée. Mon cœur se mit à battre, mais je m'entendis dire : « Présentez-vous le 2 janvier prochain. » Le calcul fut rapide : neuf jours, neuf jours pour être salie, neuf jours pour risquer d'être enceinte de mon oncle. Neuf immenses jours pour être engloutie par l'horreur. Puis cet hôpital serait mon refuge.

En rentrant, je sentis sur moi ses yeux brillants. Il me guettait, lui aussi avait dû compter les jours dont il disposait pour rattraper le temps perdu durant ma longue absence. Ces neuf jours, il devait les faire défiler dans sa tête, planifiant déjà son emploi du temps. J'étais pétrifiée. Au retour de Lille, la tante n'était pas là.

Néanmoins, je n'eus pas droit à la cave, sans doute à cause de l'heure tardive. J'eus droit à la toilette. La cuisine, la table, les chaises, la bassine, le robinet, le gant et la serviette, et deux yeux comme des banderilles épiant chacun de mes gestes. Mortifiée, je me déshabillai dans un silence mauvais. Il tâta mes hanches, mes cuisses, avant de s'asseoir, déçu : je m'évertuais donc à rester maigre et sans poitrine ! Et tandis que je voulais crier, hurler qu'il me laisse, que je n'étais pas un chien, que j'avais le droit de vivre et de vivre décemment, il secouait la tête gravement. « Tiens-toi droite. C'est terrible. Tu es une fille bizarre, un peu folle, personne ne te comprend. Pourquoi tu me fais de la peine comme ça, à ne pas me répondre quand je t'écris, à ne pas vouloir grossir. Mais tu ne te rends pas compte de ce que je fais pour toi ! Pour vous cinq ! Personne dans la famille ne voulait s'occuper de cinq orphelins, j'ai été le seul, c'est une lourde charge, et voilà comment tu me remercies ! Tu sais que tu es la seule mineure, à présent. Jean-Marie se marie en février, avec une fille qui a ton âge, mais elle, au moins, elle est ronde, elle est belle, tandis que toi, méchante... Tu es trop renfermée, et en retard pour tout. Il faut que tu changes. Tu m'entends ? » J'entendais. J'entendais dans ses paroles une nouvelle menace : celle de me faire passer pour folle. Enfermée dans un asile, sur ordre de mon oncle tout-puissant. La barrière était si fine entre une jeune fille à la santé fragile, et une sauvageonne cinglée dont tout le monde se méfiait. Oui, mon oncle, j'entendais. Cachée par mes longs cheveux, recroquevillée, je me lavai vite, tandis que ses yeux suivaient mon gant. J'étais partagée entre la peur qu'il me prenne en grippe, et l'espoir qu'il se lasse de mon corps osseux, qu'il se détourne, qu'il m'abandonne à mon triste sort. Mais depuis longtemps il n'avait plus la possibilité de passer ses humeurs sur Marie-Claire, et je restais la seule en lice. Prisonnière. Encore quatre ans.

Le lendemain fut aussi une journée sans. Nous étions le 24, un morne Noël se préparait, comme toujours. J'aurais voulu voir Marie-Claire, et sa fille, cette petite Sigrid qui avait presque un an, ce bébé qui avait arrondi le ventre de ma sœur, lui permettant de s'évader. Ma tante n'avait toujours pas pardonné l'infamie et ignorait que j'avais revu la pécheresse une fois par mois, l'année précédente.

Aujourd'hui encore, je devais me faire la complice de mon oncle pour avoir le droit de voir Marie-Claire pendant une heure. Il me promit que nous nous y rendrions le lendemain, pendant que la vieille irait couvrir ses petits-enfants de cadeaux.

Mais le lendemain, à midi, alors que nous étions seuls, il put enfin donner libre cours à ses pulsions. Me glissant une main entre les cuisses en me questionnant encore sur ma maigreur, il se pressa contre moi, avant de murmurer : « Nous serions mieux à la cave. » Nous ! Il n'avait donc aucune conscience de la violence de son acte ! Il me poussa devant, me laissant avancer sur mes jambes flageolantes, piquée par le venin de l'angoisse araignée. Il constata du bout de ses doigts aux ongles sales que j'avais rasé, à la maison de repos, ces poils qui me révulsaient. Il s'en inquiéta et apprit ainsi que j'avais fini par avoir mes règles. La peur de tomber enceinte de lui, qui me paralysait, ne dut pas l'effleurer, il m'embrassa et tout s'abattit sur moi : bouche, salive, odeur, poids, ombre, force, puis le pieu brûlant ma chair. Longtemps. Une éternité. Il en avait des choses à cracher, l'oncle. Il se déversait en moi et sa bouche n'en finissait pas de m'étouffer. L'horreur me submergeait. L'horreur de ce : « Tu aimes ça ? » susurré à mon oreille, et le cri qui ne sortait pas, la rage, l'indignation, non, je n'aime pas ça, quel être abject pourrait supposer une seconde, un millième de seconde que j'aime ça ? Comment aimer ce dégoût, cette envie de vomir, cette violence ?... J'aurais voulu hurler, et je me taisais, je me taisais... Tenir. Surtout, tenir.

Il regarda l'horloge en haussant les épaules : « Il est un peu tard pour aller voir Marie-Claire. Mais je te l'ai promis. » Son attitude avait changé. Sans doute ce dégorgement l'avait-il calmé — ce sordide cadeau de Noël. Il me posa une assiette sous le nez, mais n'insista pas pour que je mange. Son regard était fixe, ce regard que je cherchais pour le poignarder de remords. A quoi pensait-il, que se tramait-il dans l'antre vicié de son crâne ? Peut-être reprenait-il tout simplement son souffle. Il finit par jeter le contenu de mon assiette et me dit de m'habiller.

Marie-Claire, si tu savais combien je payais cher ces visites ! Depuis le viol dans les champs, à côté du cimetière, je redoutais ces promenades en vélo, même s'il venait aujourd'hui de se soulager. Il faisait froid, l'hiver haï dénudait les arbres. Nous arrivâmes à Malo-les-Bains. Je me voyais déjà courir vers ma sœur, me réfugier dans ses bras et embrasser cette petite fille que je ne connaissais pas.

Marie-Claire habitait près de la digue. Je n'osai sonner, l'oncle le fit à ma place. Elle ouvrit. Sa beauté me stupéfia, son sourire radieux m'emplit de bonheur. « Petite sœur ! » dit-elle en me serrant contre elle, avant de signifier d'un ton sec à l'oncle qu'il nous laisse et ne revienne qu'au bout d'une heure. Je me mis à pleurer toutes les larmes de mon corps, avant de retrouver mon calme. Une heure loin de lui, une heure au sein de ma seule et unique famille. La mer du Nord se déchaînait en tempêtes hivernales, l'appartement était clair et la petite Sigrid magnifique. Nous étions si bien, toutes les trois, sans homme pour nous violenter, sans cette mort mille fois renouvelée que nous ne connaissions que trop. Elle me demanda des nouvelles de la maison maudite. J'avais encore sur moi les odeurs de l'oncle, la trace de ses mains, et je frémis en secouant vaguement la tête, m'assombrissant d'un coup. Elle seule pouvait comprendre ce dégoût, cette peur, et mon silence. Délicate, elle changea de sujet, me fit parler de l'hôpital, de la visite à Lille et du poste que j'allais occuper. « Pars dès que tu peux, on s'écrira, on restera toujours en contact, petite sœur. Et quand lui t'écrira ses lettres ignobles, tu me les donneras, d'accord ? Protège-toi, protège-toi autant que tu le peux. »

L'heure était passée à une vitesse vertigineuse, un coup de sonnette nous ramena à la réalité. Je pris Sigrid une dernière fois dans mes bras, regardant les beaux yeux bleus de ma sœur s'emplir de larmes. Pourquoi Dieu avait-il voulu que notre solitude face au malheur soit si écrasante ? Ne rien se dire, durant des années, ne pas déverser ce flot de mots qui nous aurait fait tant de bien, se taire, se taire même entre nous, et pleurer de la douleur de l'autre, impuissante. Un second coup de sonnette nous figea. Marie-Claire perdit son sourire pâle, son visage se durcit, elle alla ouvrir. Elle alla ouvrir à celui qui nous avait tout pris. « Allez, la petite, on rentre, la vieille va s'inquiéter. »

Cinq jours, et encore la cave. Le regard bleu de ma sœur me revenait en mémoire, et puis les sourires de Sigrid, sa pureté enfantine pour lutter contre l'odeur d'ail, d'oignon et de vin, et les réflexions de la tante. Tenir. Surtout, tenir. Plus que trois jours, plus que deux jours. Achève-moi, anéantis-moi, je ne vis que pour ce 2 janvier 1964, là, je pourrai peut-être me reconstruire, loin de toi...

Le 2 janvier arriva, les neuf jours de cauchemar étaient passés, j'avais tenu, j'avais encore tenu bon. Ma valise fut bouclée le cœur battant, je pris le train, et le soulagement s'insinua en moi. Bien sûr je devrais revenir tous les mois, mais j'allais vers un avenir, un métier, j'allais être autre chose qu'une pauvre bonniche humiliée, j'allais côtoyer des enfants, des bébés malades qui ne pourraient pas me faire de mal, à qui je ne pourrais faire que du bien. Il n'y avait pas de lustres dorés ni d'escaliers en marbre, à l'hôpital, il y avait une détresse à laquelle je pouvais répondre, il y avait un besoin criant de soins et d'amour, et si je ne possédais pas les diplômes pour dispenser les premiers, de l'amour j'en avais à revendre. Aider, donner à l'autre pour se remplir soi-même, c'était ce que j'avais retenu de l'enseignement des bonnes sœurs et j'y plaçais tout mon espoir. Loin de toi, l'oncle, loin de toi...

On me donna à choisir entre l'équipe de jour et l'équipe de nuit. Je n'hésitai pas une seconde : même mes insomnies chroniques allaient pouvoir m'être utiles. Depuis la cabane, je ne dormais que quelques heures, finissant par sombrer d'épuisement aux premières lueurs de l'aube. Habituée à ce régime spartiate, je m'installai confortablement dans mes horaires nocturnes. Me coucher à six heures du matin ! Retrouver la petite chambre propre que je partageais avec deux autres filles et, bercée par les premières lueurs du soleil, m'endormir fatiguée mais confiante.

Ce qui n'empêchait pas ma tâche d'être ardue. Ce qui ne m'empêchait pas de l'accomplir avec dévotion. Je m'étais formée rapidement, toute à l'amour que j'avais à distribuer. Gestes devenus vite simples — langer, laver, donner le biberon, prendre un bébé hurlant dans son berceau et le cajoler avec tant de tendresse qu'il finisse par se calmer. Dans ces cris j'entendais mon angoisse, dans ces regards vides et pleins de larmes je reconnaissais la petite bestiole de la cabane, recroquevillée de douleur, dans ces bras tendus vers le néant je voyais ma détresse, et lorsque je parvenais à faire naître un sourire sur ces petits visages, mon soulagement s'alliait à ma joie pour me regonfler d'espoir. Ils guérissaient, ils reprenaient vie et couleur, ils s'en repartaient dans les bras de leurs parents vers une existence que j'espérais heureuse. Parfois, ils ne guérissaient pas...

Lorsqu'on m'amena le premier bébé gris, je fus

prise d'une angoisse silencieuse. Agir vite. Ne pas insulter les parents d'avoir laissé leur enfant se déshydrater, contenir sa rage et mettre en branle le processus désespéré des soins. Désespéré. Lorsque le premier bébé gris mourut dans mes bras, je ressentis le même désespoir qu'à la cabane. Petit corps inanimé entre mes mains, il suffisait, n'est-ce pas, de souffler dessus pour qu'il renaisse, il suffisait de l'embrasser pour que ses yeux s'ouvrent et qu'il sourie, n'est-ce pas... mais non, la réalité, l'insupportable réalité était là, sans que rien ne puisse l'adoucir. L'envie d'aller me blottir derrière mon bosquet me prit, l'envie de me rouler en fœtus pour rayer de ma mémoire cette invraisemblable injustice. Mais j'étais aide-soignante à l'hôpital Saint-Antoine de Lille, j'avais dix-sept ans et d'autres bébés attendaient mes soins. En quelques mois, en quelques morts, ma santé se dégrada. En quelques morts, sans oublier les miennes, mes morts successives et sans rémission.

Car il était encore là, l'oncle, avec ses gestes obscènes et ses lettres glissées dans ma poche à chaque visite. Car il était bien présent, tous les mois, à m'assaillir sans répit, empochant ensuite mon salaire comme un souteneur, puisque pour toujours c'était moi qui lui étais redevable. Par-dessus tout, j'étais paralysée par la peur de tomber enceinte. Qu'aurais-je fait de l'enfant monstrueux et pourtant innocent dans mon ventre ? Laisser pousser cette fleur venimeuse en moi, ou accepter, comble de l'horreur, qu'on m'éventre pour gratter les traces de ces accouplements contre nature ? Il s'en moquait, l'oncle, il me punaisait contre le mur de la cave et m'embrochait, tout à son plaisir. Avec lui je devenais un enfant gris et sans vie, un corps gelé, une conscience broyée, n'entendant plus ses critiques sur ma maigreur, pas plus que les radotages de la vieille, résolument complice des exactions de son époux. Je tombais régulièrement malade, à l'hôpital, durant les quelques jours qui précédaient cette visite mensuelle. Puis l'angoisse me prenait, après, de guetter l'apparition du sang, de compter les jours, en priant de toute ma foi pour que rien ne naisse de cette souillure, pour que Dieu permette qu'un jour tout cela s'arrête. L'inquiétude me submergeait, et la peine infinie de sentir la vie s'échapper des bébés, tout cela devait bien finir par abattre ma force et ma conviction. Dépression, dépression, là encore je mettais à présent un nom sur ces états indescriptibles. Je m'alimentais de moins en moins, et mes collègues s'inquiétaient. La fille secrète qui travaillait parfois jour et nuit, la grande fille brune et plate au regard intense avec qui on avait du mal à communiquer, l'aide-soignante aux réactions étranges leur était lointaine et pourtant sympathique. On me conseilla de prendre deux jours, deux jours d'arrêt et de repos total. Deux jours loin de l'oncle. La veille, en tenant un enfant mort dans mes bras pour lui faire sa dernière toilette, je m'étais effondrée au sol, dans un torrent de larmes.

Une année passa ainsi. Une année riche en découvertes et en désespoirs. Je voyais rarement le jour, travaillant d'arrache-pied, parfois jusqu'à quinze ou seize heures, toujours désireuse d'aider. Une année oscillant entre les moments de paix et les phases de dépression, une année sous le ciel gris du Nord, à rêver d'un ailleurs ensoleillé où les enfants rient, où les enfants ne sont pas battus, violés, où les enfants ne meurent pas. Encore trois ans. Ma vie commençait à ressembler à quelque chose. Je pus, pour la première fois cette année-là, décider que je ne me rendrais pas chez mon oncle pour Noël : mon travail à l'hôpital me fournissait une excuse imparable. L'année 1965 commençait sous les meilleurs auspices et, sur le calendrier tout neuf, je barrais soigneusement chaque jour me séparant de ma majorité. Car malgré tous ces changements, malgré ce monde que je découvrais et le temps qui s'écoulait, je restais l'animal traqué, souillé, toujours à la merci de mon tuteur, ensevelie dans mon secret.

Encore trois ans. Bientôt dix-huit ans. Étais-je réellement obligée d'aller tous les mois me faire violer ? La loi était-elle stricte à ce niveau ? L'oncle en tout cas me le rappelait régulièrement. Il me tenait, accumulant des preuves de ma folie supposée. Devant ma poitrine toujours aussi plate, il se répandait en commentaires lassés et lourds de menace. Ses pauvres tentatives pour me faire prendre forme grâce aux vêtements qu'il choisissait ne rimaient à rien. En l'occurrence, ma tante veillait au grain et son puritanisme rejoignait ma lutte contre une féminité trop affirmée. Ainsi accoutrée, avec ce chignon qu'elle s'ingéniait à me faire, j'avais assisté au mariage de Jean-Marie, quelques mois auparavant. Il n'avait jamais cherché à me défendre contre ce tuteur maudit, et j'en voulais à mon frère préféré de m'avoir lui aussi abandonnée. Mais savait-il seulement ce que j'endurais ? Avait-il eu le loisir, durant son adolescence si difficile, de se pencher sur mon cas, d'étudier mes réactions, pour finir par comprendre mon martyre et me tendre la main, comme dans la mare de boue d'où il m'avait jadis tirée ? Jean-Marie était marié, tout comme Pierre quelque temps auparavant. Personne n'avait de nouvelles de Roger. Marie-Claire s'occupait de sa première fille en portant un deuxième enfant dans son ventre, sous la férule de son mari brutal. Mon oncle me l'avait signifié : j'étais la dernière. Je lui appartenais en tout, pour encore de longues années.

En payant à chaque fois ces visites par une descente à la cave, je continuai à voir Marie-Claire tous les mois. Sa deuxième fille, Lydia, était née et remplaçait Sigrid dans le petit berceau. Ma sœur, qui savait me recevoir avec chaleur, ne parvenait toujours pas à trouver un peu de bonheur. Depuis près de trois ans elle subissait son Allemand de mari, qui n'avait de mari que le nom : ma tante, sans en connaître les raisons, n'avait pas tort en répétant qu'elle avait sauté au cou du premier venu. Le beau blond au sourire enjôleur avait croisé la magnifique brune au cœur meurtri, il avait persisté, elle avait signé. Un tel individu avait l'avantage de la jeunesse, de la beauté, et si lui aussi s'amusait à susurrer quelques mots obscènes à son oreille, au moins étaient-ils en allemand, elle ne s'en salirait pas. Tout plutôt que l'oncle gras et puant. Mais il s'était vite révélé porté sur la boisson, et les coups pleuvaient. Chaise brisée contre la porte, hurlements et gifles, Marie-Claire avait déjà tant subi, elle se tint droite face à cette nouvelle épreuve, mais dans quelles ressources devait-elle encore puiser pour ne pas s'effondrer... Maladroitement, balayant mes propres malheurs, j'essayais avec elle de reprendre espoir, et lors de ces visites mensuelles, nous nous prenions à rêver, comme à la maison de redressement, d'un départ, d'un départ très loin de toute cette haine, de toute cette grisaille. Lydia gazouillait, et nous redevenions deux petites filles, pleines d'innocence et de pureté. La sonnette nous ramenait toujours sur terre, je lui donnais alors le billet de cent francs qui continuait de ne rien représenter pour moi, ainsi que les pages griffonnées avec application par l'oncle lors de ses après-midi solitaires. Oublier le viol, ne penser qu'à cette visite. Rentrer à Lille abattue, comme toujours.

Le printemps approchait, j'avais dix-huit ans, chaque jour rayé sur mon calendrier était une victoire, et chaque jour à attendre, une incommensurable épreuve...

Mes évanouissements à l'hôpital devenaient de plus en plus fréquents. J'étais bien obligée de me rendre compte que j'étais fragile, que ces morts d'enfants, si stupides, si injustes, me bouleversaient, me terrassaient, que les heures de travail que je fournissais, ajoutées à l'horreur du harcèlement de mon oncle, m'affaiblissaient davantage... Je devais admettre que je ne pourrais rester bien longtemps à cette place. On me conseilla d'écrire à diverses cliniques, où les emplois du temps étaient souvent plus légers que dans le public, ce que je fis. Et la clinique de Marcq-en-Barœul, en juin, répondit favorablement à ma candidature.

Je mis alors mon oncle au courant. En précisant que j'étais embauchée immédiatement, pour ne pas avoir à subir un été de repos bien mérité dans le fond de sa cave, comme il était prêt à me le proposer. Quittant le 30 juin l'hôpital, avec tous ces enfants que j'avais aimés l'un après l'autre, je me rendis en bus à la clinique, éloignée d'une quinzaine de kilomètres. Je sentais que je tournais une page. Je sentais que je prenais ma vie en main. En mettant mon oncle devant le fait accompli, j'avais décidé. Décidé ! A plus de dix-huit ans, j'avais enfin pris une décision par moi-même ! J'avais agi dans mon intérêt !

Le directeur de la clinique en personne accueillit sa nouvelle employée. Il me montra ma chambre, et me fit visiter les locaux. Récente, la clinique ultramoderne présentait un tout autre décor que l'hôpital de Lille. Un parc de rêve entourait des bâtiments flambant neufs. Jusqu'à ma chambre de petite aide-soignante, tout respirait le propre, le beau, le cher... Car je m'aperçus vite de la différence de clientèle :

ainsi l'argent permet le luxe même dans la maladie ! J'allais, moi, travailler dans cet univers rutilant, après avoir grandi dans une cabane insalubre, j'allais avoir ma place ici... Je ne ressentis nulle agressivité, ni dans la conduite du directeur ni dans l'attitude du personnel qu'on me présenta. Non qu'on m'accueillît à bras ouverts, je restais une anonyme, mais une anonyme à qui on ne voulait aucun mal. Le soir même, je fis la connaissance de Mudith, la fille partageant la même chambre que moi. Et si, à l'hôpital, je n'avais pu me lier, restant distante, écrasée par mon trop lourd secret, ce jour-là le contact fut immédiat. Elle était russe, ses parents avaient jadis quitté Moscou pour atterrir dans ce Nord que je détestais profondément. Douce, blonde, adorable, elle resta ma compagne de chambre durant trois ans, et jamais le moindre nuage ne vint assombrir notre amitié.

Je pris vaillamment mon service dès le 1er juillet. Mes responsabilités étaient nettement moins importantes qu'à l'hôpital, au point de me faire craindre l'ennui. Je me contentais ici de servir les plateaux-repas et de nettoyer les chambres. Ma réserve faisait de moi un automate, et je finis par prendre la couleur des murs, sans guère d'échanges humains avec les malades. Ils étaient bien loin, mes bébés de l'hôpital, qui me parlaient plus que ces riches patients dorlotés. J'avais pris goût à l'existence, la vraie, celle qui apporte à l'autre, celle qui reçoit de l'autre, et les regards vides des chirurgiens lorsqu'ils venaient à croiser le fantôme que j'étais me faisaient régresser. Je ne tins pas longtemps à ce rythme.

Je me rendis, pétrie de timidité et de bonne volonté, chez ce directeur qui m'avait accueillie avec dignité, et lui fis part de mon ambition : travailler, travailler jour et nuit s'il le fallait, pour parvenir à décrocher un diplôme d'infirmière. Qu'il m'envoie dans tous les services, qu'il me permette de faire mes preuves, qu'il me permette d'apprendre, surtout. Il fut séduit par ma détermination, étonné même qu'une jeune fille de dix-huit ans réclame ce genre d'emploi du temps, alors que mes compagnes avaient plutôt l'humeur vagabonde. Et je pus assez vite travailler d'arrache-pied et m'inscrire à des cours par correspondance. L'ombre de mon oncle était plus que jamais présente, plus que jamais haïe. Les expéditions à la cave prenaient un tour ridicule, j'étais trop grande, trop grande, et pourtant la petite fille de cinq ans en moi continuait d'être terrorisée, mon indignation n'y pouvait rien. Tenir. Tenir. J'avais eu jadis mon certificat d'études alors que tous m'en croyaient incapable, cette fois ce serait pour ce diplôme d'infirmière que je me battrais, pour ce diplôme m'ouvrant une carrière solide et altruiste, pour ce statut social qui me donnerait de l'assurance, et puis un jour me permettrait de taper sur la table et de dire non.

Cette plongée dans le travail me fatigua mais me procura des moments intenses. J'y croyais. Et surtout, j'oubliais mon cauchemar, tentant d'éviter, hélas rarement, la visite mensuelle qui me faisait horreur. Dans les yeux de Mudith, je lisais de l'amitié, du respect. Qu'aurait-elle pensé de moi si par malheur elle avait eu vent de ces viols qui n'avaient cessé depuis cinq ans, et dont je ne serais délivrée que bien plus tard... Et toutes mes collègues, se maquillant, se faisant belles pour aller danser en robe vichy et escarpins coquets quand arrivait le jour de repos, auraient-elles pu m'imaginer recroquevillée, du haut de mon mètre soixante-dix, et brutalement embrochée par ce type répugnant ? Nous avions le même âge, nous faisions le même travail, et pourtant nous évoluions dans des univers séparés par des années-lumière. Elles riaient, partaient en groupe dans les soirs d'été, et je les regardais par la fenêtre, silencieuse, trop écrasée par cette différence.

En acceptant l'invitation de Mudith d'être présentée à ses parents, j'eus le choc de contempler le spectacle d'une famille, une famille unie, heureuse, qui m'ouvrit les bras. Ces Russes avaient eu dix enfants, dix filles, et si tous les jours n'avaient pas été roses pour eux, ils étaient parvenus à conserver cette chaleur, cet esprit, cette étincelle de bonheur qui m'étaient inconnus. Dans les vapeurs de la soupe aux choux, dans la décoration rouge et or, dans les sourires compensant leur mauvaise connaissance du français, ils répandaient leur charme slave, fait de mélancolie et d'euphorie mêlées, et je puisais de quoi oublier un instant l'horreur grisâtre du Nord.

Puis sonner chez l'oncle, réendosser mon manteau de douleur, écouter les sempiternels discours de la tante, me déshabiller encore dans la cuisine pour y faire ma toilette, dévoilant cette intimité qui prenait forme avec l'âge sous leurs yeux mauvais. Être rabaissée, critiquée, au nom de toutes les femmes de ma famille. Grimacer lorsqu'une main aux ongles sales se posait sur moi, me liquéfier en obéissant au signe de tête péremptoire qui m'indiquait le chemin de la cave. Serrer les paupières, serrer les dents, subir l'assaut dans l'odeur de moisi du sous-sol, cracher, me nettoyer la bouche, me nettoyer l'entrejambe furieusement pour que ce sperme maudit ne me féconde pas. Fulminer de rage et de honte, suivre l'oncle en vélo et retrouver Marie-Claire. Enfin.

Le mari de Marie-Claire avait disparu. Sans doute était-il reparti en Allemagne, elle avait tenté quelques recherches, notamment pour toucher une pension alimentaire, mais ne retrouva pas sa trace. Seule avec deux enfants, elle ne se laissa pas aller et, après avoir obtenu le divorce, elle se remaria avec un homme moins brutal. Du Sud. Comme Pierre, qui avait épousé une Sicilienne. Nous avions tous besoin d'ailleurs, nous voulions tous nous échapper des mornes plaines des Flandres, dans la chaleur d'une famille russe ou dans un accent chantant, dans des souvenirs d'enfance ensoleillés ou dans des rêves de tropiques. Roger, lui, avait fui depuis longtemps, corps et âme, il avait osé quitter ce pays de malheur, et si nous ignorions tous où il pouvait bien être, nous portions sa fuite en nous. Roger était parti, la vie existait ailleurs. Bien meilleure. Sans doute. La mer du Nord faisait claquer ses vagues glacées sur la digue, les terres endeuillées couraient en maigres collines, et dans la maison de l'oncle, l'horloge ne se lassait pas d'égrener les secondes.

Trop grande, dans ce lit d'adolescente, trop grande à guetter son pas dans l'escalier, je n'en finissais pas de tisser des kilomètres de « pourquoi », mois après mois, année après année. Il sentait bien que je lui échappais et il me serinait inlassablement combien, jusqu'à la veille de mes vingt et un ans, je demeurais sous son joug. Me rappelant sans cesse les abandons de mes frères et sœurs. Et son sacrifice. Sous les hochements de tête de la tante. Comme ils me semblaient déformés par leur monstruosité, ces deux Thénardier tenaces ! Yves, leur fils, venait à son tour de mourir. Personne n'avait voulu de lui, sinon le cancer. Le cœur déjà desséché de la tante resta aussi sec et chez mon oncle, je ne saisis pas la moindre émotion. Trop occupé à jouir de ses derniers instants de virilité.

Grand-mère Eugénie mourut aussi. On la disait folle depuis longtemps, cette pauvre grand-mère qui passait des heures sur la tombe de sa fille. Elle sortait la nuit, marchait de son petit pas alerte vers le cimetière et pleurait sa fille préférée, sa jolie petite dernière au sort si funeste. On avait fini par l'enfermer à clé, pour éviter les tracas. Car Eugénie ne se rendait pas compte qu'elle préoccupait ses chers enfants en errant ainsi, et ses chers enfants, qui avaient déjà sacrifié bien des choses avec ces maudits orphelins, n'avaient pas que ça à faire. Enfermée à double tour, la vieille grand-mère s'était éteinte. Dans quelles conditions ? On ne s'en inquiéta qu'une bonne semaine après sa mort, découvrant son cadavre prisonnier. Ce n'était pas très important, après tout, puisqu'elle était folle. Eugénie était partie rejoindre sa petite Lucienne. Dans le cimetière, leurs deux tombes se côtoyaient dorénavant. Là où j'avais tant voulu m'enterrer pour ne plus jamais rien subir de ce monde cruel.

Inscrite à mes cours par correspondance, je pris enfin conscience de la valeur de l'argent, en m'offrant, c'est bien le mot, des livres, des cahiers, en m'offrant un avenir. En révisant des heures et des heures, je compensais aussi mon amertume à voir partir les jeunes filles de mon âge vers des amusements qui me semblaient interdits. J'aurais pu, après tout, sortir avec elles le soir, fréquenter ces étranges endroits souterrains où la musique était forte et sur lesquels traînait une rumeur sulfureuse. J'aurais pu découvrir ce monde inconnu des cafés, mettre du rouge à lèvres et rire en parlant fort avec mes camarades. J'aurais pu profiter de ces jeunes années où l'énergie fuse en tous sens, rencontrer un regard tendre, me laisser aller à une histoire d'amour, comme dans ces films que j'avais vus à la télé. Mais les lamentations de ma tante sur ma bêtise et ma laideur avaient produit leur effet, je me sentais sale et inutile, trop grande et retardée, ne pouvant récolter que mépris et répulsion. J'arrivais à me convaincre qu'on me fuyait. J'arrivais donc à convaincre mes collègues de me fuir. A part Mudith, sans doute à cause de sa qualité d'immigrée, je n'avais de contact avec personne. J'étais la grande gigue travaillant jour et nuit. Mon oncle avait raison, je devais passer pour une folle, avec mon acharnement à vouloir expier dans le labeur. Et je m'y plongeai avec une foi incommensurable. Tenir. Une année s'était écoulée, en ce printemps 1966 j'eus dix-neuf ans, et tout doucement les choses se mettaient en place.

Si bien que lorsqu'on eut besoin d'une panseuse en urgence au bloc opératoire, on vint chercher la grande gigue si dévouée qui étudiait dans sa chambrette. Je me précipitai, le cœur battant : le bloc ! Entrer dans le paradis blanc, assister ces demi-dieux, les chirurgiens, devenir un ange soi-même tout de blanc vêtu. On était venu me chercher ! Rapidement on m'habilla, blouse, bottes de tissu, calotte et gants, et je poussai la porte. La fierté me coupait le souffle, je savourais cette occasion unique de faire mes preuves, décidée à m'accrocher pour rester dans ce service des urgences où je pourrais me rendre utile.

Les demi-dieux sauvaient des vies. Fascination. Devenir transparente, devenir leur ombre et obéir au doigt et à l'œil à leurs injonctions, me montrer parfaite, pour qu'on me garde. On me garda. J'en tirai une assurance formidable, osant pour la première fois écrire à l'oncle pour lui signifier que ce nouveau poste ainsi que mes études me prenaient tout mon temps, et qu'hélas je ne pouvais me permettre de rater ne serait-ce qu'une journée par mois. Ma tante pouvait hurler en me prédisant un échec cuisant, j'étais loin. Un mois, deux mois ! Deux mois sans cave, deux mois sans ces mains appuyant sur mes épaules pour me noyer. Un espoir immense. Travailler d'arrache-pied, tout oublier du ratage de ma vie et me jeter à corps perdu dans mon avenir.

Les cinquante questions de culture générale me terrorisaient. Je n'avais que mon maigre certificat d'études, obtenu bien après l'âge normal, et ni chez les bourgeois de Lille ni à l'hôpital je n'avais eu le loisir de me cultiver. Il fallut lire, comprendre, apprendre, retenir, oublier les malédictions méprisantes de la tante et les menaces de l'oncle, me concentrer pour ne jamais défaillir. Si j'obtenais cette équivalence, la route était alors ouverte vers ce fameux diplôme d'instrumentiste. La chirurgie, le bloc. Être l'assistante des demi-dieux sauveurs de vie. Deux ans d'études ? Si tout allait bien, je serais majeure au bout de cette route. Si tout allait bien, je pourrais être libre, me tailler une place dans la société, être considérée autrement que comme un chien, si tout allait bien, dans deux ans je pourrais exister.

En attendant, l'oncle me fit un appel du pied, et je dus aller passer trois jours chez lui. Pour régler toute cette paperasserie, disait-il. Bien sûr, j'avais besoin de livres, de fournitures, et si j'avais fini par oser utiliser le billet de cent francs qu'il m'accordait sur ma paie, je devais à présent mendier l'argent nécessaire à tout cela. Mendier l'argent que je lui ramenais...

J'arrivai à midi, en apercevant la lumière bleuâtre de la télé dans le salon interdit. Ils étaient là tous les deux, dans cette pièce étrange envahie par les photos de leur fille morte, cette pièce toujours fermée à clé, dont le parquet brillait comme un miroir. Ils me guettaient. Et m'accueillirent avec des reproches, ingrate que j'étais d'avoir fui pendant ces mois... « Eh bien, la petite, te voilà enfin, on a cru qu'il faudrait faire le voyage pour aller te chercher à ta clinique. » Une délicieuse odeur parvenait de la cuisine, nous allions déjeuner, le tableau était parfait, mes tuteurs fêtaient nos retrouvailles après cette longue séparation qui nous avait fait tant de peine... Mais dès que j'avais croisé cette bouche, le dégoût, une fois de plus, m'avait submergée. Foutaises, hypocrisie, lâcheté et perversion, j'étais prise au piège. De guerre lasse, je ne réclamai même pas à ma tante de l'accompagner voir ses petits-fils. Elle m'avait toujours rejetée, me rabaissant, m'humiliant, lorsque j'étais une pauvre petite orpheline à la recherche éperdue d'un peu de tendresse, elle n'avait jamais levé le petit doigt pour moi. Elle me livrait à l'ennemi, sans rémission. Et l'ennemi guettait, patient, sirotant bruyamment son verre de vin. Je le savais là, son pieu sans doute déjà dressé, comptant les tic-tac qui le séparaient de son moment privilégié. Je grimpai dans ma chambre pour vider ma lourde valise. En espérant que cela pourrait constituer une barrière entre lui et moi, je m'étais munie de tous mes devoirs pour m'y plonger dès la fin des repas. Tu ne me noyais pas seulement de dégoût, l'oncle, dans la cave. Tu ne me faisais pas seulement courir le risque de tomber enceinte de toi, l'oncle. A présent, tu m'empêchais aussi de me concentrer sur cet examen sur lequel je jouais ma vie. Viol, vol, tu avais donc juré ma perte, tu avais donc décidé de me prendre absolument tout.

Mes cahiers ne firent pas illusion une seconde. Il me voulait. Rien d'autre ne comptait. Frustré par mon absence, il n'allait pas m'accorder une once de répit : dès que ma tante fut partie, il m'appela. Je restai clouée sur place. Gentiment il me réexpliqua que si on m'enfermait dans un asile, il resterait responsable de moi toute la vie. Toute la vie ! Se taire, subir avec la peur au ventre. Tout ce que j'avais pu accumuler de confiance en moi s'effondrait, j'avais cinq ans, comme à chaque fois, je n'étais qu'une toute petite fille terrorisée par les adultes. « Descends, j'ai envie de ta bouche. » J'osai, par un suprême courage, lever les yeux sur lui, croiser son regard. Il ne s'en soucia pas, sa main aux ongles sales refermait mon livre, je devais obéir.

Le sol ne se fendit pas à mon passage. Le plafond ne s'écroula pas sur moi. Rien ne bougeait, dans la véranda un vent frais d'avril apportait le gazouillement des oiseaux et un immense tambour battait dans mes tempes. L'air moisi de la cave. « Mets-toi à genoux. » Je ne voulais rien voir, rien sentir, je voulais mourir, il m'attrapa la tête et m'enfonça son pieu dans la bouche. Odeurs nauséabondes. Ma mort. Ma mort mille fois répétée. Lorsqu'il eut fini, il ne quitta pas immédiatement la cave. Me contemplant recroquevillée au sol, immobile, il me dit : « Tu sais, même après tes vingt et un ans je te retrouverai, où que tu ailles. » Coup de marteau supplémentaire sur mon pauvre crâne. Avril 1966, trois jours.

Je finis par remonter, apercevant l'ombre de son bleu de travail dans la cuisine. Il me surveillait. En me faufilant dans le jardin, je réussis à atteindre le tuyau d'arrosage. De l'eau, de l'eau venue du fond de la terre pour nettoyer ces balafres souillées, de l'eau glacée pour soulager mes brûlures, pour laver ce visage maquillé d'horreur, pour que ma bouche se purifie. Il se tenait sur le perron, contemplant l'étrange spectacle, peut-être contrarié que je n'apprécie pas ses manières, peut-être vexé que je me sois précipitée vers ce robinet pour nettoyer sa précieuse semence. Il était rouge, congestionné, d'une laideur inimaginable. « Demain on ira voir ta sœur. »

Trois jours. Le soir de ce premier viol, je me glissai vers ma tante occupée à peler les patates, pour lui demander si je pouvais faire ma toilette avant le repas. En lui expliquant à voix basse que j'avais mes règles et que je désirais me changer. Sans respecter mon secret, sans comprendre ma gêne, elle me répondit d'une voix claire : « Enfin ! Ton oncle et moi on se demandait si tu étais normale de ce côté-là ! Georges ! Tu savais que la petite avait ses règles ? Bon, allez, va te laver. » Il avait rapidement secoué la tête, l'oncle, en répondant non. Bien sûr il savait. Il savait, et ne cachait pas sa satisfaction quand le hasard faisait tomber mon cycle sur mon jour de visite : la cerise sur le gâteau. Le rappel de cette barbarie supplémentaire me donna tous les courages : « Mais... » La petite avait dit : « Mais. » Ma tante tendit l'oreille, intriguée. Bravement, je continuai : « Mais j'ai dix-neuf ans maintenant, et à la clinique on ne se lave pas les unes devant les autres, surtout quand on a ses... Vous n'avez qu'à aller dans la véranda ! » Sans doute impressionnés par cette première réclamation émanant de la maigre et stupide orpheline, ils s'exécutèrent en silence. Seule dans la cuisine, face à ce haut lavabo. Seule ! Je les aperçus vite néanmoins, tous deux, plantés contre la vitre, et épiant le moindre de mes gestes à travers le fin rideau de voile. Ils commentaient ma toilette, sans pudeur, sans la moindre hésitation. Honteuse, je jetai ma serviette souillée dans le poêle à charbon, où avaient déjà brûlé des dizaines et des dizaines de culottes, rêvant de me laisser consumer aussi dans ces flammes. Derrière leur fenêtre, ils s'impatientaient et je n'en finissais pas de laver et de relaver à l'eau pure ces territoires souillés de mon grand corps plat. Je finis par me rhabiller pour aller leur ouvrir. Après la réflexion de ma tante sur le temps que je m'étais accordé, je croisai le regard de mon oncle. Il n'allait pas me lâcher comme ça, vingt et un ans ou pas...

Je mis la table, l'estomac noué. « En tout cas, tu n'auras jamais de seins, tu resteras moche, on l'a bien vu », proclama tante Marthe pour la énième fois. Je serrai les dents, me jurant que je ferais tout pour ne plus jamais remettre les pieds dans cette maison où tout n'était qu'humiliation. Le repas fini, je me précipitai au lit. Encore deux jours.

Le lendemain, dimanche, je pris encore une décision : celle de me rendre, seule, à l'église du bourg. En ce jour du Seigneur, j'espérais lancer vers les cieux la prière la plus déchirante qui soit, pour recevoir l'apaisement de mes tortures. Dieu ne m'avait jamais épargnée, pourtant cette foi était mon seul soutien, ma seule consolation, et cet instant dans l'arche fraîche et pure de l'église me fit un bien immense. Le cœur réchauffé, je repris le chemin de la maison des cauchemars, comme je l'appelais depuis des années. Mes cahiers m'attendaient, sous l'œil vigilant de l'oncle et les commentaires désobligeants de la tante. Je n'arrivais à rien, déconcentrée. Je ne devais pas défaillir, pas une seconde, mais le découragement me gagnait. Un dimanche de gagné. Encore un jour. Je devais regagner la clinique avant vingt-deux heures, en ce lundi, et nous n'étions que le matin. Ma tante partait voir ses chérubins, j'avais de longues heures devant moi, en tête à tête avec mon bourreau.

Qui se fit pressant. « Descends. » A chaque pas me menant en enfer, je me répétais qu'il n'y aurait pas de prochaine fois. Que je saurais dire non. Que je refuserais toute visite. Les araignées. Le sang coulant de mon corps. Ses mots chuchotés. Il m'ordonna d'enlever ma culotte. Son doigt vint me blesser. J'avais mal au ventre. Il vit la couleur rouge de sa main, qu'il lécha. Son souffle s'accéléra, son haleine puante m'arrivait en plein visage, il m'engloutit dans sa bouche, puis m'embrocha. Son pieu me faisait mal, et ce sang qui allait s'éparpiller m'horrifiait, ce rouge me rejetait sur la terre noire de la cabane, je me débattais, ventre douloureux, dégoût insondable. Lorsqu'il s'arrêta, je dus subir la sensation de ces liquides poisseux mêlés me coulant le long des jambes. Je vis son sexe rougi, comme celui du beau-père la première fois qu'il m'avait éventrée. Courir, fuir, me jeter dans une rivière, me laver, mourir. Il était remonté, et revenait alors avec une serviette propre, qu'il plaça entre mes jambes. « Ne dis rien à la vieille, tu comprends ? » Non, je ne comprenais pas, je ne comprenais rien, j'étais à la cabane mais il n'y avait même plus les yeux de maman pour me consoler, il n'y avait même plus de mare pour m'y laver, j'étais seule au monde, était-ce cela que je devais comprendre ?

La visite à Marie-Claire me fit du bien. Je pus me débarrasser de ces lettres immondes qu'elle plaçait dans une boîte rouge comme mon sang, fermée à clé. Puis embrasser Sigrid embellissant de jour en jour, et Lydia, dont j'étais la marraine. Ma sœur était encore enceinte. Voulait-elle rattraper Jean-Marie qui avait à présent trois enfants, je sentais qu'une famille se composait autour de moi, à laquelle j'étais étrangère. Pierre aussi était papa, et la petite restait la petite, face à tous ces adultes responsables. La petite au grand corps d'enfant, la petite encore esclave d'un vieux pervers, la petite aux yeux affolés, aux gestes malhabiles, la petite qui comptait les jours, désespérément.

Enfin je pus claquer cette porte maudite et retrouver la clinique. Il me fallut plusieurs nuits pour récupérer un peu d'espoir. Plusieurs nuits noyée dans les cauchemars, à me réveiller en hurlant, dégoulinante de sueur, effrayant la pauvre Mudith. Puis tout doucement, droguée par le travail, je repris vie. Ces trois jours m'avaient fait tomber trop bas. L'idée de revivre une minute, une seule minute de cette éternité me semblait au-delà de mes forces. J'étais décidée.

Mon oncle ne me revit pas durant un an.

Mon dévouement, ma force, mon professionnalisme furent enfin remarqués. Le directeur m'appréciait, les chirurgiens me remarquaient, les infirmières me regardaient avec méfiance. Travailler. Je ne dormais guère plus de trois ou quatre heures par jour, saisissant tous les emplois vacants pour me perfectionner, puis retrouvant ma chambre pour apprendre. Le dégoût que me provoquait l'oncle servait de moteur — plus jamais, plus jamais, me répétais-je. Il fallait bien que je le revoie un jour, pour la paperasserie, mais ce serait la dernière fois. Et il ne me toucherait plus. Je saurais dire non. Plus jamais, plus jamais.

Ainsi, quand je me proposai pour rester de garde durant les fêtes de fin d'année, le directeur m'interrogea sur ma famille, sur ma solitude. « Oh, j'ai juste un vieil oncle qu'on a nommé tuteur à la mort de maman », lui répondis-je. Il accepta bien volontiers ma proposition, puisque je réclamais tout ce qui rebutait mes collègues. J'avais même insisté pour ne pas prendre ce jour de congé par mois qui m'était dû. Écrivant alors des lettres bien propres à mes tuteurs, pour leur expliquer qu'encore une fois j'étais trop prise à la clinique. Tout se mettait en place. Encore quinze mois.

Une année. Une année sans la grosse bouche à l'haleine avinée, une année sans ce voyage de deux heures qui broyait mes nerfs, une année à exister décemment, jeune femme et non pas gamine orpheline, aide-soignante active et appréciée et non pas grande gourde terrorisée. Une année depuis ces trois jours d'avril qui m'avaient conduite aux frontières du supportable. A la veille de mes vingt ans, mon oncle m'écrivit. Me réclamant pour régler les transactions en vue de ma majorité. Eh oui, même la petite allait devenir grande, bientôt il devrait signer les derniers papiers, les tout derniers, qui libéreraient l'ultime esclave. Et il n'y aurait plus d'orphelins encombrants, de gamines désobéissantes et ingrates sur qui on pouvait lâcher les chiens quand il leur prenait la folie de vouloir s'enfuir. J'allais toucher une grosse somme d'argent, de cet argent qu'il n'avait sans doute pas pu détourner, et cette somme sonnerait le commencement de mon indépendance. Car même ça tu ne me le volerais plus, l'oncle, cet argent que tu me rackettais sous prétexte que tu étais mon tuteur et que je te coûtais cher. A la clinique, j'avais fini par empocher un double salaire, à force de me démener quinze heures par jour. Ce salaire m'était dû, du premier au dernier centime, allais-je supporter longtemps que tu me ponctionnes cela aussi ?

Déterminée, et pourtant rongée d'angoisse, je pris le train. J'avais eu un an de liberté, un an pour me répéter que je pouvais dire non. Pour me convaincre qu'autre chose était possible. Pour surtout m'accorder, à moi petite bestiole aux yeux noyés de terreur, un semblant de confiance. Je valais quelque chose, les compliments qu'on faisait sur mon travail me le prouvaient, l'amitié de Mudith me le confirmait, je valais au moins d'être respectée, et les deux vieux n'étaient plus tout-puissants. Je me martelai ces encouragements durant les deux heures de voyage. C'était possible, c'était possible.

La vision de la maison me vrilla malgré tout le ventre. Serrer les poings, y croire. Regard de l'oncle, mépris austère de la tante. « Enfin te voilà, dis donc, tu nous fuis ou quoi depuis un an ? C'est ça ta reconnaissance pour tout ce qu'on a fait pour toi ? » Me maîtriser, tenir. Les bonnes frites de la tante Marthe. La cuisine propre de la tante Marthe. Manger, se concentrer, résister. « Quand même, cinq orphelins, et pas la moindre reconnaissance. C'est que vous nous avez coûté cher, vous tous ! Toi qui es la dernière, avec les intérêts, c'est toi qui empocheras le plus, j'espère qu'à ta majorité tu nous feras un beau cadeau, pour nous remercier. Ta sœur Marie-Claire, cette traînée, cette ingrate, il y a cinq ans elle a empoché le magot, et on ne l'a plus jamais revue. »

Oui, ma tante, toi tu ne l'as jamais revue, mais tu oublies que tu l'as chassée, que quelques années auparavant tu lui as rasé le crâne parce qu'elle avait essayé de s'enfuir... « Après tout ce qu'on a fait pour elle — et pour toi — et pour elle — et pour toi »... L'éternel refrain. Oui, ma tante, après toutes ces fois où tu m'as rejetée, repoussée alors que je te suppliais de rester, après tous ces après-midi où tu laissais ton respectable époux seul avec moi pour qu'il crache entre mes cuisses toute la frustration que tu lui occasionnais, après tous ces dénigrements, ce mépris, cette méchanceté bien-pensante, tu imagines bien que je vous offrirai un cadeau, un immense cadeau, celui de vous tourner le dos pour ne plus jamais vous revoir.

« Voilà, on t'a préparé les papiers à signer, pour qu'à ta majorité, l'argent de l'assurance puisse être débloqué. » Il était allé chercher dans la pièce interdite un gros dossier, qu'il posa lourdement sur la table. Mon nom y figurait, avec deux dates. 1954-1968. La mort de maman, et le cauchemar qui en avait découlé. La petite fille écrasée par un effroyable tortionnaire s'était retrouvée seule et nue face à un monde qui ne lui voulait que du mal. Sans maman. 1954-1968, des années de bagne à l'orphelinat, dont mon dos porterait pour toujours les traces lacérées, et des années d'enfer et de souillure, prise au piège d'un géant pervers et d'une vieille jument acariâtre. 1968 : nous n'y étions pas encore, il ne restait plus que douze mois, douze mois pour mettre fin à cette malédiction. Douze mois, mais j'étais prête. « Au fait, je voulais vous dire que puisque je ne vous coûte plus rien, je garde mon salaire, ainsi je pourrai directement acheter mes livres, mes fournitures et mes vêtements. » Quel commentaire pouvaient-ils faire ? Allaient-ils exiger le remboursement de ces quelques frites et de ce yaourt ? J'avais la ferme intention de tout reverser à Marie-Claire, qui, avec ses trois enfants et de nouveau enceinte, avait un réel besoin d'argent. Mon travail acharné allait enfin servir à quelque chose, je n'allais plus payer ce souteneur.

Les papiers étaient signés. L'éternel programme des après-midi chez l'oncle se mettait en place. Ma tante, après avoir briqué la cuisine, se préparait à sa sortie. Et lui sirotait son vin en me fixant, se projetant déjà le film de ce qu'il allait me faire subir. Il y avait là cinq minutes suspendues dans l'espace, et ma volonté. Il y avait là un mur, un mur à casser d'un coup, un mur dont personne n'avait jamais imaginé l'effondrement. La boue commençait à grignoter mes chevilles. Je me levai. L'impossible eut lieu. L'inéluctable. « Bien, maintenant que tout est au point, vous n'avez plus besoin de moi ? » Que pouvait-il rétorquer, le vieux vicieux ? « Si, moi j'ai besoin de me vider dans ta bouche, de t'embrocher à la cave, de te violer après toute cette année de frustration »... Il resta muet, le rouge violacé de ses lèvres se répandit sur son visage entier. « Je reviendrai pour mes vingt et un ans. On m'attend à la clinique. » Ma tante, surprise, n'y vit que la décision un peu expéditive d'une petite pécore ingrate, et haussa les épaules. Le vieux tenta de balbutier un mot, mais j'évitai de croiser son regard : je tremblais de tous mes membres et mon assurance pouvait être balayée d'un geste. Glaciale, je repris mon sac et, sans me retourner, j'atteignis la poignée de la porte. Ouvrir, sortir, marcher. Ne pas défaillir. Avancer. Ils étaient là, sidérés, immobiles, dans un silence qui me pétrifiait. Je mis le pied dehors. Avec une violence terrible, je fis claquer la porte et m'éloignai. J'étais sauvée, je voulais courir, courir le plus vite possible, mais mes jambes défaillaient et chaque pas me demandait une concentration extrême. Puis, au bout de quelques mètres, la joie se répandit dans tout mon corps, comme une vague, l'air entra de nouveau dans mes poumons, et lentement je m'élevai, mes ailes, brisées depuis quinze ans, mes ailes se redéployaient, je volais, je volais !

Le perron. La clinique large, moderne, luxueuse. Les arbres étincelants de verdure. Ma chambre. Je m'y écroulai, totalement vidée.

J'avais gagné.

Une autre bataille m'attendait, en mai. L'examen de culture générale, qui devait m'ouvrir les portes de l'école d'infirmières. Il ne me restait que deux mois, et un travail colossal. Je ne pouvais pas veiller davantage, éternellement penchée sur mes livres, à ânonner cette histoire, cette géographie, cette littérature, et tout m'échappait, je ne parvenais pas à trouver un intérêt à ces choses trop éloignées de tout ce qui avait fait ma vie. Roubaix me semblait au bout du monde, Paris n'existait que dans les contes et l'Amérique était une invention des professeurs. Le Moyen Age, je l'avais vécu, j'en sortais à peine, mais toutes ces révolutions industrielles et autres royautés n'étaient que pure fantaisie. Quant à ces gens passant des années à rédiger des livres, ces gens décrivant des univers surannés où l'on s'inquiétait de qui avait gagné la guerre de Troie, à moins qu'on n'y parle d'amour courtois et de princesses bien mises, tout cela me dépassait. Mai 1967 arriva, et je ratai l'examen.

Cet échec me porta un rude coup. Je savais que j'avais fait mon possible, que mon autre victoire m'avait demandé énormément, que j'avais été au-delà de mes forces pour ingurgiter ce fatras d'informations, mais j'avais cru à ma puissance surhumaine, et je retombai en un claquement de doigts sur terre, sur cette terre qui m'avait été si douloureuse. Le doute s'infiltrait, comme une gangrène. N'étais-je donc qu'une petite bestiole à quatre pattes par terre pour l'éternité ? L'oncle aurait pu, en ces jours de consternation, m'ordonner de descendre à la cave, j'aurais alors obéi sans résistance aucune.

Heureusement, mon désespoir revenu ne fut que passager. Là, sur le calendrier, la ribambelle infinie des jours me séparant de ma liberté prenait allure humaine. Dix mois. Bientôt. Redoubler, après tout, ce n'était pas la fin du monde. Pour l'âge de la majorité, il n'y avait pas de redoublement. Il n'y avait qu'une impossible patience, c'était bel et bien l'examen lui-même qui durait vingt et une longues années. Et là, je réussirais. Mudith me consola, le directeur m'encouragea, et je repris du poil de la bête. Je me réinscrivis pour mai 1968, décidée à ce que cette date sonne l'apogée de ma révolution. Ce n'était qu'un début...

On m'opéra de nouveau des pieds. Dans un cadre idéal, puisque c'était le mien. Opération douloureuse, mais symbolique, on soignait mes racines, on me remettait d'aplomb, on me permettait de me tenir droite. Et de plus j'allais pouvoir, contrainte et forcée, me reposer. Durant ces longues semaines d'inaction, j'écrivis furieusement, remplissant mon journal de toute la peine que mon pauvre cœur portait depuis des siècles. Je n'étais pas soulagée de mon fardeau. Officiellement, je n'avais plus que quelques mois à patienter, et je m'accrochais à cette idée pour aller de l'avant. Mais l'avenir ne pouvait pas racheter le passé. La baguette magique d'une fée pouvait bien me transporter dans des palaces dorés, auprès de rois et de hauts dignitaires, ou m'offrir un grand amour épanoui et des enfants merveilleux, dans le luxe et la respectabilité, rien, même ces rêves les plus fous, ne sauverait la petite fille du monstre de la cabane, rien n'écraserait les araignées géantes de la cave. La grande gigue maigre et laide pouvait bien devenir la plus belle femme du monde, désirée par tous et applaudie sur son passage, hélas ! fée Clochette, les honneurs ne pouvaient rien contre cette souillure qui endeuillait le fond de mon âme. Et même si les plus grands chirurgiens s'attelaient pour recoller les morceaux éparpillés, je resterais une statuette brisée. Cinq enfants et leur maman étaient nés sous une mauvaise étoile. Tout pouvait nous consoler, rien ne pouvait nous guérir.

En automne, je reçus mes nouveaux devoirs. Moins pressée par le temps, moins obnubilée par l'oncle, j'appris mieux et cette constatation m'encouragea. Dans mes tâches quotidiennes j'étais à présent épanouie, on me respectait, le temps des coups de cravache n'était plus qu'un lointain souvenir. Aux urgences, je tenais la main des blessés, leur parlais, les réconfortais. Tout ce qui était douleur me concernait, et chaque individu redevenait enfant lorsque la peur et la souffrance s'installaient dans ses nerfs. J'avais toujours autant à donner. Et un regard un peu moins angoissé, un sourire apaisé m'apportaient bien plus que ce salaire mensuel. C'était gorgée de cette vie qui reprenait que je finissais mon service, remontant précipitamment dans ma chambre pour étudier. Mudith, par sa présence discrète, m'aidait. Secrète et douce, elle me chantait parfois des chansons russes à la mélancolie radieuse, et mon cœur se réchauffait. La statuette brisée passa l'année précédant sa majorité dans cet équilibre tout relatif. J'allais aussi bien que possible.

En décembre, je partis voir Marie-Claire. Seule. Sans le chantage de la cave. J'avais de l'argent, je savais lire les horaires des trains, et pour sonner à sa porte, je n'avais plus besoin de personne. Lui offrant mon salaire, apportant une multitude de cadeaux pour ses filles, je connus enfin la joie de la retrouver au jour où je l'avais désiré, de mon plein gré. Je pouvais enfin faire quelque chose pour elle, après qu'elle m'eut tant aidée durant ces années d'enfer. Elle avait quatre enfants, à présent, il lui était difficile de joindre les deux bouts, et je voyais dans cette enveloppe remplie de billets l'occasion immense, l'occasion merveilleuse de la remercier, de panser ses plaies, d'être utile à l'être au monde que je chérissais le plus. Je portais secrètement en moi, depuis des années, la honte de n'être jamais intervenue pour la sauver des griffes de l'amputé ou du beau-père. Une honte immense, qui dépassait la raison ; bien sûr, je n'aurais rien pu faire, mais justement, je n'avais rien fait. Et à cette autre statuette brisée, on ne pouvait pas, non plus, redonner une enfance lavée de toutes ces horreurs. Alors ce salaire, qui représentait une belle somme dont je ne savais que faire, lui était presque dû.

Je n'avais plus de lettres honteuses à lui remettre. Mon calvaire était presque terminé, et elle s'en réjouissait. Toutes deux, nous nous mîmes à compter les jours qui me séparaient de mes vingt et un ans. Il y avait du soleil dans nos discussions, malgré la réserve que, chacune, nous gardions. Je lui promis de revenir la voir aussi souvent que possible, maintenant que... Son monde, à vingt-cinq ans, avait pris des allures de routine. Mon monde à moi s'ouvrait. La petite grimpait une par une les marches de son ascension. Après une longue, longue patience. Bientôt, chère sœur, bientôt...

A Noël, restée de garde bien entendu, j'offris une petite fête à mes collègues. L'aide-soignante qui tentait de s'élever à la force du poignet gagnait parfois plus que ces dames infirmières, et paya le champagne à tout le service. Le champagne. Bulles royales éclatant doucement sur un palais si souvent souillé, je glissais à peine un doigt de pied dans l'univers souple de ces riches qui m'avaient jadis humiliée. Du champagne, et c'était bien moi, la petite gosse de la cabane, la bonne à tout faire, l'esclave avilie, c'était bien moi qui le distribuais...

La fête du nouvel an n'eut pas lieu dans les locaux, mais dans mon cœur, j'entendis les feux d'artifice et les pétards claquer à tout rompre. 1968, l'année de ma libération, devais-je bien y croire, en jetant le vieux calendrier patiemment barré, et en affichant celui-là, portant fièrement le chiffre de ma victoire. Le temps, machine puissante, inéluctable, le temps faisait son affaire, de tic en tac, de semaine en mois, le temps me félicitait d'avoir survécu à tout cela, et cette victoire méritait bien le vol joyeux des bouchons de champagne, j'avais survécu, messieurs-dames, j'avais même réussi à dire non, et depuis ce sentier battu qui m'avait écorché la peau, que j'avais parcouru à quatre pattes écrasée au sol, j'étais parvenue à cette route lisse et droite qui m'ouvrait l'avenir. 1968, et les semaines s'affolaient, comme tout allait vite. Soudain, les arbres tendaient timidement vers le vert, les nuages glissaient vers d'autres cieux, janvier, février, mars et le 18 écrit en lettres d'or commençait à étinceler à mon firmament. Il me fallait une dernière fois réaffronter les Thénardier, douaniers répugnants de ma frontière, avant d'aller visiter définitivement ce pays tout neuf, là, dans un ultime bras d'honneur.

Malgré ma réserve, je ne pus contenir mon impatience, et tout le personnel de la clinique se mit à compter avec moi les jours qui me séparaient de ma libération. Le jour de congé que j'avais demandé me fut bien sûr accordé. Un matin, je barrai le 18 mars 1968. Et pris une dernière fois le train pour la maison des cauchemars.

Je partis tôt, munie à peine d'un petit sac. On m'attendait pour midi. Le paysage qui défila sous mes yeux se teintait déjà d'irréalité, c'était fini, fini les vieux, tout cela n'existerait plus dans quelques heures, cette gare dans laquelle je descendis, ces rues qui me menaient là-bas, cette fenêtre de la pièce interdite avec ses rideaux blancs, fini messieurs-dames ! Je laisse éclater ma haine, je vous vomis, les Thénardier, je te maudis, maison tranquille, c'est la fin, la fin.

Je sonnai. Une dernière fois. Il m'ouvrit. Une dernière fois. Sa bouche puant l'oignon et le vin, son regard brillant, étrange, sa moue molle et salace. La tante et ses gros seins, la tante et ses mollets de coq, son sourire virant à la grimace, son regard plein d'un mépris à peine dissimulé. Une dernière fois, une dernière fois. Le vieux rougeaud tenta un geste de sympathie, je restai de glace. « Ah ! Voilà la petite ! Alors, tout à l'heure, tu vas devenir riche, comme ça. Tu pourras nous inviter dans un bon restaurant, après tout ce que ta tante et moi avons fait pour toi. » Même pour la dernière fois, il trouvait le moyen de me coller ce coup de poing dans le ventre. Un bon restaurant ! Soufflée, je ne dis rien. Cet argent m'attendait depuis quatorze ans, et il m'était dû parce que maman était morte. J'étais si proche d'elle, en ce jour béni, j'avais si souvent contemplé son portrait, en pleurant de longues larmes. De l'argent, cette chose froide et inutile pour compenser une absence pour toujours douloureuse, et cet argent de maman, il voulait encore y manger, après avoir trahi au plus haut point la mémoire de sa sœur, après avoir abusé de ses filles pendant des années, il voulait remplir sa sale bouche avec cet argent-là ! La haine me submergea, je tentai de rester calme. Droite. Pour la première fois. Déployée. La petite avait vingt et un ans, la petite ne subirait plus jamais rien.

Découvrant soudainement ma grande taille, ma tante s'en vexa. « Tu es devenue bien fière, toi, pendant cette année où on t'a pas vue. Mais tu peux faire la fière, aucun garçon n'a voulu de toi on dirait, tu es trop plate, trop gourde »... Pour la dernière fois, ma tante. Les malédictions s'enfilaient dans mon crâne. Il irait en enfer, l'ordure, il grillerait pour l'éternité, cet immonde traître qui avait avili, détruit, volé, assassiné même nos jeunesses. Et toi, ma tante, tu lui tiendras la main...

Ils avaient mis leurs beaux vêtements du dimanche. Nous nous dirigeâmes vers la banque. Tournant le dos à la maison des cauchemars. La dernière fois. Et qu'elle brûle, qu'elle parte en fumée avec sa maudite cave, qu'elle s'écroule, qu'elle disparaisse, qu'elle soit rayée de la carte du monde, adieu la maison, adieu le cauchemar, pour la dernière fois adieu !

Le directeur de la banque, très aimable, nous accueillit. Il serra la main de mon oncle, qu'il avait fini par bien connaître après toutes ces années, et nous salua aussi. Le respectable tuteur ne put s'empêcher de faire un petit rappel de son courage, de son héroïsme et de son abnégation dans sa prise en charge des cinq petits êtres marqués par le destin, et les hochements respectueux de la tante et du banquier confirmèrent qu'il avait agi en saint homme. Je sentis le malaise m'envahir, je ne pouvais plus rien supporter de cet être abject mais je restai froide, comptant les secondes. Enfin le dossier fut ouvert, enfin les explications furent terminées, enfin je signai. La mort de maman. Cet argent. La fin.

Le banquier me félicita. Nous nous levâmes, dans une cordialité qui contrastait avec mon bouillonnement intérieur. Encore quelques mains serrées, un bon mot pour clôturer l'entretien, une satisfaction sur les mines réjouies, la porte, la rue, dehors, le monde.

L'oncle marqua une pause. Il était de plus en plus rougeâtre, étouffé par sa cravate. Ces deux-là me regardèrent placidement, et le vieux me dit : « Ça y est, la petite, tu es majeure ! Alors, où est-ce que tu nous emmènes déjeuner ? » Une dernière fois. Une dernière fois je serrai les poings, et rassemblant tout mon dégoût, toute ma force, tout mon mépris, je lui vrillai un regard direct qui le laissa bouche bée. Sans dire un mot. Il n'insista pas, sonné. La tante resta tout aussi silencieuse. Et ce fut à ces deux monstres-là, paralysés sur place par l'immensité de ma haine, que je tournai le dos pour avancer vers mon chemin. Je ne me retournai pas. Ils pouvaient bien me fixer, fixer ma longue silhouette enfin redressée, ils ne valaient même plus un regard, ils devenaient petits, si petits, tandis que je m'agrandissais, déployant mes ailes, soudain légère, légère. Au coin de la rue je m'envolai, et plus le ciel se rapprochait, plus ils rapetissaient, pour finir par n'être que deux points noirs, minuscules, sur ce trottoir de la dernière fois.

J'étais libre. Libre de naître, de crier, de vivre, de penser, de décider, de choisir, libre d'avancer dans ce monde nouveau, et plus rien ne se mettrait sur ma route pour m'écraser. J'existais. J'avais vingt et un ans, et un jour. Et ce jour. Je venais de me donner le jour.

Merci à Anne Contri d'avoir été ma traductrice, ma sage-femme pour cet accouchement qui, sans son sourire, son regard, sa compréhension, eût été impossible.

Aventures, documents, vécu

Des aventures, des drames, des découvertes, racontés par ceux qui les ont vécus ou des témoins passionnés.

ADLER Laure
L'année des adieux (François Mitterrand)
4166/4

ALLÉGRET Catherine
Les souvenirs et les regrets aussi...
4000/7
Signoret, Montand, Allégret...

ANDERSEN Christopher
Mike Jagger le scandaleux
3771/8

BARRON Judy & Sean
Moi, l'enfant autiste
3900/4

BAYROU François
Henri IV 4183/6

BELLEMARE P. et ANTOINE J.
Les dossiers extraordinaires
2820/4 & 2821/4
Les affaires criminelles les plus extraordinaires du siècle.
Les dossiers d'Interpol
2844/4 & 2845/4

BERBEROVA Nina
C'est moi qui souligne
3190/8

BIGEARD Général
De la brousse à la jungle
3995/4 Illustré

BOGGIO Philippe
Coluche 3268/7

BRANDO Marlon
Les chansons que m'apprenait ma mère
4143/7

CABROL Laurent
Dieu que la mort est belle !
3940/3

CARREL Dany
L'Annamite
3459/7

CERF Muriel
L'antivoyage
3883/3
Des rêves plein la tête, refusant les valeurs imposées par la société de consommation, portant le même blue-jeans et partageant la marijuana, ils sont des milliers, à la fin des années 60, à avoir pris la route des Indes et de Katmandou. Muriel Cerf était de ceux-là.

CHABROL Dominique
Desproges
4056/3

CHAZAL Claire
Balladur
3581/3
Edition mise à jour.

CHOW CHING LEE
Le palanquin des larmes
859/4

CLÉMENT Catherine
Pour l'amour de l'Inde
3896/8
Le roman vrai des amours de Nehru et de lady Edwina Mountbatten, l'une des plus grandes dames de l'aristocratie anglaise, femme du dernier des vice-rois des Indes britanniques.

CLERC Christine
Jacques, Edouard, Charles, Philippe et les autres
3828/5

COLLARD Cyril

DATH Isabelle & HARROUARD Philippe
Alain Juppé ou la tentation du pouvoir
4073/3

DERLICH Didier
Intuitions
3334/4

DORIN Françoise
Nini Patte-en-l'air
3105/6

DUPONT Marie-Noëlle
Rendez-moi mes enfants
4054/3

DUQUESNE Jacques
Jésus 4160/4
Une biographie qui dérangea les milieux catholiques traditionnels. Jacques Duquesne trace un portrait prudent et mesuré d'un personnage historique.

Dr ETIENNE J.-L.
Transantarctica
3232/5

FRANÇOIS Jacques
Rappels 3982/4 Illustré

GAGARINE Marie
Blonds étaient les blés d'Ukraine 3009/6
Chassée de son pays à 17 ans par la révolution russe et après un périple hallucinant, elle s'installe en France, avec sa fille, Macha Méril.
Le thé chez la Comtesse
3172/5 Illustré

GEORGY Guy
La folle avoine 3391/4
Le petit soldat de l'Empire 3696/4
Souvenirs irrésistibles d'une Afrique aujourd'hui disparue, par un petit Périgourdin qui devint gouverneur de la France d'outre-mer.

Aventures, documents, vécu

GLASER & PALMER
En l'absence des anges
3318/6

GOTLIB
J'existe
Je me suis rencontré
3719/4

GRAY Martin
Le livre de la vie
839/2
Les forces de la vie
840/2

GRUDET Claude
"Madam"
4039/4

GUERAND & MORICONI
Cyril Collard : la passion
3590/4

HAMEL Françoise
Ida, histoire d'une parricide
3881/3

HAWKING Stephen
Une brève histoire du temps
3361/3

HUET & COQUART
Bourvil ou la tendresse du rire **3195/4**

JULLIAN Marcel
Charlemagne **3854/3**

KENEALLY Thomas
La liste de Schindler
2316/6

LAVALLÉE Gabrielle
L'alliance de la brebis
3996/6

LE HER-SEZNEC Denis
Nous, les Seznec **3823/9**

LEYMERGIE William
Fréquence mômes **4331/3**

MAALOUF Amin
Les croisades vues par les Arabes **1916/4**

MacGRAW Ali
Une vie tremblée
3536/4

MACLAINE Shirley
Amour et lumière
2771/4
Vivre sa vie **2869/3**

MARIN Maud
Le saut de l'ange
2443/4
Tristes plaisirs **2884/3**
Le quartier des maudites
3214/4

MARKHAM Beryl
Vers l'Ouest avec la nuit
3753/5

MESSAOUDI Khalida
Une Algérienne debout
4077/3

MOITESSIER Bernard
La longue route
3738/8
Vagabond des mers du Sud
3935/6
Cap Horn à la voile
4038/5
Tamata et l'Alliance
4138/6

PELLETIER Isabelle
Le procès de Valérie Subra **3999/4**

PELLETIER Monique
La ligne brisée **4313/2**

PERRÉAL Lydia
J'ai vingt ans et je couche dehors **4309/2**

PIAT Jean
Le parcours du combattant
3028/4

PU-YI
J'étais empereur de Chine
2327/6

RABANNE Paco
Trajectoire
D'une vie à l'autre
3411/3
La fin des temps
D'une ère à l'autre
3786/3
Le temps présent
4028/3

RIVA Maria
Marlène Dietrich
3960/7 & 3961/7

ROBINE & SECHAN
Georges Brassens
3424/5 Illustré

RONSAC Charles
On ne se lasse pas d'aimer
3657/3
La lutte farouche de Marthe et Charles face à la maladie d'Alzheimer.

ROUCAS & VINCENTI
Le bouffon
3966/4

ROUCH Dominique
Dieu seul le sait
3266/3

SEVRAN Pascal
Tous les bonheurs sont provisoires **4210/2**

SHEPARD Alan & SLAYTON Deke
Ils voulaient la lune
4115/7

SIMPSON Joe
La mort suspendue
3740/5

SORAYA
Le palais des solitudes
3251/4

STRASBERG Susan
Marilyn et moi
3444/5

SZAFRAN Maurice
Simone Veil - Destin
4140/4

VERGES Jacques
Omar m'a tuer
3832/3

ZAMBERLAN Anne
Mon corps en désaccord
3231/3

4470

Composition Nord Compo
Achevé d'imprimer en Europe (France)
par Brodard et Taupin à La Flèche (Sarthe)
le 25 avril 1997. 6681R
Dépôt légal avril 1997. ISBN 2-290-04470-9

Éditions J'ai lu
84, rue de Grenelle, 75007 Paris
Diffusion France et étranger : Flammarion